ROGER DALTREY
VALEU, PROFESSOR KIBBLEWHITE

ROGER DALTREY
VALEU, PROFESSOR KIBBLEWHITE

tradução
PATRÍCIA AZEREDO
CAROLINA RODRIGUES

1ª edição

Rio de Janeiro | 2021

CIP-BRASIL. CATALOGAÇÃO NA PUBLICAÇÃO
SINDICATO NACIONAL DOS EDITORES DE LIVROS, RJ

D158v

Daltrey, Roger, 1944—
    Valeu, professor Kibblewhite : a biografia do vocalista do The Who / Roger Daltrey ; tradução Carolina Rodrigues, Patrícia Azeredo. - 1. ed. - Rio de Janeiro : BestSeller, 2021.

    Tradução de: Thanks a lot Mr. Kibblewhite : my story
    Inclui encarte
    ISBN 978-65-5712-043-9

    1. Daltrey, Roger, 1944—. 2. Cantores — Biografia — Inglaterra. 3. Músicos de rock — Biografia — Inglaterra. 4. The Who (Grupo musical). I. Rodrigues, Carolina. II. Azeredo, Patrícia. III. Título.

21-71186
    CDD:782.42166092
    CDU: 929:78.071(410.1)

Camila Donis Hartmann - Bibliotecária - CRB-7/6472

Texto revisado segundo o novo Acordo Ortográfico da Língua Portuguesa.

Título original
Thanks a Lot Mr. Kibblewhite: My Story

Text copyright © Roger Daltrey, 2018
Originally published in the English language in the UK by BLINK Publishing,
an imprint of Kings Road Publishing Limited.
The moral rights of the author have been asserted.

Copyright da tradução © 2021 by Editora Best Seller Ltda.

Todos os direitos reservados. Proibida a reprodução,
no todo ou em parte, sem autorização prévia por escrito da editora,
sejam quais forem os meios empregados.

Direitos exclusivos de publicação em língua portuguesa para o Brasil
adquiridos pela
EDITORA BEST SELLER LTDA.
Rua Argentina, 171, parte, São Cristóvão
Rio de Janeiro, RJ – 20921-380
que se reserva a propriedade literária desta tradução.

Impresso no Brasil

ISBN 978-65-5712-043-9

Seja um leitor preferencial Record.
Cadastre-se e receba informações sobre nossos lançamentos e nossas promoções.
Atendimento e venda direta ao leitor
sac@record.com.br ou (21) 2585-2002

Para Heather

UM

A CAMISA DE FLANELA

Em uma noite quente e úmida de março de 2007 na Flórida, Pete e eu subimos ao palco do Ford Amphitheatre, em Tampa, e, pela nona vez naquele mês e a 79ª nos últimos nove meses, a banda começou a tocar "I Can't Explain". Girei o microfone na direção da plateia, pronto para começar o show, como sempre. Comecei a cantar o primeiro verso: *"Got a feeling inside"*. Mas o microfone pesava uma tonelada e caiu como a âncora de um navio. Se ele foi erguido, eu não sou capaz de dizer. Tudo ficou escuro.

A próxima coisa de que me lembro é de estar nos bastidores. As luzes piscavam, vozes preocupadas iam e voltavam. Pete estava lá, querendo saber o que estava acontecendo. E, à distância, eu podia ouvir o barulho de vinte mil fãs decepcionados.

Sempre compareci para me apresentar. Consegui fazer isso por cinquenta anos, sem interrupções. Centenas, milhares de shows. Pubs, clubes, centros comunitários, salões de igreja, o Pyramid Stage, o Hollywood Bowl, o Super Bowl, Woodstock. Quando as luzes se acendiam, eu estava lá, na frente do palco, pronto para comandar. Mas não naquela noite. Pela primeira vez desde que peguei o microfone para cantar uma música do Elvis, aos 12 anos de idade, não consegui me apresentar. Quando me colocaram na ambulância naquela noite, eu era a pessoa mais decepcionada entre todas. Ouvi as sirenes e me senti desamparado — outra experiência inédita.

Nos dias que se seguiram, os médicos fizeram uma série de exames e acabaram descobrindo que o nível de sódio no meu corpo estava muito mais baixo do que o normal. Parece óbvio agora, mas eu nunca tinha percebido isso. Sempre que estávamos em turnê, eu adoecia por dois ou três meses. Ficava muito doente. E depois de todos esses anos, descobri que o motivo era simples. Era sódio, ou a falta dele. Correr de lá para cá e suar o tempo todo me esgotava. Éramos atletas, mas nunca treinamos para tal. Fazíamos de duas a três horas de show noite sim, noite não, e achávamos que estava tudo bem. Nada de alongar o corpo, nada de aquecimento, nada de suplementos vitamínicos. Só um camarim com bebidas alcoólicas — porque somos uma banda de rock, não um time de futebol.

Não foi só isso que aprendi naquela semana. Alguns dias depois, um dos muitos médicos apareceu carregando uma radiografia de tórax.

— Sr. Daltrey, quando o senhor fraturou a coluna? — perguntou ele.

Educadamente, respondi que nunca.

Ele retrucou, também educadamente, que eu estava enganado. E a prova estava bem ali, na radiografia: uma coluna com sinais de uma fratura antiga, e um dono sem sinais de lembrar o que acontecera com ela.

Você imagina que eu teria percebido quando aquilo acontecera, mas já tive a minha cota de contusões na vida. Há um elemento de sorte em qualquer história no rock'n'roll, mas ela só vem com trabalho árduo. Quando você cai, se levanta de novo e segue em frente. Foi assim no começo e é assim até hoje.

Consigo pensar em três ocasiões em que posso ter fraturado a coluna. Uma vez, quando estávamos filmando "I'm Free" para o filme *Tommy*, em 1974. Com um minuto e 15 segundos de cena, você me vê sendo arremessado por um cara do Exército e dar um salto mortal logo em seguida. Era uma proeza fácil, mas eu caí feio. Não consigo lembrar se ouvi algo quebrar, mas doeu pra cacete. E pelo resto do dia filmamos a abertura da música, a parte em que meu personagem, Tommy Walker, atravessa o vidro. Primeiro, fizemos as cenas externas e depois fomos ao estúdio para repetir o movimento diante da tela azul. Fizemos isso a tarde toda. Eu caía de cerca de um metro e meio de altura em cima de um colchão. E o diretor mandava cortar.

— Mais uma vez, Roger. — Esse era um dos bordões favoritos do diretor Ken Russell. Ele sempre gostava de levar os atores além do limite.

— Tem certeza que você não conseguiu ainda, Ken? — argumentei, provavelmente com a coluna quebrada.

— Mais uma vez, Roger.

— Mas é claro, Ken.

Ou pode ter sido no dia 5 de março de 2000, a caminho do show da turnê Ultimate Rock Symphony, no Sydney Entertainment Center. Paul Rodgers, do Bad Company, estava doente, então eu cantaria as músicas dele também. A van chegou bem cedo, e eu fui aquecendo a voz a caminho da arena. Tenho um processo em que seguro a língua com uma toalha com uma das mãos e o queixo com a outra, e canto umas escalas estranhas. Parece loucura e o som que sai disso é bem doido, como se eu estivesse possuído por um demônio. Gosto de pensar que é um demônio relativamente afinado, mas, mesmo assim, não é o tipo de coisa que você gostaria de fazer durante um acidente de carro.

A mulher que entrou na via expressa certamente discorda. Ela trocou de faixa sem qualquer aviso. Meu motorista conseguiu frear e batemos de lado. Não foi muito grave. Eu ainda estava com a língua enrolada em uma toalha e todos nós estávamos vivos. Não ouvi nada quebrar, mas doeu pra cacete. Quando finalmente chegamos ao show, um osteopata apareceu e pôs tudo de volta no lugar com um estalo antes que eu subisse ao palco. Fiz o show na base da adrenalina, mas senti uma dor constante ao longo dos três anos seguintes.

Acho que provavelmente aconteceu quando eu estava num acampamento da companhia da Boys' Brigade*, aos 9 ou 10 anos de idade. Digamos que era 1953. Eu era o cantor e costumava subir e descer a praia nos ombros do sargento, cantando marchas norte-americanas para os turistas desprevenidos. Eu soava como um anjinho.

O único problema era um garoto chamado Reggie Chaplin. Ele também estava na Boys' Brigade. E era grande. Não estou brincando, Reggie era quase trinta centímetros mais alto e uns sessenta centímetros mais largo do que eu. Ele morava na Wendell Road, em Shepherd's Bush, a apenas cinco minutos da minha casa, na Percy Road, mas isso fazia uma diferença enorme. Havia

---

* A Boys' Brigade (ou Brigada dos Meninos) é uma organização internacional fundada em 1883, na Escócia. As atividades oferecidas combinam exercícios físicos com o ensino de valores cristãos. Tem similaridades com os escoteiros. [*N. da T.*]

algumas famílias com quem não se devia brigar. Ainda existem famílias desse tipo. Londres é assim. E em Shepherd's Bush eram os Chaplin da Wendell Road. Eles eram uma família perigosa de uma rua idem, e infelizmente o grandalhão Reggie cismou comigo.

Então estávamos no acampamento e, como eu era o menorzinho, era jogado para cima com um cobertor. É o tipo de brincadeira que as crianças faziam para se divertir antes de inventarem o iPad.

Reggie era o líder e, quando eu ainda estava lá no alto, ele gritou:

— Vamos embora!

Ainda consigo ouvir o maldito dizendo isso.

Claro que todos largaram o cobertor. Não pude fazer nada. Caí direto no chão e perdi a consciência. Pode ter havido um estalo, mas eu estava no mundo das fadas. Por um lado, isso estragou o acampamento para mim. Tive que passar o resto do dia naquele hospital maldito e o resto da semana agonizando na barraca da Boys' Brigade com a coluna quebrada, como agora me recordo. Por outro lado, meus problemas com Reggie tinham acabado. Enquanto eu estava inconsciente no chão, ele pensou que tinha me matado.

Quando voltei, a primeira pessoa que vi foi Reggie e ele estava chorando. O garoto mais cruel de Shepherd's Bush chorava um rio de lágrimas causadas pelo medo e pela culpa. Ele estava péssimo. Bom, depois disso Reggie virou meu guardião e eu tinha um Chaplin ao meu lado. Estava em excelente situação com a família perigosa da rua idem. Todos me tratavam de modo diferente; eu era intocável. Isso durou até a segunda metade do ensino fundamental, quando tudo desandou de vez. Mas eu estou me adiantando. É preciso voltar ao período antes da suspeita da coluna quebrada, antes das boas e das más escolas. Temos que começar pelo começo.

• • •

Minha mãe esperou até as primeiras horas da madrugada de 1º de março de 1944 para dar à luz este que vos escreve. Se fosse um pouco mais cedo, eu teria nascido em um ano bissexto, e ela não queria isso. Um aniversário a cada quatro anos. Isso não daria certo, não é? Eu teria apenas 18 anos e meio hoje.

Eu ter nascido foi uma sorte, ponto. Grace Irene Daltrey (mas você pode chamá-la de Irene, assim como todo mundo) foi diagnosticada com uma doença renal em 1938. Quando perdeu um dos rins, sua saúde piorou ainda mais e ela acabou contraindo poliomielite. Minha mãe passou dois meses em um dos primeiros pulmões de aço do Reino Unido, em um hospital de Fulham, e por muito tempo o prognóstico era incerto. Ela sobreviveu por pouco, mas passou os anos seguintes em uma cadeira de rodas.

Do meu ponto de vista, o mais importante era o seguinte: os médicos disseram que ela jamais poderia ter filhos. Se eles estivessem certos, este seria um livro curto, mas meu pai aceitou o desafio. Quando a guerra começou, ele foi para a França com a Artilharia Real, mas nem isso o impediu de continuar tentando. Ele tinha permissão para visitar minha mãe regularmente, por causa da doença dela. Nove meses após uma dessas visitas, contra todas as probabilidades, eu nasci: Roger Harry Daltrey.

Não era um momento propício para colocar uma criança no mundo. As pessoas supõem que os bombardeios alemães acabaram em 1941. *Fake news!* Março de 1944 foi o terceiro e pior mês da Operação Steinbock. Também chamada de Little Blitz, ela durou cinco meses e não foi nada "pequena" para quem a viveu. A Luftwaffe jogava bombas em toda a região de Londres, e depois, quando o desespero alemão aumentou, lançaram os *doodlebugs* (bombas voadoras V-1). A primeira caiu quando eu tinha oito semanas de vida. Um mês depois, os alemães passaram a jogar mais de cem dessas bombas por dia.

Um dos alvos era a fábrica de munições em Acton Green, a uns três quilômetros da Percy Road, mas as V-1s sempre erravam o alvo. O agente duplo Eddie Chapman era responsável pela precisão dos bombardeios alemães, mas dava ao inimigo informações erradas sobre onde mirar; então, eles nunca acertavam os alvos. Graças a Deus que ele mentia, mas isso significava que as ruas de Shepherd's Bush sofriam as consequências. Toda vez que você se refugiava no metrô, não sabia se encontraria uma cratera no lugar da sua casa quando voltasse.

Minha mãe (e eu, imagino) passou várias noites abrigada na estação de metrô Hammersmith. Aproximadamente uma semana antes de eu nascer, ela pensou que estava entrando em trabalho de parto durante uma das noites difíceis passadas na plataforma quatro. E mesmo depois de todos esses anos, ainda é doloroso imaginá-la enfrentando tudo isso sozinha, enquanto meu pai lutava na guerra. Também deve ter sido muito difícil quando nós dois tivemos de abandonar a casa e viver numa fazenda em Stranraer, no sudoeste da Escócia, por 13 meses, fugindo da pior fase dos ataques. A Sra. Jameson, nossa anfitriã, dividia a casa de quatro quartos com outra família de fazendeiros e, mesmo assim, arrumou espaço para minha mãe e eu, minha tia Jessie e suas duas filhas. Nós cinco ocupávamos um quarto. Mais de setenta anos depois, é hora de fazer um agradecimento tardio a Sra. Jameson e sua família.

Que situação terrível para a mãe de um recém-nascido, mas Irene nunca reclamou. Jamais ouvi minha mãe nem meu pai mencionarem uma única palavra negativa sobre a vida durante a guerra. Eles só falavam dos bons momentos. Seis anos de morte e destruição em uma escala sem precedentes e tudo estava muito bem, obrigado.

Acho que nenhuma das crianças que viveram a guerra se enganou sobre isso. Crianças são perceptivas. Elas sabem quando as coisas não vão muito bem, obrigado. E enxergam a verdade nas entrelinhas das histórias alegres. Mesmo quando era muito novo, eu sabia que tinha sido difícil para o meu pai. Ele perdeu o irmão na antiga Birmânia, atual Mianmar. Disseram que foi disenteria, mas ele estava em um campo de prisioneiros de guerra no Japão, então quem sabe do que ele morreu? Meu pai nunca falou sobre isso, mas havia sinais.

Um dia, nós estávamos indo de carro até Lancing, em Sussex, para visitar minha irmã mais nova, Gillian. Ela tinha sido diagnosticada com sopro no coração e eles a mandaram para uma casa de repouso. Meu pai arrumou um táxi antigo — não sei como ele conseguiu, mas era o único jeito de podermos vê-la todo domingo durante o ano que passou fora. Aquele dia era o Domingo da Lembrança*. Pouco antes das 11 horas da manhã, ele estacionou o táxi no acostamento e nos disse para ficar de pé na calçada, em silêncio, como fazia todo ano. Notei uma lágrima descendo pelo rosto dele.

Foi um choque para um menino ver o pai daquele jeito. Ele era um homem gentil, mas tinha um olhar vazio. A guerra fizera isso com ele. Eu me lembro de ver o mesmo olhar no rosto do meu pai um dia antes de ele morrer, nove meses depois minha irmã mais nova, Carol, morrer de câncer de mama. Ela

---

* *Remembrance Sunday*, no original. Os 53 países da Commonwealth lembram no segundo domingo de novembro os sacrifícios de civis e membros das Forças Armadas em tempos de guerra, especificamente desde a Primeira Guerra Mundial. É comum o uso de um broche em forma de papoula, flor que se tornou o símbolo desse dia por conta do poema "In Flanders Fields", de John McCrae. [*N. da R.*]

tinha apenas 32 anos. Naquele dia, eu entendi que meu pai chorava por dentro, não só desde a morte dela, como também desde que voltou da guerra.

Muita gente ficou assim. A guerra tirou algo deles. O pai de Pete, Cliff, era muito parecido com o meu, embora falasse muito mais. Tenho certeza que tocar saxofone na banda da Real Força Aérea o ajudou a lidar com o trauma. Meu pai só queria tranquilidade, e isso nunca mudou. Tenho certeza que ele carregou o trauma da guerra pelo resto da vida.

• • •

A primeira lembrança que tenho é a do meu pai voltando da guerra. Ele havia sido ferido no Dia D, mas, em vez de ser dispensado, ocupou uma função administrativa até ser desmobilizado, em fins de 1945. Eu devia ter menos de 2 anos, então talvez essa memória seja, na verdade, uma reunião de fragmentos. Mas eu me lembro de toda a família reunida pela primeira vez em nossa sala de estar, com todas as cadeiras encostadas nas paredes. Lembro-me dos cadarços das botas de um homem, sua mochila, seu capacete e da surpresa de ver aquele estranho recém-chegado dividir a cama com minha mãe.

Tudo isso parece tão distante agora, essa vida, essa infância, crescer na sequência de uma guerra. Se você não viveu isso, é quase impossível imaginar como foi. Não é coincidência que os nascidos no mesmo ano tiveram um crescimento atrofiado. Os primeiros dois anos da minha vida foram marcados pela pior escassez de comida. Em 1945, os norte-americanos decidiram encerrar sua política de *Lend-Lease*, que permitiu à Grã-Bretanha obter comida dos Estados Unidos pagando em prestações. Ao mesmo tempo, assim que houve cessar-fogo, tivemos que compartilhar a pouca comida que restara com os alemães.

Nunca ouvi ninguém reclamar disso. Os alemães eram o inimigo somente até o fim da guerra; depois disso, compartilhamos o que tínhamos sem qualquer objeção. Afinal, eles estavam em pior estado do que nós. Pensei nisso na primeira vez que fui à Alemanha com o The Who, em 1966. Fiquei simplesmente atônito. Como acabamos lutando contra eles? São tão parecidos conosco. Eles são ótimas pessoas. E foram seis intensos anos de guerra entre nós. Isso é muito louco.

O racionamento continuou durante a maior parte da minha infância, o que encolheu tanto nosso apetite quanto o estômago. Comíamos mingau no café da manhã e sanduíches de açúcar no chá da tarde. O "pão nacional" vinha com "adição de cálcio" (metade era giz), um embuste para nos fazer pensar que estávamos recebendo pão branco. Para ganhar a ração semanal de um ovo em pó era preciso enfrentar uma fila.

Duas vezes por ano, nos dávamos ao luxo de comer galinha assada. Era um grande acontecimento na época, mas hoje em dia aquelas galinhas não conseguiriam lugar em uma prateleira de supermercado. Eram sarnentas, magras, minusculamente fibrosas — mais ossos e tendões do que carne. Em 1998, interpretei Ebenezer Scrooge em *Um conto de Natal*, de Dickens, no Madison Square Garden. Em uma cena com o empregado desse perverso personagem, o pobre e esforçado escriturário Bob Cratchit levava uma galinha com pelo menos o dobro do tamanho daquelas que comíamos depois da guerra. E a intenção era sentirmos pena da pobreza de Bob.

Nada jamais era jogado fora: trapos velhos, papel, latas, pedaços de barbante e garrafas vazias tinham valor. Não havia brinquedos nas prateleiras. Ninguém comprava um carrinho de bebê novo ou mesmo roupas e sapatos infantis. Tudo era de segunda, terceira, quarta, sexta mão. Usamos nossos sapatos até que eles furassem e, mesmo assim, meu pai nos mostrou como consertá-los. Quantas pessoas hoje sabem consertar os próprios sapatos?

Na época, era normal o que hoje é quase inimaginável. A nos separar daqueles tempos estão três gerações sofridas e milhares de quilômetros, e ainda me surpreende que tenhamos chegado até aqui partindo daquele ponto. A questão é, porém, eu não me lembrar de qualquer ocasião em que me senti arrasado. No fundo, podem ter ficado cicatrizes, mas na superfície, durante minha infância (sem contar Reggie e seu cobertor), eu era feliz.

Quanto mais eu penso sobre isso, mais percebo quanto a geração de nossos pais era incrível. Eles nunca almejaram muito, apenas viver em paz e se divertir ocasionalmente.

Reunir-se para dançar e beber algumas garrafas de cerveja parecia a festa do século. Era tudo tão simples, mas eles sabiam como se divertir com quase nada. Hoje é o oposto. Temos tanto e tudo é instantâneo. Acho muito difícil saber para onde tudo está caminhando. Tenho certeza que, se você é jovem e isso é tudo o que sabe da vida, então você apenas segue a corrente. Talvez possa me explicar isso algum dia.

    Antes de minha irmã ficar muito doente, os domingos eram para a família. Todo mundo, a brigada Daltrey inteira, começaria o dia na igreja em Ravenscourt Park Road. Eu cantava no coro (eu disse a você: um pequeno anjo). Então, depois da Escola Dominical, íamos de carro a Hanwell, o táxi do meu pai liderando o comboio. Ele dirigia um Austin 12/4 Low Loader; com a capota arriada, parecia um Rolls-Royce. Meu pai na frente, nosso chofer, com minha mãe sentada ao lado dele, atrás de uma porta improvisada, em um assento aparafusado no lugar onde antes havia o bagageiro. No banco de trás, eu e meus irmãos acenávamos para súditos imaginários. Era fabuloso.

    Havia um lugar chamado Bunny Park, embaixo do viaduto Wharncliffe, em Hanwell, onde passávamos as tardes de domingo jogando críquete, enquanto os trens a vapor da Great Western passavam velozmente. Todos os primos e tios se juntavam a nós naquilo que nos entretinha por horas e horas ao longo dos longos dias de verão.

    Talvez eu me lembre apenas dos bons momentos, fazendo o melhor possível disso, como minha família fazia. Deve ter havido discussões, mas não me lembro delas. Costumavam dizer que eu era um terror, sempre disposto a fazer travessuras, sempre construindo alguma coisa e fazendo bagunça. O que eu me lembro é de ter que lutar por tudo o que eu quisesse. Naquele tempo, nada era dado de mão beijada. Mas tudo bem; duvido que minha vida fosse do jeito que é se eu não tivesse aprendido essa lição desde cedo.

• • •

    Nós morávamos em quartos alugados no número 16 da Percy Road. Minha tia Jessie e meu tio Ed viviam no andar de baixo com minhas primas, Enid e Brenda, mais velhas que eu, e Margaret, a mais nova. Eu, minha mãe e esse homem estranho com botas do Exército que por acaso era meu pai morávamos no andar de cima. Tínhamos dois quartos, uma sala de estar e uma cozinha, que ficou meio lotada quando minhas duas irmãs nasceram. Atrás da cozinha, descendo um pequeno lance de escadas, ficava o banheiro. Eu era o único menino dividindo o banheiro com duas irmãs e três primas. Cinco meninas contra um menino. Foi assim que eu aprendi a cruzar as pernas.

Meus tios eram fiéis ao Partido Trabalhista. Quando fiquei mais velho, eles costumavam me levar para eventos sociais do partido no fim de semana, em centros comunitários repletos de fumaça e cerveja. Eu nunca conversei com meu pai sobre política. Ele devia ser trabalhista também, mas por motivos que nunca ficaram explícitos, ele os odiava e vivia dizendo que eram cheios de merda.

Minhas primas eram muito inteligentes. Elas costumavam falar sem parar sobre o que tinham aprendido na escola no dia e eu ouvia, fascinado. Como a maioria das crianças, eu gostava de aprender. O sistema ainda não tinha acabado com essa minha vontade. Enid era uma fã precoce de moda. Ela gostava do que se chamava de Beatniks. Para mim, eles pareciam velhos com os pulôveres largos e barbas por fazer. Todas as garotas se vestiam como a atriz Doris Day. Elas ouviam trad jazz, que certamente era mais animado do que a banda de Billy Cotton, que tocava no rádio todos os domingos na hora do almoço.

Enid e Brenda passaram em todas as provas e foram para a universidade. Eu não sei de quem elas herdaram a inteligência. Era desconcertante. A outra irmã da minha mãe, Lorna, casou-se com um sujeito chamado Ernie, que era eletricista. Eles tinham dois filhos, um deles entrou em Oxford aos 14 anos. Os dois viraram físicos nucleares de alto nível. Você nunca imaginaria que tenho físicos nucleares na família, não é? Todos esses primos seguiram em frente por causa das *grammar schools*, ou escolas secundárias seletivas no Reino Unido. Eles eram a classe trabalhadora inteligente, a geração que reconstruiu o país no pós-guerra e enfrentou o mundo. Isso mostra que o sistema funcionava. Só não funcionou para mim. Acho que eu tinha mais dificuldade com o fato de ter que me submeter a algo do que com o ensino em si. Eu era mais rebelde que meus primos. Odiava que me dissessem o que fazer.

Não, isso não é verdade. Eu era feliz seguindo ordens na Boys' Brigade, cantando a plenos pulmões nos ombros do sargento, andando para cima e para baixo na praia, em formação. Também seguia tranquilamente as regras na escola primária. Na verdade, eu adorava: me dava bem com os professores, fui o primeiro da turma e a parte favorita do meu dia era a caminhada até a Victoria Junior Boys' School. Quantas crianças podem dizer o mesmo?

Eu tinha de usar calça curta, um colete e um pulôver, e esse último era a única nuvem no meu céu azul. Ele era feito de lã — não de lã boa, macia e confortável. Era o início dos anos 1950, então ele era feito de uma lã grossa, áspera e horrível. Lã de aço certamente coçaria menos. Mesmo odiando-o, fui obrigado a usar aquele pulôver por anos. Então, quando eu tinha 8 anos, minha mãe comprou uma blusa de flanela cinza e isso foi maravilhoso.

Minha mãe costumava dizer que eu só podia usá-la dois dias seguidos; depois disso, ela precisava ser lavada e eu voltava a usar o maldito pulôver incômodo, horrível e que coçava. Por isso, eu me acostumei a levantar às 6 da manhã para lavar, secar e passar aquela blusa e usá-la todos os dias. Eu era um escravo da moda. Ou do conforto.

O professor dos últimos três anos da escola primária se chamava Sr. Blake, e eu o amava quase tanto quanto amava minha camisa de flanela. Ele ensinava história, geografia e tudo o que me interessava. Além disso, nos levava em excursões e para fazer atividades interessantes. Aprendíamos naturalmente (o melhor jeito de aprender), e ele acreditava que eu tinha potencial. "Um menino de muitos interesses práticos, intelectuais, musicais e atléticos", escreveu o Sr. Blake no meu relatório de fim de ano, em 1955. Talvez eu também pudesse ser um físico nuclear.

Naquele ano, passei nas provas e, como "prêmio", ganhei uma vaga na Acton County Grammar. Nessa mesma época, meu pai foi promovido na fábrica de "louças sanitárias" Armitage Shanks e a família também subiu de vida. Nós nos mudamos para uma agradável casa geminada no número 125 da Fielding Road, em Bedford Park, três quilômetros na direção oeste de onde morávamos. Tínhamos um banheiro próprio, além de um jardim na frente e um quintal nos fundos. Era o sonho da família da classe trabalhadora. Nada daquilo me importava. Eu não queria ir, não queria me afastar dos meus amigos. Três quilômetros poderiam muito bem ter sido um milhão. Parecia que eu tinha me mudado para Marte.

DOIS

CHEGA DE ESCOLA

Na primeira semana em minha nova escola, eu já sabia que aquilo tinha sido um grande erro. As crianças eram de lugares como Greenford e Ruislip, lugares com árvores, grama e calçadas largas. Elas falavam daquele jeito da classe média, meio *posh*, uma fala refinada, como eu e meus amigos chamávamos. Não era apenas um sotaque diferente, era outro idioma. Eu não entendia uma palavra do que eles falavam.

O fato de ser muito magro e ter aparência estranha não me ajudava. Não estou exagerando. Eu parecia... diferente. Por causa do acidente. Não aquele no acampamento; outro que acontecera quatro verões antes de entrar na escola secundária. Estávamos de férias no bangalô da minha tia em Bournemouth, e, ao lado dele, havia uma obra. Era assim naquela época. Muitas casas tinham sido destruídas pelos bombardeios e as pessoas não tinham onde morar; então, assim que uma casa era construída, você se mudava, mesmo se as outras casas da rua ainda não estivessem terminadas. Era normal estar cercado de construções e brincar em canteiros de obras. Estava eu vagando pela obra ao lado de casa, provavelmente brincando de caubói, quando tropecei em um arame e bati o queixo no chão.

Minha mãe me levou ao hospital, os médicos me examinaram e disseram que estava tudo bem. Não sei o que acontece comigo em hospitais: sempre olham para o que deveria estar errado e dizem: "Está tudo bem." Então voltei para casa, aparentemente saudável. Em 24 horas, a minha mandíbula inchou. Nos dias seguintes, quando saíamos do bangalô, eu me recusava a deixar o táxi do meu pai porque estava fazendo o Homem-Elefante parecer o Frank Sinatra. Todos na rua me encaravam e eu ficava lá sentado, sentindo pena de mim mesmo.

Não melhorou. O rosto ficou cada vez mais inchado e, quando minha mãe me levou de volta ao hospital, meu queixo pulsava. Enquanto esperávamos o médico, algo aconteceu. Do nada, um cheiro horrível tomou conta do local. Todos na sala de espera começaram a trocar olhares acusadores. Quem tinha sido tão indelicado a ponto de soltar um pum na sala de espera?

— Não fui eu — diziam meus olhos, quando todos me encaravam. Foi quando senti que minha adorada camisa de flanela estava molhada. A mandíbula infectada havia supurado. Dessa vez, eles me mandaram fazer uma radiografia e perceberam que ela estava fraturada em três lugares. Estou contando esta história por dois motivos.

Primeiro, porque é preciso entender que, ao passar pelos portões da Acton County Grammar, chamei a atenção como se tivesse uma melancia no pescoço. Segundo, depois que a mandíbula melhorou, eu não sentia dor quando alguém me dava um soco no rosto. Isso provavelmente é muito importante. Se eu tivesse passado pela vida com um queixo de vidro, tudo poderia ter sido muito diferente.

Em uma escola com alta porcentagem de valentões que esperavam ser adulados pelos calouros, tudo o que você não queria era se destacar. Não demorou para eu sofrer bullying, o que era muito previsível. Meu apelido era Trog, de troglodita, e isso me irrita até hoje.

O passatempo favorito dos garotos mais velhos era me pendurar na cerca de arame ao redor do parquinho. Eles me obrigavam a subir até lá e levantavam meus pés, então eu ficava na horizontal. Quando meus braços cansavam, o tombo era certo. Eles adoravam aquilo, gostavam pra valer. E nunca me senti tão mal.

Em pouco tempo, comecei a matar aula; passava o dia inteiro perambulando pela margem do rio em Dukes Meadows, subindo e descendo, para cima e para baixo, sozinho e com fome, desesperadamente solitário. Era lindo ali perto do rio: selvagem, verde, e o ar era fresco, mas eu costumava pensar que, se a vida era daquele jeito, eu não queria estar ali. Não queria estar naquele mundo. Eu me sentia quase suicida.

Acho que a sensação era pior porque, subitamente, eu fui afastado de uma infância feliz.

Essa época da minha vida parece distante, agora. Foi há sessenta anos, mas ainda me lembro de um dia em especial como se fosse ontem. Era uma sexta-feira, o fim de uma longa semana. Hora de recreio: eu estava no parquinho, sozinho, tentando parecer ocupado e não tão solitário. Olhei ao redor e percebi que ainda tinha anos daquele tormento para enfrentar. Aquilo não tinha fim. Saí da escola e fui para casa me sentindo completamente vazio. Ninguém estava lá. Encontrei os remédios para dormir da minha mãe e fiquei lá sentado, olhando para o vidro. Até que tomei quatro ou cinco comprimidos. Meus pais não conseguiram entender por que eu tinha dormido 48 horas. Eles devem ter pensado que fazia parte do crescimento.

Os professores não conseguiam se comunicar comigo e isso não ajudava. Não havia um Sr. Blake. O único de quem eu gostava era o Sr. Hamilton, professor de metalurgia. Também tinha o professor de matemática, que me odiava porque eu odiava matemática. Não conseguia fazer aquilo entrar na minha cabeça. Não sei por que eles não descobrem quais crianças são boas em matemática e deixam que elas estudem a matéria, dando uma folga para as que não têm aptidão para os números. Ainda não resolvemos isso hoje em dia. É uma loucura. Obviamente, saber adição ajuda na vida, mas isso eu conseguia fazer. Como você acha que consegui descobrir quanto tínhamos sido roubados quando o The Who começou a ganhar dinheiro de verdade nos anos 1970? Mas álgebra? Trigonometria? Seno, cosseno, tangente, e todas essas coisas? Faça-me o favor. Cada um na sua.

Então lá estava o Sr. Watson, o professor que detestava Elvis. Quem poderia detestar Elvis? Tive o mesmo professor de inglês por três anos, e ele sempre nos dava um livro de exercícios no começo de cada aula, acendia um cachimbo, colocava os pés em cima da mesa e lia o *Racing Post*. Nunca nos ensinou nada. E havia a professora de música, Sra. Bowen. Ela só queria nos ensinar um monte de pontos nas páginas e aquilo não significava nada para mim. Veja como fazer um coral de Bach. Isso é uma colcheia, isso é uma semínima. Isso é tal coisa, e aquilo é tal coisa. Eu não suportava. Onde estava a música? E sabe qual foi a resposta dela? Que eu nunca viveria de música.

Eu só queria ficar sozinho e tocar meu violão. No verão de 1956, fiz uma versão própria do que seria um violão e, assim, toquei meu primeiro acorde. Fiquei absolutamente obcecado. Esse era o problema com a escola: eu conseguia me concentrar em algo, se tivesse vontade. Poderia fazer tudo o que decidisse fazer, mas o sistema não dava espaço para isso. Era preciso assistir às aulas, seguir regras idiotas, fazer o que eles queriam quando eles queriam. Eu não conseguia fazer isso. Aguentei um ano daquela merda, recebendo ordens na sala de aula e sofrendo bullying fora dela — até o momento em que reagi. Um dia, na hora do recreio, um dos valentões estava em ação, quando peguei uma cadeira e bati nele com força. Depois disso, todos se afastaram. A cadeira tinha virado a mesa.

Não acho que tenha me transformado em um valentão. Aprendi a me defender e a não levar desaforo para casa, mas nunca fui atrás de confusão. Pete acha que eu arrumava problemas. Isso se encaixa na narrativa do que aconteceu mais adiante, então ele alega se lembrar de mim brigando com um chinês da classe abaixo da que eu estudava em Acton. Juro que não tinha um chinês sequer na escola.

Agora, eu sou um cara totalmente tranquilo, e acho que também sou justo, mas naquela época eu era bem instável. Meu pavio era mais curto que o pinto de um beija-flor; eu estava sempre pronto para a briga. E também tinha muita energia: quando ficava com raiva, parecia uma bomba explodindo. Assim que sentia o cheiro de alguém tentando me atacar, eu atacava primeiro. Quando as pessoas descobriram isso, acabaram me deixando em paz, e quando eu fazia algo, geralmente era porque elas mereciam.

• • •

A única briga de que me lembro ter começado foi uma da qual me arrependo até hoje. Eu tinha 14 anos, a idade em que você ainda está tentando afirmar sua masculinidade. Eu e um amigo estávamos implicando um com o outro no salão comunitário. Tudo começou como uma brincadeira, mas aí ele começou a me afrontar, dizendo que ia acabar comigo. Perdi as estribeiras.

Vi tudo vermelho. Quando me dei conta, tinha pulado um banco e começado a dar socos e chutes. Quase o matei e imediatamente me senti péssimo com aquilo.

Para piorar a situação, ele era amigo de uma gangue chamada Acton Teds. Eles eram uma galera da pesada, de Acton mesmo, não da Acton County Grammar School. Eles vinham de Acton Lane, do conjunto habitacional do Vale, do outro lado da linha do trem da British Light Steel Pressings. A ferrovia tinha sido desativada fazia tempo, mas era o Muro de Berlim da cultura das gangues do oeste de Londres na década de 1950, uma linha que eu precisava cruzar sempre que ia ver meus amigos. E o cara que eu tinha espancado quase até a morte era integrante dessa gangue. Que ótimo.

Ele disse aos amigos que eu tinha dado uma surra nele, e agora eu estava na mira. Eles iriam se vingar mais cedo do que eu imaginava. No domingo seguinte à briga, eu estava em Ealing Common vendo meus amigos jogarem futebol. Como não era muito bom de bola, costumava ir lá para ver o jogo, dar umas risadas e contar piadas. No meio do primeiro tempo, sete dos Acton Teds vieram com toda aquela atitude de Teddy Boy. O líder era um cara chamado Johnny Craft, um tanoeiro da Fuller's Brewery, e os irmãos Williams da Acton Lane também estavam lá. Eles queriam ter uma conversinha comigo.

Eu não podia fugir.

Se fugisse, daria as costas para eles. Se fugisse, estaria morto.

E o mais importante: eu não era um corredor particularmente rápido. Então eles formaram um círculo e o pequeno Johnny Craft, que tinha a mesma altura que eu e era forte por ser tanoeiro, disse:

— Você espancou o nosso amigo.

— Eu sei. E sinto muito mesmo — respondi. Não só porque eu realmente sentia muito, mas também porque eles estavam em sete.

Indiferente às minhas desculpas, Johnny explicou que agora era minha vez, e começou a me bater. Eu me recusei a revidar porque a única atitude mais perigosa do que tentar fugir era reagir.

Era o que eles queriam. Isso significaria que todos poderiam me atacar. Então Johnny, exasperado, surge com um grande cassetete de madeira e começa a me bater com ele. Todos os amigos dele gritavam que eu precisava reagir e, em um momento assustador de epifania "pronto, fodeu", percebi que não tinha escolha. A resistência passiva não estava funcionando, então dei um soco no rosto dele.

O nariz do Johnny explodiu.

Havia sangue por toda parte. Os amigos dele pareciam ainda mais indignados do que antes.

Pensei comigo mesmo: "Merda. Por que não acertei onde não sangraria tanto? Por que eu não dei um chute no saco?" Agora o círculo estava se fechando e eu me vi encarando Mickey Dignan — que, se você conhecesse os Acton Teds, saberia que ele tinha a péssima reputação de esfaquear pessoas. Confirmando a má fama, ele puxou o canivete, e agora eu tinha um grande problema.

Roger Harry Daltrey, descanse em paz.

Uma vida ceifada antes do auge.

E tudo porque eu me descontrolei no salão comunitário na quarta-feira anterior. Uns dez minutos mais tarde do que eu gostaria, fui salvo por alguns caras mais velhos que jogavam futebol em outro campo. Eles viram o que estava acontecendo e disseram que sete contra um era covardia. Os Teds do Vale se afastaram e Mickey guardou o canivete, sussurrando que eu estava marcado.

E teria sido o fim, se eu não tivesse começado a sair com Barbara Mason. Ela foi minha primeira namorada. Era uma menina linda e encantadora. Muita areia para o meu caminhãozinho. Barbara se sentia atraída por mim porque eu estava em uma banda e cantava. Ela morava em uma das casas pré-fabricadas de East Acton construídas pelo governo para tentar resolver a crise de moradia, e o único jeito de ir da minha casa para a dela era passar bem em frente à casa de Mickey Dignan. Naquela idade — em qualquer idade —, você faz qualquer negócio para chegar à casa da sua namorada, especialmente se ela for um ano mais velha e muitos centímetros mais alta que você. Então eu virava o colarinho para cima e usava chapéus bem no meio do verão só para chegar inteiro à casa de Barbara.

Tive que desenvolver um sexto sentido. Também espalhei para todo mundo que agora eu carregava um machado, e eles acreditaram em mim. Era tudo uma questão de imagem, algo que me preparou muito bem para a vida como líder do The Who.

• • •

VALEU, PROFESSOR KIBBLEWHITE

No dia 1º de março de 1959, quando fiz 15 anos, fui expulso da escola. Provavelmente isso já estava sendo cogitado havia tempos. Eu tinha sido flagrado fumando; matava aula ou perturbava aquelas que frequentava — só queria ser deixado em paz pelos professores. Além disso, eu era o alfaiate não oficial da escola, e provavelmente por isso eles me odiavam acima de tudo. Eu cobrava um xelim para "atualizar" os uniformes. Minha mãe tinha uma máquina de costura e eu era muito bom manejando-a. Cuido dos meus jeans até hoje. Meus clientes vinham com suas calças largas e saíam com calças *skinny*, e eu aplicava as insígnias da escola em ângulos vistosos. Eles deixavam de ser os querubins estudiosos e orgulho dos pais para vestir a última tendência da moda jovem no fim dos anos 1950.

Sempre havia fila para os Serviços de Alfaiataria Pessoal Daltrey Ltda., o que devia enfurecer as autoridades. Eu literalmente estava alterando o tecido do *establishment*.

A gota d'água foi uma espingarda de ar comprimido que eu não disparei. O que aconteceu foi o seguinte, meritíssimo. Na época, nós víamos muitos filmes de guerra e éramos garotos, então passávamos muito tempo fingindo ser soldados. Andávamos com armas de ar comprimido — não eram particularmente poderosas; mal dava para atirar de um canto da sala para outro. Imagino o que o departamento de saúde e segurança teria a dizer sobre elas hoje, e nesse caso muito específico eles poderiam ter razão. Mas, como já disse, éramos crianças e eu não gostava de regras. Uma delas proibia os alunos de levarem armas de ar comprimido para a escola.

Então levei minha arma de ar comprimido para a escola.

Estávamos de bobeira no vestiário depois do futebol e meu amigo disparou minha arma — ele, não eu. A bala ricocheteou na parede e atingiu outro amigo no olho. Foi um acidente bizarro, com risco de um em um milhão de acontecer, mas gerou uma grande confusão e, como a arma era minha, é óbvio que sobrou para mim. Era justo. Se eu não tivesse levado a arma para a escola, o acidente não teria acontecido, mas eu não puxei o gatilho. O cara que atirou nunca foi expulso, enquanto eu levei seis golpes no meu traseiro nu. Aquele professor deveria ter sido denunciado por abuso sexual. Muito mais perturbador que isso, o meu amigo perdeu a visão no olho atingido. Foi quando o diretor, Sr. Kibblewhite, decidiu me expulsar, e disse:

— Não podemos controlar você, Daltrey. Você está fora.

E enquanto eu saía do escritório dele pela última vez, um gesto de despedida:

— Você nunca vai ser nada na vida, Daltrey.

Eu pensei: "Valeu, professor Kibblewhite."

Na tarde do meu aniversário de 15 anos, tive de voltar para casa mais cedo e dar a boa notícia aos meus pais.

Eles ficaram arrasados. Acho que poderíamos ter partido para a agressão física, eu e meu pai. Não socos, mas luta livre. Ele não era um homem violento, mas naquele dia ficou furioso. Eu não conseguia entender qual era o problema. Eu ficaria bem. Se alguém tivesse sentado comigo e explicado o que a escola era para mim, não os professores ou o sistema, e que havia motivos pelos quais eu deveria continuar nela, teria sido totalmente diferente. Mas ninguém fez isso. Minha vida estava ótima até eu completar 11 anos e entrar naquela escola. Sentia que estava sendo punido. Nunca me ocorreu que estudar era algo a se fazer para ter sucesso na vida. Acho que era isso. A primeira escola tinha a visão de me preparar para que eu fizesse o meu melhor nas provas.

E eu fiz isso. Passei com louvor. A escola seguinte não tinha didática alguma. Então, quando o rock'n'roll apareceu, minha visão de mundo se transformou. Decidi que era o que eu queria fazer. Meu pai tinha outras ideias. Quando terminou de gritar comigo, ele me mandou direto para a agência de empregos. Em uma semana, eu estava trabalhando em um canteiro de obras.

• • •

Se não fosse por Elvis, esse poderia ter sido o meu destino. A vida de trabalhador. Mas quando vi Elvis pela primeira vez, com 12 ou 13 anos, eu sabia o que gostaria de fazer. Claro que Elvis era o cara. Elvis the Pelvis. O Rei do Rock'n'Roll. Ele estava totalmente fora do alcance de um garoto de Shepherd's Bush. Ninguém poderia ser como ele, mesmo que todos nós achássemos possível se parecer com ele. Não podíamos comprar laquê para ajeitar o cabelo no estilo do Rei, mas com a ajuda de uma barra de sabão chegávamos bem perto. Aí veio Lonnie Donegan, e a primeira vez que o vi foi diferente. Ele apareceu em nossa televisãozinha em preto e branco em março de 1957 e não tinha nada a ver com Elvis. Usava um smoking com gravata-borboleta, que definitivamente não era legal, mas cantava uma canção folk dos Apalaches chamada "Cumberland Gap". Mesmo sem entender do que falava a música, eu me identifiquei. A música parecia primordial. Senti um frisson.

Não sabia o nome da música na época, mas li um artigo sobre ela recentemente. Os cientistas da Universidade Eastern Washington estudaram nossa reação à música. Dois terços de nós temos uma intensa reação emocional a estímulos inesperados no ambiente, particularmente à música. Se você estiver imerso em música e "se abrir à experiência", provavelmente vai sentir esse frisson. É exatamente como sempre me senti em relação à música. Foi assim quando ouvi Lonnie e é assim sempre quando canto para uma plateia. Não estou simplesmente cantando — estou sentindo. E, em um dia bom, a plateia não está apenas ouvindo — está vivenciando as músicas em um nível profundo e primevo.

A música já tinha começado a mudar antes de Lonnie e sua banda de skiffle. Eu me lembro de quando tinha uns 6 anos, e já estava começando a ouvir mais músicas norte-americanas nos programas vespertinos. Meu tio costumava tocar bateria em uma pequena banda de jazz e amava Hank Williams. Foi a primeira vez que ouvi country. Mas quando Lonnie surgiu cantando aquelas canções folk tradicionais, como "Bring a Little Water, Sylvie" e "The Midnight Special", foi diferente. Ele fazia aquilo com muito vigor. Quando jogava a cabeça para trás e gemia, eu pensava: "É isso que eu quero fazer." Sentia aquilo com Elvis, mas até eu conseguia fazer uma boa imitação do Lonnie. Ele era menos controlado, mais básico, e eu me identificava com aquilo.

Foi naquela tradição do skiffle que decidi arrumar meu primeiro violão, aos 12 anos de idade. Para isso eu precisava arrumar um emprego de verão, algo comum para garotos da minha idade naquela época. Consegui arrumar trabalho em uma lavanderia. Comecei de baixo, o que significava trabalhar na "bandeja de entrada". Caramba, eu não acreditava na sujeira em que algumas pessoas viviam. Depois de uma das semanas mais longas dos meus 12 anos de vida, em que tentei não respirar pelo nariz e quase vomitava a cada carga que chegava, o chefe me "promoveu". Até parece! Fui para as lavadoras. Meu trabalho era desembolar os lençóis recém-lavados e ensopados quando saíam das máquinas, pesando uma tonelada. Eu tinha de seguir o ritmo das passadeiras e elas recebiam por empreitada. Manter aquelas mulheres recebendo lençóis desembolados foi um dos trabalhos mais difíceis que já fiz. Rapaz, eu paguei caro por aquele violão, mas no fim do verão tinha dinheiro suficiente para comprar as peças de que eu precisava para começar a montá-lo.

Meu modelo era um instrumento bem vagabundo que um dos colegas de trabalho do meu pai me emprestara. Parecia vagamente com um violão espanhol. Fiz o corpo com a parte mais dura do compensado, dobrando as partes mais finas ao redor. Não fazia ideia de como juntar o corpo ao braço, mas, de alguma forma, consegui. Depois, percorri as lojas de consertos de instrumentos musicais de Hammersmith em busca de trastes, tarraxas, tróculo e uma ponte ao menos decente. Depois de um esforço considerável e muitas tentativas e erros, eu era finalmente dono do que quase poderia ser descrito como um violão. Certamente tinha a aparência de um violão e funcionava como um. Em um dia bom, ele até soava como um violão, e isso era o bastante.

Eu tocava em todos os minutos que Deus (e meus malditos professores) me davam e mais alguns, para completar. É incrível como você pode se esforçar se não houver trigonometria envolvida. O "violão" mais parecia um ralador de queijo grudado a um bloco de madeira, então meus dedos sangravam terrivelmente. Em algumas semanas, porém, eu tinha dominado os três acordes necessários para tocar praticamente tudo o que ouvia no rádio. Algumas semanas depois, eu faria o meu primeiro show, imitando o Lonnie com o cabelo do Elvis. A apresentação foi no baile da juventude e eu não fiquei nervoso. Apenas subi ao palco e mandei ver. Cantei "Heartbreak Hotel" a plenos pulmões.

Se você me perguntar como um garoto magrinho que tinha dificuldade para lidar com a vida horrível na escola teve a confiança de se apresentar diante de uma plateia com um violão de compensado, eu não saberia dizer. Foi estranho na época, e até hoje eu não entendo muito bem, mas eu sobrevivi e o violão também. Até que, uma semana depois, ele quebrou ao meio. Uma pequena falha do projeto e um grande problema para mim, porque agora eu estava em uma banda. Bem, não era uma banda. Era um grupo de skiffle. Eu estava nesse grupo de skiffle e meu violão de compensado tinha se acabado depois de seis semanas.

Quem me salvou foi o tio John, que por acaso era carpinteiro na Bedford Park Estate. Ele vira a dificuldade que passei para fazer o primeiro violão e resolveu me ajudar a fazer o segundo. Agora, tínhamos o jeito certo de unir o braço ao corpo e até como dar o polimento francês. Ele funcionava melhor. A afinação ainda não era perfeita, mas eu só precisava tocar os três acordes mágicos. O violão novo dava conta do recado e, o mais importante, não quebrou ao meio depois de seis semanas. Na verdade, durou quase três anos. E a partir dali, sempre que não estava trabalhando, eu não ia a lugar algum sem o violão.

Longe da escola, a vida era razoável. Eu não falava muito com meus pais, mas quando não estava ensaiando com a banda, passava o tempo com os velhos amigos de Shepherd's Bush e meu primo mais velho, Graham Hughes. Ele não era um dos futuros físicos nucleares, mas estava na escola de arte e virou um fotógrafo de sucesso, fazendo muitas capas de álbuns para o The Who e meus trabalhos solo. Na época, o importante era que ele tinha muitos discos e me apresentou ao rock'n'roll. Pulei de Lonnie para Little Richard e, quando tinha 15 anos, estava pronto para fazer minha primeira guitarra elétrica. Eu ia ser um astro do rock, embora houvesse alguns obstáculos pelo caminho.

Três

A ERA DO SKIFFLE

Uma semana depois de escapar do inferno que era a Acton County Grammar, me vi trabalhando como auxiliar de eletricista em um canteiro de obras no fim da rua. Essa foi uma decisão deliberada em minha carreira, mais do que possa parecer. Como auxiliar de eletricista, em pouco tempo eu conseguiria as habilidades e os materiais necessários para fazer a guitarra elétrica. E me sentia muito bem. Trabalhava ao ar livre, finalmente longe de cálculos, e podia ver os idiotas indo e voltando, de casa para a escola e vice-versa, enquanto eu aproveitava a vida.

Mas estou exagerando.

Eu ganhava duas libras por semana. A maior parte delas ia para minha furiosa mãe, mas sobrava o bastante para comprar cigarros, que eram vendidos em grupos de cinco para a garotada. É horrível pensar nisso hoje em dia, não é? O problema é que eu era um auxiliar de eletricista que, na verdade, não fazia trabalho de eletricista. Eu só colocava os conduítes por onde passavam os fios elétricos e pensava comigo mesmo: isso não é trabalho de eletricista. É de encanador. O que você não precisa saber para construir uma guitarra elétrica é passar conduítes. Além disso, era março. O ar fresco era congelante.

Seis semanas depois, me demiti, voltei para a agência de empregos e pedi um trabalho diferente. Você podia fazer isso naquela época. O cara atrás do balcão olhou para o meu último boletim (que, imagino, era uma peça literária assustadora) e disse:

— Você obviamente sabe usar as mãos. Vá até a fábrica de chapas metálicas em South Acton. Eles estão procurando por um garoto do chá.

Garoto do chá? Eu não sabia o que era aquilo. Quanto você precisava ser bom com as mãos para servir uma xícara de chá? Contudo, fiz o que ele mandou porque eu conseguia enxergar o potencial dessa empreitada específica. Afinal, havia metal em uma fábrica de chapas metálicas, certo? E ferramentas também. Com um pouco de sorte, eu poderia ser o garoto do chá que fazia guitarras elétricas quando ninguém estava olhando. Então fui até a Chase Products, fábrica especializada em gabinetes de computador, a fim de me apresentar como o próximo especialista em chá.

"Fábrica" era um jeito bem otimista de descrever o lugar. Não era um galpão maravilhoso com aquelas caldeiras acesas todas as manhãs, abastecidas com coque o dia inteiro. Era como entrar em um romance de Dickens. A única diferença é que nosso galpão tinha telhas de amianto.

Em meio a tudo aquilo estava o velho Frank Altman, o supervisor. Por algum motivo, ele gostou de mim. Quando me dei conta, era um aprendiz de garoto do chá ganhando a maravilha de quatro libras e dez centavos por semana vendendo chá e sanduíches para os soldadores e outros funcionários. O trabalho tinha suas responsabilidades. Todos queriam algo diferente. Um pedia uma fatia de queijo, um sanduíche de presunto, outro preferia bacon. Se o pedido viesse errado, chateava o soldador e você não queria aborrecer o soldador porque o outro trabalho do garoto do chá era polir a solda das placas. Se o soldador estava chateado, a solda saía bruta e cheia de calombos, nada fácil de lidar. Se você acertasse o pedido e deixasse o soldador feliz, a solda saía lisa e você ganhava gorjetas. Eu anotava os pedidos no começo do turno e depois ia até a lanchonete da esquina, chamada Marco's: você pedia, ele vendia. Eles sempre cuidavam de tudo, pois queriam continuar vendendo. Todos saíam ganhando.

Depois de um mês de gorjetas e sanduíches grátis, decidi que poderia melhorar a minha situação, e pensei: "É uma loucura comprar tudo isso no Marco's." Se conseguisse os pães na padaria, o presunto no açougue e o queijo no mercadinho, eu poderia fazer os próprios sanduíches no setor de pintura que ficava na rua de trás. Eles seriam mais frescos que o do Marco's e eu podia ficar com todo o lucro. Então, criei minha pequena empresa e todos os funcionários ficaram felizes porque a Sandubas Consolidados Daltrey era uma empreitada ainda mais profissional do que a Alfaiataria Pessoal Daltrey. Eu era um pequeno empreendedor e tanto.

À tarde, eu deixava de ser o garoto do chá e virava polidor. Fazíamos gabinetes para computadores do tamanho de caminhões. Não era exatamente a Apple, muito menos engenharia de precisão. Havia muito a fazer. Eu polia os pedaços de metal e os soldadores os colavam. O segredo era polir bem o suficiente para manter o soldador feliz, o que era fundamental para ter uma vida tranquila, como já discutimos.

Eu já cheguei a dizer que o período naquele galpão com telha de amianto da Chase Products, em South Acton, foi o mais feliz da minha vida. Também já disse que mal podia esperar para sair de lá. Olhando para trás, acho que as duas afirmações são verdadeiras. Era um trabalho cansativo, monótono, mas havia rotina. Você batia o ponto para o seu turno, saía para o chá, depois para o almoço, trabalhava mais um pouco e voltava para casa. Havia estrutura. A vida era simples. Inocente.

Um dos problemas com a indústria do rock é que você nunca sabe o que virá pela frente. Aqueles poucos anos da adolescência na fábrica foram a última vez em muito tempo em que tudo na minha vida era remotamente previsível. Também era um lugar bom para trabalhar. O segredo era que costumávamos cantar. Cantávamos o dia inteiro, todos os dias. Isso deixava o chefe maluco. Ele não permitia rádio, e fico feliz por isso porque, se houvesse um rádio, nós não cantaríamos. Nem consigo dizer o tamanho da diferença que isso fez.

Lá estavam os jovens aprendizes como eu e os caras mais velhos, muitos dos quais tinham voltado havia pouco tempo da Coreia e da guerra na Malásia. Nós tínhamos a angústia adolescente; eles tinham os traumas de guerra — curávamos tudo cantando. Um dos caras do setor de pintura imitava muito bem Sinatra e Nat King Cole. Ele era ótimo e perfeitamente afinado, então eu costumava cantar com ele até me tornar afinado também. Costumávamos cantar todas as músicas dos Everly Brothers. Tínhamos um grupo *a cappella* que cantava ininterruptamente naquele galpão.

Era 1968, e o The Who ia se apresentar no Hollywood Bowl; os Everly Brothers iam tocar no mesmo dia. Eu mal podia esperar para conhecê-los. Todos aqueles anos cantando suas músicas e agora estávamos no mesmo show. Teria sido um momento e tanto, eu até poderia contar sobre o grupo *a cappella* no galpão em South Acton. Mas não aconteceu.

Nós fizemos o show. Keith e sua bateria acabaram no fosso entre o palco e a plateia; Bobby Pridden, nosso técnico de som, colocou várias bombas de fumaça militares para estourar durante "My Generation". Quando a poeira baixou, ouvimos sirenes. Metade do Corpo de Bombeiros de Los Angeles estava lá, acompanhado de boa parte da polícia. Bobby foi preso e só conseguiu sair depois de uma longa palestra sobre os perigos do fogo em um ambiente desértico. O restante de nós foi mandado embora. Eu não vi os Everly Brothers tocarem, nem os encontrei nos bastidores.

A ideia de tocar na mesma noite que os Everly Brothers era inimaginável no começo daquela década, mas eu amava as sessões de canto no chão da fábrica. Não dava para chamar aquilo de rock'n'roll, mas tínhamos um ritmo muito bom com nossas baterias improvisadas de martelos, prensas e guilhotinas.

Uma das tristezas da vida moderna é que ninguém canta mais daquele jeito. Naquela época, todo mundo cantava. Você andava pela rua e as pessoas cantavam em construções de prédios, obras nas estradas, garagens, em toda parte. Quando você canta, está feliz. Cantar muda o seu cérebro, reduzindo o cortisol e aumentando a liberação de endorfinas e oxitocina. Algumas pessoas precisam usar drogas para conseguir isso. Por que não cantar um pouco? Cantar em grupo é melhor ainda. Os cientistas (e não os músicos) descobriram que as batidas do coração sincronizam quando as pessoas cantam juntas. Nem é preciso ser bom. Não acredita em mim? Deixo aqui trechos do memorável artigo da Universidade de Sheffield, de 2005, intitulado "Efeitos de cantar e se apresentar em grupo de cantores marginalizados e de classe média":

"Os efeitos emocionais da participação em grupos de canto são similares, independentemente do treinamento ou do status socioeconômico", algo que eu poderia ter falado para eles, mas espere, aí vem a parte interessante: "contudo, os componentes interpessoais e cognitivos da experiência do coral têm significados diferentes para cantores marginalizados e os de classe média. Enquanto os indivíduos marginalizados parecem abraçar todos os aspectos da experiência de cantar em grupo, os cantores advindos da classe média se sentem inibidos por expectativas sociais quanto à predominância de sua musicalidade".

É justo dizer que nosso empolgado grupo de veteranos e jovens delinquentes se encaixava mais na categoria "marginalizados". Nós certamente não éramos da classe média. Então as massas oprimidas se beneficiam mais do canto em grupo do que os garotos *posh* que deixei para trás na Acton County Grammar.

A última vez em que ouvi alguém cantar no trabalho com exceção do Caribe, foi em Maiorca, há alguns anos. Eu estava subindo uma ladeira para fazer um pouco de exercício matinal e, no meio do caminho, passei por uma van de construtores; alguns rapazes espanhóis descarregavam sacos de cimento. Era um dia absurdamente quente em meados de agosto e um dos rapazes parecia muito chateado com a vida, mas fez um cumprimento de cabeça e disse *hola* quando passei por ele. Ao descer a ladeira um pouco mais tarde, eles descarregavam os últimos sacos de cimento, e o jovem que parecia furioso estava bem mais alegre. Até que ele respira fundo e começa a cantar a plenos pulmões o nosso single de 1970, "Substitute".

"I was born with a plastic spoon in my mouth" ["Nasci com uma colher de plástico na boca" em tradução livre], cantava ele com forte sotaque espanhol. "The north side of my town faced east, and the east was facing south... La la la." ["O lado norte da minha cidade era virado para o leste e o leste era virado para o sul", em tradução livre.] Eu caí na gargalhada. Era simplesmente brilhante. Tenho certeza que o rapaz se sentia melhor. Ele definitivamente estava rindo.

Eu não estava naquele galpão apenas para cantar, não é? Estava lá pela minha guitarra. E seria uma Fender. Ou algo parecido com uma Fender. Ou algo nada parecido com uma dessas. Eu tinha ouvido Buddy Holly tocar uma guitarra Fender e, mesmo em nossa televisão em preto e branco, o som que ele conseguiu em "That'll Be The Day" era simplesmente incrível. Claro que eu não poderia comprar uma daquelas. O preço era astronômico. Custava mais do que uma casa. Só Buddy Holly poderia comprar uma Fender. Eu simplesmente faria uma cópia.

Uma tarde, depois de fazer o chá, distribuir sanduíches e polir gabinetes, saí do meu turno e peguei o metrô até a Charing Cross Road com o intuito de admirar uma Fender Stratocaster na vitrine de uma loja de música. Fender era muito esperto. Ele fez um vão na parte de trás da guitarra, então ela encaixava no quadril. Era como um terno de alfaiataria e eu descobri isso olhando para ela naquela vitrine. Tirei todas as medidas e corri para casa.

Comprei dois pedaços de mogno e, agora que tinha serras manuais e tornos à disposição, poderia juntá-los. Também tinha um amigo na Burns Guitars de Acton Lane e, de alguma forma, algumas tarraxas e cravelhas saíram do galpão dele para o meu. Restos de madeira no chão de uma fábrica de chapas metálicas eram difíceis de explicar, mas ninguém fez muitas perguntas.

Dentro de uma semana, eu tinha minha Fender vermelha. Estava longe daquele violão de compensado, mas ainda havia uma grave falha de design. Quando estava tirando as medidas pela vitrine, não percebi que o vidro ampliava tudo um pouco. Minha "Fender" era um pouquinho maior que a do Buddy e essa pequena diferença significava que ela pesava uma tonelada. Ela também não soava como uma Fender, mas não tinha um som ruim.

Uma noite em 1957, quando eu cantava "Heartbreak Hotel" no clube local, as pessoas vieram conversar comigo depois. Cantar era um jeito mágico de fazer amigos e alguns desses amigos queriam começar uma banda. Se você está procurando momentos fundamentais, pequenos acontecimentos que fizeram a minha vida tomar um rumo em vez de outros mil possíveis, este provavelmente foi um deles. Acendeu-se uma luz. Cantar é divertido. Cantar me leva a fazer amigos. Quero estar em uma banda.

Harry Wilson, que era meu melhor amigo desde o primeiro dia na escola primária, virou o baterista daquela configuração. O grande Reggie Chaplin escolheu se arriscar no baixo improvisado com uma caixa de chá. Ian Moody tocava... Eu não consigo lembrar o que ele tocava. A tábua de lavar roupa, talvez? A principal função dele era ficar lá parado de um jeito legal. Ele era um rosto conhecido na vizinhança e dava um ar perigoso ao grupo. Mesmo naquela época, era uma questão de imagem. Ele ficava lá, mexendo em um utensílio de cozinha que pegara emprestado dos pais, parecendo legal. O irmão mais velho era o rei dos Teds de Shepherd's Bush e Ian me dava as roupas que não serviam mais nele.

Naqueles primeiros anos, a banda de skiffle era a minha vida fora da escola. Quando fui expulso, ela virou a minha vida fora da fábrica e a coisa ficou mais séria. Progredimos do skiffle para versões muito básicas dos grandes sucessos das rádios. Fizemos um medley do Little Richard com "Lucille" e "Tutti Frutti" — esta última, aliás, é um bom exemplo de como o rock'n'roll passava pela censura. Leia "wop bop a loo bop a lop bam boom" em voz alta. Não é exatamente sutil, mas os homens de terno da BBC pensaram que ele estava falando de sorvete. Qualquer adolescente do planeta sabia que não era isso. O rock'n'roll fala de sexo. A pista está no nome. A maior parte da criatividade nas letras vinha dos compositores inventando eufemismos para transar. Pode parecer bem óbvio agora, mas naquela época o sistema e os homens de terno não faziam ideia. "Good Golly Miss Molly, sure like to ball." ["Caramba, a Senhorita Molly realmente gosta de mandar ver", em tradução livre.]

As duas principais preocupações naquela época, além de ensaiar, eram brigar pelo nome da banda e discutir quem mandava. Era uma questão de hierarquia social. Tudo era decidido com gritos e empurrões em um ambiente bem instável, cheio de machos alfa.

O menor avanço tecnológico podia mudar o equilíbrio de forças. Nosso equipamento era vagabundo. Se uma corda arrebentasse acima da pestana ou abaixo da ponte da guitarra, costumávamos amarrá-la com um nó de pescador. Todo dinheiro que conseguíamos ia para melhorar o equipamento, mas foi tudo muito gradual. Eu ainda tinha a "Fender" e Reg Bowen era dono não só de uma guitarra elétrica, como também de um amplificador. *O* amplificador. O *único* amplificador. Então o nosso guitarrista base na época (o nome dele me fugiu agora) comprou um baixo a prestações. Tudo mudava, o tempo todo.

Na maior parte das vezes, tocávamos em casamentos e no salão da igreja local para os adolescentes. Também tínhamos um horário semanal no clube social da cervejaria Fuller, Smith & Turner, em Chiswick. Depois de algum tempo, estávamos nos chamando de Detours e indo bem, mas depois de alguns meses o baixista foi embora. Não estávamos ganhando dinheiro suficiente, ele nunca ia conseguir pagar aquele baixo, então uma noite na casa do Reg ele disse que estava fora. Nosso único baixista com o único baixo. Corri atrás dele até o ponto de ônibus, mas, mesmo com uma considerável habilidade de persuasão, não consegui fazê-lo mudar de ideia.

Poucos dias depois, eu estava andando do trabalho para casa e vi um cara vindo em minha direção com o maior baixo que vi na vida. Eu o reconheci da escola. Era um garoto duas séries abaixo da minha chamado John. E ele tocava baixo.

Eu não conheci Pete Townshend e John Entwistle na escola. Quer dizer, eu os via. Não tinha como evitar. Eram duas pessoas impossíveis de se esconder em uma multidão. John nunca se encaixou em lugar algum. Ele era grande e alto e andava de um jeito estranho, como uma versão mais alta do John Wayne. Se você o colocasse em uma fila de mil pessoas da mesma altura e peso, todos com a cabeça coberta por um capuz, eu seria capaz de encontrá-lo rapidamente pelo jeito de andar.

Pete também era especial do seu jeito. Por isso, tinha uma dificuldade muito grande de ser discreto quando chegou à Acton County Grammar. Como eu, ele era magro, mas enquanto minha mandíbula era engraçada, ele tinha um nariz de tamanho considerável. Isso não é uma crítica. Foi considerado crítica no passado e parece uma crítica, mas não é. Acho que ele tem uma cabeça fantástica. Se eu fosse escultor, é o tipo de cabeça que eu adoraria esculpir. Ele cresceu bem, mas e na época? Pete e o nariz eram alvo dos valentões. Alto e magro daquele jeito, só dava para ver o nariz.

Eu não via nenhum dos dois desde a expulsão da escola, no ano anterior, mas ali estava John, andando pela rua com um baixo. Eu uso o termo "baixo" do modo o mais livre possível. Ele tinha construído o instrumento do mesmo jeito que fiz a minha guitarra, mas o baixo dele não era muito melhor do que a minha primeira guitarra de compensado. Tinha o formato de uma chuteira e parecia que não ia durar além daquela tarde, mas eu precisava de um baixista, então começamos a conversar.

John me disse que já estava em uma banda de trad jazz, onde ele tocava baixo e trompete.

— Está conseguindo algum trabalho? — perguntei.

— O baile da juventude local no saguão da igreja — respondeu ele.

— Estão recebendo por isso?

— Não. E vocês?

— Claro que sim! Estamos marcando shows. Vamos começar a ganhar dinheiro de verdade em breve.

John entrou para os Detours no verão de 1961. Foi preciso esperar mais alguns meses até o Pete chegar.

• • •

VALEU, PROFESSOR KIBBLEWHITE

Os anos 1960 não viraram os "Swinging Sixties"* até 1963. Antes disso, eram iguais aos anos 1950. Um pouco menos, até. Elvis tinha deixado de ser legal e começara a fazer aqueles filmes horríveis. Bill Haley era coisa do passado. A música era bem conservadora, insípida. Frank Ifield, um cantor country australiano que incorporara o estilo tirolês, liderava as paradas em boa parte de maio e junho de 1962. Os dois singles seguintes dele também foram direto para o primeiro lugar. Isso diz tudo o que você precisa saber sobre o início dos anos 1960, mas a vida estava prestes a mudar.

A partir de 1963, havia uma energia. Tudo estava acontecendo. E era por causa da música. Aquele grande período das bandas de rock, os Beatles, os Stones, todas as bandas de Birmingham, todas as bandas de Liverpool e, sim, nós. Estou nos colocando no meio. Quais são as chances de esse tipo de química acontecer de novo na música?

Tudo partiu das pequenas bandas tocando skiffle nas ruas. Os garotos descobriram que podiam fazer música, mesmo que não fosse além de esfregar uma tábua de lavar roupa com os dedos protegidos por dedais ou puxar uma corda ligada a um cabo de vassoura preso em uma caixa de chá. Uma vez que você participa, acaba se interessando. A música saiu das ruas para os pubs e, de lá para os clubes, onde eram divulgadas pelas rádios piratas. Havia música antes, é claro, mas não era voltada para uma faixa etária específica. Não havia espaço para os adolescentes. Na verdade, não havia adolescentes. Antes dos anos 1960, você era criança e depois era homem. Você ia para a escola e depois para o trabalho. Isso mudou. Nossa geração mudou isso. Por que nós?

Acho que tem a ver com a guerra. O que aconteceu nos anos 1960 começou nos anos 1940. A geração nascida durante as hostilidades, até 1950, viveu os anos mágicos para músicos, artistas, cientistas, tudo. É o que acontece quando você começa do zero. Com tanta destruição, só havia uma atitude a tomar: construir. Fomos uma geração de construtores. Não havia escolha. Tínhamos crescido com muito pouco e, com todas as tentativas de fazer o melhor com o que tínhamos à mão, fomos criados por pais que enfrentavam dificuldade

---

* "Swinging Sixties", também conhecido como "swinging london", foi uma revolução cultural impulsionada pela juventude que ocorreu no Reino Unido e foi se espalhando ao redor do mundo durante a metade dos anos 1960, enfatizando a modernidade e o hedonismo. [*N. da E.*]

para se recuperar da guerra. Eles não possuíam mais nada para nos dar. Não posso culpá-los. Depois que as festas da vitória acabaram e todos pararam de se matar aos montes, o que sobrou para eles? Dívidas que se acumulavam, falta de moradia, desemprego. Os homens voltaram arrasados da guerra. Eram estranhos na própria casa. Muitos simplesmente desmoronaram. Foi com isso que crescemos. Eu não era o único com um pai sentado em um táxi derramando uma lágrima silenciosa a cada Domingo da Lembrança.

Quando crianças, íamos levando, mas quando chegamos à adolescência, isso foi canalizado em raiva. Tudo começou com os Teddy Boys. Eram cinco ou seis anos mais velhos que nós, com roupas que se destacavam na insipidez dos trajes do dia a dia. Eles usavam jaquetas drapeadas compridas e camisas coloridas com colarinho cortado e virado para cima na parte de trás. Alguns deles foram além: mandavam fazer as jaquetas em azul ou rosa berrante e as personalizavam com colarinhos de veludo preto. Foi o início da revolução jovem. Pode não ter ido muito longe, mas quando a sociedade reconheceu o valor comercial dos adolescentes, tudo aconteceu.

Havia dinheiro a ganhar, então as mudanças foram rápidas. Olhe para a situação hoje. É interessante quanto da economia se concentra na juventude. É totalmente o oposto daquela época. Nos anos 1960, não havia plano. Era apenas uma sensação que veio da arrogância e do vigor da juventude. Quando você é jovem, é invencível. Está cheio de energia e, no nosso caso, ela era extravasada na música. A raiva e a energia que exigiam ser ouvidas afetavam todas essas bandas e fazia do todo algo maior que a soma de suas partes.

Acho que isso valia muito mais para nós do que para as outras bandas da época. Pete costumava dizer que, como indivíduos, nós éramos três gênios e "um cantor". Obrigado, Pete. Independentemente do que ele pensava, nosso valor como banda era muito maior do que como pessoas. Individualmente, não tínhamos nada em comum. Viemos de lados diferentes da cidade. Pete era muito mais classe média do que eu percebia. John era trainee na Receita Federal. Keith era da classe trabalhadora como eu, mas boa sorte para quem tentar rotulá-lo além disso. Grande parte dos grupos profissionais do sul no início dos anos 1960 eram garotos de classe média que vieram de famílias de classe média se revoltando contra os valores da classe média. Nós não éramos assim. Éramos diferentes das outras bandas e uns dos outros.

QUATRO

OS DETOURS

Pete nos descreve como "quatro pessoas que nunca deveriam estar em uma banda juntas". Considerando nossas diferenças, todas as brigas e discussões, é um milagre que tenhamos sobrevivido à primeira década. Claro que muitas vezes quase não conseguimos, mas não estou tão surpreso de termos sobrevivido. Mesmo nos dias mais sombrios, eu nunca pensei em desistir. Nem em um milhão de anos. Ao contrário de Pete, aquilo era tudo o que eu tinha.

O Sr. Townshend fez o teste para entrar na banda em janeiro de 1962. Até então éramos eu e Reg nas guitarras, John no baixo, Harry na bateria e Colin Dawson no vocal principal. Eu terminara o segundo ano como aprendiz na fábrica. John começava sua carreira na Receita Federal, com direito a calça risca de giz, gravata, colete e guarda-chuva de garoto da City, enquanto Pete tinha se destacado o suficiente na Acton e passado nas provas: estava no segundo semestre da Ealing Technical College and School of Art.

John estava dizendo há algum tempo que Reg não era bom o bastante e conhecia alguém muito melhor. Uma noite, ele trouxe Pete até minha casa para fazer um teste. Pete diz que se lembra de duas coisas naquela noite.

Primeira, havia uma "loira encantadora" saindo da minha casa em lágrimas e me dando um ultimato: "Ou a guitarra ou eu."

Segunda, havia um bandido escondido embaixo da minha cama enquanto ele tocava. A loira encantadora seria Barbara, e isso é verdade. Estávamos brigando muito sobre o tempo que eu passava ensaiando e é possível que ela estivesse saindo aos prantos quando Pete chegou. Mas o bandido não estava embaixo da cama, provavelmente estava sentado nela. Vamos chamá-lo de Jack. Ele era um amigo e estava com problemas com a polícia por algum motivo, então estava na minha casa para o caso de baterem na porta dele.

Ele era de uma das grandes famílias criminosas da região. Elas sempre existiram. Era exatamente como *O Poderoso Chefão*, se o filme se passasse em Acton. Você não queria ser visto com eles, então eu abriguei Jack enquanto a poeira baixava. Todos faziam algo do tipo e ninguém jamais dedurava ninguém, mas eu só fiz isso. Tinha alguns amigos que roubavam bancos e tentavam me convencer a fazer o mesmo porque era muito fácil. Era o plano deles para enriquecer. Isso e ganhar na loteria. Eles nem sempre saíam ilesos, mas uma quantidade suficiente deles conseguia, e muita gente na rua os admirava por isso. Suponho que roubar bancos era o palco, os holofotes e a adrenalina deles, mas nunca fiquei tentado a fazer nada disso. Eu abriguei Jack, mas isso foi o mais longe que fui.

Conseguia minha dose de excitamento fazendo parte da banda. Até já me perguntei o que teria acontecido se não fosse a música. Será que teria sentido a tentação de entrar naquele mundo? É fácil se considerar honesto quando não se está desesperado. Só podemos viver a vida como a conhecemos, e, desde os anos 1970, eu tive uma vida de privilégios. Se tivesse sido diferente, eu seria um forte candidato a empreitadas criminosas. Expulso da escola, preso ao trabalho na fábrica, pobre e com raiva. Mas imagino que mesmo assim permaneceria honesto. Acho que meu pai me manteve longe disso.

Até tentei levar Jack para o bom caminho. Arrumei um emprego para ele no galpão de Acton por algumas semanas, mas não deu certo. Acho que ele nem percebeu quão duro nós trabalhamos. Ele viu que éramos bem mais durões do que ele e não tentou bancar o valentão comigo depois dessa experiência. Contudo, isso não o impediu de aparecer no Marquee Club em uma das nossas noites de terça-feira com uma escopeta de cano serrado ameaçando matar alguém. Eu me lembro claramente daquilo. Foi alguns anos depois de Jack ter se escondido na minha casa. Ele marchou para o camarim dizendo que tinha uma rixa com alguém.

— Eu vou matá-lo — disse ele, mostrando uma 410 de cano serrado por baixo do casaco.

Peguei a arma da mão dele na mesma hora. Fiz isso antes que Jack pudesse dizer ou fazer algo. Acho que ele ficou bem surpreso, e permaneceu lá, parado, enquanto eu fazia um sermão raivoso. Disse que ele ia destruir a si mesmo, devolvi a arma (não sem antes retirar os cartuchos) e fui para o palco. Nada aconteceu naquela noite. Jack não destruiu a vida dele. Gostaria de dizer que foi um momento de virada e minha intervenção o salvou, mas só adiou o inevitável. Ele passou o resto da vida entrando e saindo da cadeia.

Mas eu estava contando sobre o teste de Pete. Um pequeno momento na história do rock, mesmo que fôssemos apenas um bando de adolescentes fazendo barulho com guitarras. Ele se lembra da loira e do bandido. Eu me lembro de perceber que tínhamos encontrado o nosso cara. Pete tinha apenas 16 anos, mas era talentoso. Em um nível técnico, era melhor do que nós. Ele sabia todos aqueles acordes diminutos inteligentes, tirando terceiras daqui, acrescentando sétimas acolá de formas bem estranhas. As notas maiores desciam ou subiam para fazer um som marcante e monótono. Eram acordes para se exibir e ele sabia disso. Mesmo naquela época, ele já era confiante.

O estilo de Pete era especial. Tocava banjo na banda de trad jazz da qual ele e John faziam parte, então, quando passou para a guitarra, levou um pouco do estilo do banjo. O jeito com que a mão direita se mexia, os ritmos que ele criava, o efeito geral era inigualável. Os dois tocando juntos naquele quarto... Aquele foi o momento em que atingimos outro patamar.

Até ali nós éramos muito certinhos. Uma banda de covers. Tocávamos tudo o que estava nas paradas de sucesso e, como Colin queria ser o Cliff Richard, imitávamos o Cliff em tudo. Nada de errado com isso. Cliff era ouvido por todos, mas Pete abriu um novo caminho. Ele foi direto ao ponto.

O problema era que Reg tinha o único amplificador e, mesmo que pudéssemos ensaiar na casa dele depois de ele ter saído da banda, ainda era o único amplificador. Todas as guitarras e microfones ligadas naquela caixinha. O som nunca ia estremecer as paredes.

Foi Pete quem sugeriu irmos à Laskys, no número 42 da Tottenham Court Road, e comprar amplificadores a prestação. Hoje, a Tottenham Court Road está cheia de cafeterias e lojas de móveis chiques, mas na época era o melhor lugar para garotos que sonhavam em tocar em uma banda decente. Havia diversas lojas vendendo equipamentos muito baratos. Era possível comprar amplificadores valvulados, alto-falantes, tudo o que era preciso — e era possível pechinchar. Também ficava pertinho das melhores lojas de música de Londres. Nas tardes de sábado, você via um monte de bandas jovens por lá, e naquela semana foi a nossa vez.

Fomos até lá e voltamos com um amplificador de 25 watts para cada um. Imagine a empolgação quando ligamos tudo. Agora imagine a decepção quando percebemos que o som era alto o suficiente apenas para chegar à sala da casa da mãe do Pete. Os alto-falantes eram ainda piores. Tinham dez polegadas e faziam um som bem baixinho, mas em um momento de genialidade marqueteira, pensei: "Bom, é só fachada. É tudo uma questão de imagem. Temos amplificadores pequenos, mas podemos fazer com que pareçam grandes." Então eu fiz umas caixas grandes de compensado e as cobri com um plástico autocolante muito bonito que imitava madeira.

Depois coloquei pés nelas. Pareciam aparadores com uma frente de gaze pintada. E embora eu dê boas risadas ao me lembrar disso, pode acreditar que as pessoas costumavam dizer: "Porra, eles devem ser bons. Olha o tamanho dos amplificadores."

É claro que as coisas melhorariam quando o equipamento deixasse de ser uma merda, e isso não demorou muito para acontecer. Pouco antes de eu fazer 18 anos, juntei dinheiro para comprar uma guitarra decente. Eu e Pete tínhamos alto-falantes de doze polegadas e John tinha um de quinze polegadas. Como em quase tudo na vida, essas polegadas a mais fizeram a diferença. Tínhamos o começo de um sistema de som adequado. Tocávamos alto. Tipo isso.

Além disso, tivemos outra mudança na banda. Em agosto de 1962, trocamos o baterista, Harry Wilson, por um pedreiro chamado Doug Sandom. Não era esse o plano. Harry ia sair de férias, então queríamos um substituto temporário. Contudo, o temporário não apareceu para o teste. Por algum motivo, quem veio foi o Doug. Acertamos a participação dele no segundo show no Paradise, um clube de Peckham. Doug se encaixava na banda melhor que Harry, meu melhor amigo desde o primeiro dia de escola, então ele tomou a posição definitivamente. Fiquei triste pelo Harry, mas a banda vinha em primeiro lugar.

Essa não foi a minha principal recordação do Paradise. Eu me lembro principalmente das brigas. Feche os olhos e imagine o paraíso: nuvens fofinhas, harpas, anjos. Agora imagine o exato oposto disso e você tem o Paradise Club, número três da Consort Road, em Peckham. Estávamos lá porque John conhecia alguém que conhecia alguém que arranjava shows no sul de Londres. Na primeira semana em que tocamos lá, quase não havia ninguém na plateia. Só algumas garotas. Por volta das 22 horas, seus namorados apareceram com os narizes sangrando e olhos roxos, depois de começar uma briga no clube rival. Na semana seguinte, a gangue do outro clube apareceu para acertar as contas.

Imagino que as brigas fossem comuns, mas nada tão violento como hoje em dia, e a banda era poupada. Meu truque era encontrar o cara mais durão do recinto e pagar uma bebida para ele. Isso costumava funcionar muito bem. Muito mais tarde em nossa carreira passamos por uma confusão dessas em Nottingham, quando um grupo de Hell's Angels apareceu e exigiu que tocássemos "um rock'n'roll aí, porra". Eles eram muitos e nós, apenas quatro, então você supõe que seria um bom momento para adotar um tom conciliatório. Mas essa não foi a abordagem de Pete.

Encorajado pelo conhaque, ele os enfrentou. Não sei o que ele disse, mas foi algo errado. As portas do inferno se abriram, garrafas voaram — a maior parte na direção dele. Uma delas acertou Bobby Pridden, que foi a nocaute. O restante da banda fugiu e eu fui deixado para trás, no palco, falando com o líder enfurecido dos Hell's Angels. Era um cara grande com um piercing no nariz. Batemos um papo e eu ainda estou aqui, então é claro que a conversa foi boa.

De volta a 1962, estabelecemos uma rotina. Toda manhã eu ia até a fábrica, John fazia levantamento de papéis em sua mesa na Receita Federal, Doug trabalhava como pedreiro e Pete fazia coisas artísticas na faculdade, depois voltava para casa e permanecia na cama. Eu saía do trabalho às seis horas e ia direto para a casa de Pete. Às vezes, tinha de arrastá-lo para fora da cama. Ele não se arrastava sozinho de lá. Acho que fumava maconha o dia inteiro e ficaria feliz em fazer isso a noite inteira também. Ou isso era a escola de arte chique? De qualquer modo, tínhamos sorte de ter a mim, o cronometrista-chefe — o cara que não queria passar o resto da vida lixando metal —, e Betty, mãe de Pete. Ela era um verdadeiro tesouro.

Sem ela, teríamos passado muito mais tempo tocando às quartas-feiras no Paradise. Sem ela, poderíamos ter avançado muito pouco. Betty foi a primeira pessoa a ter fé em nós. Ela viu que tínhamos algo. Você poderia dizer que ela tinha faro para a coisa.

Betty também nos queria fora da casa dela. Existe um limite para a quantidade de ensaios que uma mãe pode aguentar — quando ela o alcançou, conseguiu o nosso primeiro agente. Com isso, veio o primeiro espaço para ensaiar. Paz e tranquilidade, afinal.

Em 1º de setembro de 1962, Betty obrigou o produtor local Bob Druce a ir ao Acton Town Hall para ver os Detours fazerem o show principal do Gala Ball. Mesmo que nossa apresentação triunfal tenha ido parar no ilustre jornal *Acton Gazette & Post*, ele não se convenceu. Mas o entusiasmo morno de Bob não deteria Betty em sua busca por paz e sossego. Ela novamente forçou-o a nos ver, dessa vez no Oldfield Hotel, em Greenford. Depois disso, entramos no circuito de pubs na região oeste de Londres. Funcionava assim: você aparecia e tocava. Se fosse horrível, era expulso debaixo de uma chuva de garrafas. Se não fosse horrível, chamavam você de novo. E isso nos agradava porque, àquela altura, éramos muito bons.

Começamos a formar um público próprio.

Às segundas, tocávamos no White Hart Hotel, em Acton. Nas terças, geralmente era o Oldfield. As tardes de domingo eram reservadas para o Douglas House, em Bayswater.

Esse show de Bayswater, em um clube de oficiais norte-americanos, também foi cortesia de Betty Townshend. Ela o conseguiu por intermédio do pai de Pete, Cliff, e nós amávamos tocar lá por vários motivos. Primeiro, recebíamos vinte libras por duas horas. Eles pediam uma penca de músicas norte-americanas, de Johnny Cash aos Coasters, passando por Roy Orbison, e se tocássemos os clássicos do dixieland bem o bastante para arrancar lágrimas dos militares saudosos de casa, nos eram oferecidas bebidas grátis suficientes para chegar trôpegos em casa. Esse também foi o nosso primeiro gostinho do sonho norte-americano, com cerveja norte-americana, uísque norte-americano, pizza norte-americana.

Tínhamos saído do racionamento havia poucos anos. A Inglaterra não era famosa pela comida e os supermercados praticamente não existiam. Nós crescemos apenas com o pouco de comida que nossos pais podiam colocar na mesa a cada dia, então éramos todos magros como trilhos de trem e com olhos tão grandes quanto os pratos de pizza. Nunca tínhamos visto pizza na vida.

Ficamos igualmente impressionados quando começamos a fazer turnês pelos Estados Unidos, ainda naquela década. O contraste era ridículo. Você saía da Terra do Sebo e pousava na Terra do Filé. Nós nunca tínhamos visto nada do tipo. Por muito tempo contrabandeei malas cheias de carne. Mas já parei com isso.

Quando não estávamos tocando para ianques, nosso cachê era de dez libras por show ou doze libras e dez centavos se tocássemos em um dos locais indicados por Bob na costa sul, o que fazíamos com frequência. Foi durante uma dessas longas viagens para Margate, Folkestone ou Dover que eu bati com a nossa linda van nova. Certo, não era linda e muito menos nova. Era uma antiga Austin com porta deslizante que Bob tinha arrumado em troca de mais dez por cento. O principal era que funcionava... Pelo menos, até eu atingir uma ponte ferroviária. Não consigo lembrar exatamente por que bati em uma ponte ferroviária.

Os fatores que contribuíram para isso podem ter sido: (1) eu não tinha carteira de motorista, (2) eu era jovem e, portanto, (3) estava dirigindo rápido demais. Além disso, (4) tínhamos uma tonelada de equipamentos na parte de trás.

A frente da van dobrou a esquina, mas a parte de trás seguiu reta. Houve um barulho alto, alguns gemidos dos meus colegas de banda e ficamos sem van por uns dias.

Mas ainda tínhamos Betty. Vocês se lembram do inverno de 1962/63? Não? Bom, então eu conto. Nevava muito. Não do tipo "sonhando com um Natal coberto de neve". Era neve estilo Sibéria. Abominável Homem das Neves. Neve do tipo "Que se dane, vejo você em maio". Mas, bem no meio disso, tínhamos um show em Broadstairs e, mesmo sem van e com uma nevasca de grandes proporções, não íamos cancelar. Estou contando isso porque quando as pessoas falam sobre o The Who, você ouve muito sobre o mau comportamento. À medida que esta história continua, você vai ouvir muito mais. Mas por trás de toda a farra, havia um compromisso verdadeiro. Todos se lembram do sexo, das drogas e do rock'n'roll. Eu me lembro daquela noite. Um bando de adolescentes (e Doug, que fingia ser adolescente, mas na verdade era casado e tinha um pouco mais de 30 anos) e a mãe de um dos integrantes, com as articulações dos dedos brancas de tanto apertar o volante, dirigindo em uma nevasca. Indo para o show em Broadstairs.

De tempos em tempos, parávamos e trocávamos de posição. Dois iam na frente com Betty e três atrás, deitados em cima dos instrumentos e com os narizes a nove centímetros do teto (o do Pete estaria um pouco mais perto). Não sei como ela nos levou até lá porque era como dirigir na pista de tobogã de Cresta Run. A neve se acumulava a uma altura duas vezes a da van, em cada lado. Um deslize e teríamos de fazer o resto do caminho a pé.

De algum modo ela conseguiu. Não sei quantas mães dariam tanto apoio. Eu não me lembro de absolutamente nada do show. Vamos apenas supor que havia centenas de pessoas na plateia e que arrasamos. Vamos esquecer que existiam umas cinquenta pessoas com menos de 80 anos em Broadstairs naquela época e apenas metade delas teria recebido permissão para sair à noite em um dia de semana. A questão é: nós chegamos lá, fizemos o show e voltamos para casa.

Observação para quem estiver preocupado com a van quebrada. Não foi um problema. Tinha um amassado imenso na parte frontal, que consertamos com a ajuda do poste em frente à casa da minha mãe, uma corrente pesada e uma boa acelerada em marcha a ré. Consertei a porta com algumas madeiras, uma serra e folhas metálicas. Pete pintou os outros amassados de vermelho para parecer feridas sangrando. Ficou quase nova, exceto que o restante da banda tinha de sair pelo lado do motorista.

• • •

Em janeiro de 1963, tivemos outra mudança de integrantes com a saída de Colin. Ele vendia bacon e tinha um carro da empresa; não ia abrir mão do emprego e do bacon por uma aposta de longuíssimo prazo no rock'n'roll. E eu estava pronto para assumir os vocais. Na verdade, os vocais estavam prontos para me assumir.

Para os domingos à noite no St. Mary's Hall, em Putney, começamos a chamar outras bandas para abrir nossos shows, e isso teve um efeito e tanto.

Das coxias podíamos ver o Screaming Lord Sutch, o "Terceiro Conde de Harrow", que costumava ser carregado pela multidão até o palco em um caixão. Ele era um showman, um precursor de Alice Cooper, e aprendemos muito com ele. Depois, vinha o Johnny Kidd & The Pirates. Eles eram um verdadeiro espetáculo. Tinham um navio pirata como cenário — a primeira banda que vi usando luzes ultravioleta. Johnny usava tapa-olho e calça de couro, o que surtia efeito poderoso com as garotas. Ele tinha estilo.

Johnny também tinha uma banda de três integrantes, com baixo, bateria e Mick Green na guitarra. Mick tinha um jeito impressionante de tocar, meio puxando, meio dedilhando as cordas. Ele era meio guitarra base, meio guitarra rítmica. Pete viu Mick tocar, aprendeu as técnicas em uma semana e, durante um tempo, nos tornamos um clone dos Pirates. Naquele momento, ficou óbvio que eu deveria cantar. Tínhamos Pete e John nas guitarras, uma parceria perfeita, e trocamos todas as coisas certinhas, tudo do Buddy Holly, Del Shannon e Roy Orbison pelo Johnny, pois ele era vil. Colin não poderia cantar músicas do Johnny, mas eu podia.

• • •

Nem tudo era vans semidestruídas e viagens siberianas para Broadstairs. Havia um pouco de tempo para garotas. Barbara e eu nos separamos quando ela estava com 17 anos, e eu com 16. Ela tinha ficado atraída por mim porque eu estava em uma banda e cantava, depois ficou atraída por alguém do trabalho porque ele tinha uma motocicleta. Às vezes você ganha, às vezes você perde, mas eu sabia desde a primeira vez que me apresentei que ganharia mais do que perderia. Jamais precisei chamar ninguém para sair porque, na maior parte das vezes, elas faziam isso.

Era simplesmente assim que tudo funcionava. Existe algo em cantar que as mulheres acham atraente, mas não sei exatamente o quê. Elas sempre acharam. Olhe o que Elvis fez. Você via as calcinhas caindo no chão a quilômetros de distância — até o Exército dos Estados Unidos pegá-lo, encaretá-lo e ele voltar cantando como a Doris Day. Talvez tenha sido até depois disso. E olhem para o Adam Faith. Ele costumava entrar em qualquer lugar e você ouvia o barulho dos sutiãs voando. Adam não era um grande cantor, mas era bom ator e bastava abrir a boca para enlouquecer as garotas.

Em tese, você não teria juntado uma garota como Barbara a um cara como eu. Ela era A Garota de Acton, tinha aquele visual do início dos anos 1960: saia branca justa, sapatos brancos de salto alto, cabelo bolo de noiva. Ela era uma garota direita e queria a mim, o cara da fábrica (que nem era uma fábrica de verdade) e que, por acaso, fazia parte de uma banda. Depois, ela me trocou por outro cara que tinha uma motocicleta. Fiquei arrasado por um tempo e depois saí com outra Barbara. Foi somente uma coincidência.

A Barbara Dois tinha apartamento próprio. Morava sozinha e isso me dava muita liberdade. Muito melhor do que ficar em pé à porta de uma casa pré-fabricada em Acton ou passar a noite tendo conversas educadas com os pais. Mesmo assim, é preciso deixar registrado que os pais da Barbara Um eram absolutamente encantadores.

Depois de seis meses, tudo terminou com a Barbara Dois e aí a minha memória se torna um tanto vaga. Talvez eu estivesse apenas aproveitando a vida. Abraçando a revolução.

É difícil explicar para as pessoas de hoje a diferença que a pílula fez, mas era como se tivessem tirado o gênio da garrafa. As mulheres enlouqueceram e não seriam os homens que iriam impedi-las, não é? Foi então que eu conheci Jackie, e Jackie ficou grávida. Esse era o problema com aquela revolução específica. Não era tão fácil arranjar a pílula em 1964. Ficou mais fácil depois, ainda naquela década, mas no começo você imaginava que todas usavam — e nem sempre era o caso. Foi culpa minha. Eu nunca perguntei se Jackie estava tomando pílula. Simplesmente assumi que estava.

Conheci Jacqueline Rickman no St. Mary's Hall no outono de 1963. Pete estava saindo com uma garota chamada Delores; as duas eram amigas. Jackie era maravilhosa, mas nenhum de nós estava pronto para ter um filho.

Infelizmente, a revolução sexual estava bem à frente da revolução social. Se você engravidasse uma mulher, passava os primeiros dias ouvindo gritos dos seus pais e dos pais dela, depois se casava, achava outro lugar para viver e ficava assim pelo resto da vida. E isso era o que ia acontecer comigo. Jackie engravidou, a mãe dela e meus pais gritaram comigo, depois nos casamos e, na noite do casamento, me mudei para a casa da mãe dela, no início de 1964. Pouco depois de fazer 20 anos, me vi morando com Jackie e nosso filho recém-nascido, Simon, em um quarto no sexto andar de um conjunto habitacional em Wandsworth.

A princípio, eu estava determinado a fazer aquilo dar certo. Não foi planejado, mas era a situação na qual nos encontrávamos. O problema foi que, depois de anos trabalhando arduamente em pubs e clubes, a banda começava a ir bem. E a vida em uma banda em ascensão não é compatível com uma nova família. Eu passaria várias semanas fora, voltaria para casa no meio da noite e tentaria dormir de manhã. Teria dinheiro em uma semana e nada na semana seguinte. Não seria a figura paterna confiável de que meu filho Simon precisava nem o marido carinhoso que Jackie merecia. Eu dizia isso tudo a mim mesmo na época, como um jovem tentando se convencer a não assumir suas responsabilidades. Anos depois, eu ainda não me sinto confortável com isso, mesmo com tudo dando certo no final.

Na época, costumava passar horas olhando pela janela daquele apartamento de um quarto. Eu via além de Wandsworth até a Battersea Power Station e mais adiante. Também via a van estacionada lá embaixo. Juro que ela me chamava, me tentava, e aquela van semidestruída se tornava mais atraente a cada dia. Ela representava meu sonho de estar em uma banda. Fazer música. E, depois de muito trabalho árduo, finalmente estávamos chegando a algum lugar.

CINCO

OS HIGH NUMBERS

As mudanças foram acontecendo com muita rapidez. Primeiro, conseguimos um novo empresário na primavera de 1964. Helmut Gorden, um judeu alemão, era um fabricante de maçanetas que queria se tornar o próximo Brian Epstein. Era gente boa, tinha grana e estava disposto a torrar dinheiro com uma banda de rock; então, para nós, fazia sentido sermos o grupo com o qual ele gastaria seu dinheiro. Ele nos arranjou uma nova van — não era *nova* nova, mas de segunda mão — e ela tinha janelas. Também comprou nossos primeiros amplificadores profissionais e nos colocou em um estúdio de gravação. Aquilo não iria muito além, mas temos uma imensa dívida de gratidão com ele. É claro que ele estava tentando fazer dinheiro em cima da gente, o que acho que jamais conseguiu, mas ele nos ajudou durante esses anos.

Em segundo lugar, nossa música estava mudando. Não éramos mais uma banda que só tocava covers. Começávamos a nos tornar um conjunto original e bom de verdade. Estávamos resolvendo nossas diferenças musicais. Gosto dessa expressão. É tão refinada. A verdade é que, para nós, isso significava Pete e eu mandando um ao outro à merda e Doug tentando bancar o ancião honorável. Mas em 1963 havia novas forças atuando. Todo mundo queria os Beatles, é claro, então tocávamos Beatles. Tocamos "Twist and Shout" e John apresentou "I Saw Her Standing There". Eu gostava mais das músicas de Johnny Cash, que pareciam casar melhor com a nossa energia e se encaixavam muito bem no nosso estilo — mas então, aos poucos e sem hesitação, começamos a introduzir Jimmy Reed, John Lee Hooker e Sonny Boy Williamson. Tocamos "Big Boss Man", "Boom Boom", "Help Me", esse tipo de música.

Contudo, começamos a reparar nos Rolling Stones. Estávamos nos mesmos circuitos, e eles acabaram se tornando uma grande influência. Conhecíamos o blues, mas não tínhamos percebido que ele podia ser popular. Tudo o que a gente queria era ser conhecido. Os Stones mostraram que essas duas coisas — blues e popularidade — não eram excludentes.

Era assim nessa época: um território inexplorado. Tudo que tentávamos era novidade. Hoje, a indústria musical é voltada para os adolescentes, mas, no começo dos anos 1960, tudo estava sendo inventado. As coisas eram bem diretas, bem definidas, algo que seus pais talvez aprovassem. Éramos tão inocentes — muito mais jovens, mas menos mundanos que a garotada de hoje em dia. Ao encontrarmos nossa voz, ela se tornou mais descontraída, mais selvagem, mais livre. Aquele era um tempo incrível e empolgante. As coisas mudavam totalmente de uma semana para outra.

Era por isso que Pete queria tocar um repertório inteiramente de blues. Ele sempre ficava impaciente para tentar coisas novas. Eu também queria tocar blues, mas estava bastante ciente de que não podíamos mudar do dia para a noite. Tínhamos nosso público, construído incansavelmente durante longas viagens em vans caindo aos pedaços. Nosso público queria ouvir os sucessos. Era o *Ready, Steady, Go* deles. Eu sabia que precisávamos fazer as coisas aos poucos.

Talvez seja porque, muito mais do que a de Pete, minha origem é a rua. Talvez seja porque, mais do que Pete, eu compreendia a importância daquelas noites para o nosso público. O que significava para os trabalhadores que chegavam às sete da manhã em uma fábrica e trabalhavam exaustivamente a semana toda ir para um lugar onde podiam fazer tudo o que quisessem. Se chegássemos e tocássemos para eles um monte de músicas desconhecidas, eles se ofenderiam. Se fôssemos longe demais em nossa onda de blues, em uma guinada muito repentina, nós os perderíamos, e, se os perdêssemos, estaríamos fodidos.

Fodido, para Pete, queria dizer continuar sua graduação em arte, o que significava ficar o dia inteiro deitado na cama fumando maconha e comparecer à aula do momento para imaginar o mundo do ponto de vista de uma esponja.

Fodido, para mim, era algo bem diferente. Eu não estava na faculdade. O Estado não limpava o meu rabo. Eu tinha uma visão bem diferente da vida. Daí, diferenças musicais.

Batíamos de frente, e Pete, às vezes, sabia ser bem perverso em seu linguajar, o que me remetia diretamente à época sombria do ensino fundamental. Mas a questão era que eu reconhecia o talento dele. Sou rápido em encontrar um caminho em meio a um problema quando me concentro nele. Se fico muito confuso, meu cérebro vira um caos, mas, uma vez que me concentro em alguma coisa, fico cem por cento focado. Pete era uma desordem ambulante. Seu estado-padrão era confuso. Acho que eu era o chão para o céu dele. O céu é ótimo, mas precisamos do chão também.

No fim, nós dois conseguimos o que queríamos. Passamos de banda cover a uma que tocava mais blues e material original (algo que ambos queríamos), mas fizemos isso aos poucos (algo que eu queria). A cada semana, introduzíamos algumas canções novas.

Em alguns meses, nosso repertório não era composto somente de blues, mas estávamos quase lá. Para manter o suspense, alternávamos alguma coisa de Tamla Motown e algum James Brown. Ou coisa mais obscura como Garnet Mimms. Porque o problema do blues é que é tudo a mesma coisa. Depois de um tempo, pode ser o mesmo que ouvir a grama crescer. Eu adoro, mas você tem que imaginar que está em uma pista de dança em plena noitada, e é sua única noite assim na semana, e tudo o que você ouve está em uma progressão de 12 compassos. Põe um James Brown para tocar e, uhul, você está na boa.

A derradeira mudança se deu em uma noite de quinta-feira no Oldfield no fim de 1963. Fomos chamados em cima da hora para substituir um artista, mas concordamos em nos apresentar somente se pudéssemos tocar o que quiséssemos. Naquela noite, o público assistiu a uma apresentação toda de *rhythm and blues*. E mantivemos o mesmo setlist na semana seguinte. Tínhamos mudado. Nosso público tinha mudado com a gente. Vai saber quem estava certo, eu ou Pete. O mais importante era que o público ainda estava com a gente. Era isso o que importava.

Também desenvolvíamos a forma como nos apresentávamos. Estávamos encontrando maneiras de expressar nossa agressividade. O fraseado das coisas, a energia das cordas, mais no compasso do que no ritmo. Nossa palavra para isso era passear. Vamos passear, a gente costumava falar antes de um show. Passear. Passear. Passear. Para mim, era como se tentássemos fazer nossa música passear pelo público até a parede do fundo. Sempre fiz isso, até mesmo em Woodstock, onde não havia parede no fundo e meio milhão de pessoas se espalhavam até o horizonte. Eu tinha que passear até a curvatura da Terra. Não é bom tocar *diante* de um público. Você tem de tocar *para* ele, tentar fazê-lo se mexer. Você tem de passear entre eles. E funciona.

Pergunte às pessoas que nos viram lá de trás na Arena Wembley. Mesmo antes, quando não havia telões enormes, vão dizer que elas se mexiam. Pelo menos, eu espero que digam isso. É algo que você coloca na música que faz isso, uma energia. Não dá para explicar especificamente, mas é uma energia que emitimos e o público recebe.

Isso tudo começou a acontecer muito rápido quando Keith, o Boneco de Gengibre, apareceu. Doug não mudava. Ainda tocava bateria no estilo jazz, mas, duas semanas depois de ele ter ido embora — a patroa já não aguentava mais ele em uma banda —, estávamos tocando no Oldfield Hotel, em Greenford, e um garoto apareceu durante o intervalo, dizendo que seu amigo tocava bateria melhor que o cara que estava com a gente. E então se aproxima Moonie, com a cabeça ruiva, depois de uma tentativa fracassada de virar um Beach Boy louro.

— Olá — falou ele, um sujeitinho arrogante.

Keith Moon nasceu em Wembley, em 23 de agosto de 1946, embora ele sempre tenha fingido que era de 1947. Era uma criança hiperativa cujos passatempos favoritos eram *The Goon Show* (um programa de rádio humorístico) e engenharia de explosivos.

Como era de esperar, ele teve um desempenho pior que o meu no sistema educacional, foi reprovado no exame ao fim do ensino primário e acabou na Alperton Secondary Modern. Seu professor de artes o descreveu como "um imbecil em termos artísticos, um estúpido em outros aspectos" e seu professor de música disse que ele tinha "uma grande habilidade, mas devia se precaver quanto à tendência de se exibir". Em outras palavras, ele nasceu para ser nosso baterista.

O baterista daquela noite lançou suas baquetas para ele e começamos direto com "Road Runner", de Bo Diddley. A música dizia "Eu sou um papa-léguas, gatinha, e você não consegue me acompanhar".

Mas Keith conseguia nos acompanhar. Mais do que isso. No meio do caminho, ele começou com seus contrapontos. Essa coisa de tocar bateria é tudo matemática, não é? Mas a matemática dele era de outro planeta. E ainda fazia uma base para os breves toques do baixo de John e o ritmo potente de Pete. A coisa mudou totalmente de nível. A derradeira mudança.

Na hora. Naquela noite no Oldfield Hotel.

Keith sempre alegou que nunca tinha sido oficialmente convidado para entrar na banda, mas eu me lembro bem de, no fim daquele show, dizer a ele que o pegaríamos na semana seguinte. Isso significa que você ganhou a vaga, amigo. Era abril de 1964, e foi a última vez que nossa formação mudou até 7 de setembro de 1978. Keith foi o último a entrar e o primeiro a sair, abençoado seja. Ele nos deu quatorze anos de dores de cabeça e risadas, mais ou menos na mesma proporção. Daí em diante, nos vimos presos em uma fase experimental incrível e intensa. Há uma gravação nossa, tocando no Marquee, mais tarde naquele ano, apresentando "Smokestack Lightning", de Howlin' Wolf.

Blues clássico. Então, no meio da apresentação, começamos a tocar jazz. Não estava planejado. Só aconteceu. As mudanças eram muito suaves — como se fôssemos telepatas, e isso era extraordinário de viver. Por isso, era fundamental que nós quatro terminássemos juntos. Tínhamos 19 anos, mas tocávamos como se fizéssemos aquilo havia décadas. Nós nos conhecíamos, nos seguíamos, nos comunicávamos pela música. E algo que falta em todas as histórias de guerra sobre o The Who: nós nos respeitávamos.

• • •

A primeira vez que ouvi falar da subcultura dos mods foi no outono de 1963. Minha irmã Carol namorava um cara de Lewisham, dono de um scooter. Pete adorou o casaco preto curto de PVC dele. Também ficou bem encantado com os passos de dança da minha irmã. Foi assim que tudo começou. Uma jaqueta de PVC, calça boca de sino de tweed espinha de peixe (com ênfase no sino) e o rebolado minimalista da minha irmã. Pete entrou na onda mod pelo mesmo motivo que a maioria dos garotos fazia qualquer coisa: por causa de uma garota, minha irmã. Mas acho que ele se tornou um mod e tanto.

Eu tentava ser um mod, mas na verdade era qualquer porra que fosse que não envolvesse trabalhar com chapas metálicas. E, sinceramente, sem tentar desenvolver uma tese cultural elaborada para explicar tudo, não importava como você se denominava. Éramos jovens. A maioria de nós fazia parte da classe operária. Tínhamos pouco dinheiro para gastar com roupas, cigarros e saídas. Nada de serviço militar. Nada de racionamento. Queríamos rir, curtir nossa liberdade. Tudo o que já se escreveu sobre os mods foi baseado olhando para trás. Faz parecer que havia um plano. Superintelectualiza a coisa toda. Mas não havia plano algum. Era tudo moda. Pode pegar um cara com costeletas e uma jaqueta do Elvis e levá-lo a três lojas, e ele é um mod. Mas não mudou nada.

A moda não vinha das faculdades de arte. Estava sendo criada nas ruas e era muito transitória. As coisas eram moda por duas ou três semanas e depois não eram mais. Fora de moda, fim. Por exemplo, houve um período em que a onda era de jalecos de vendedores de sorvete. Do dia para a noite, todo mundo estava andando por aí com jalecos brancos até o joelho. Dificilmente alguém estava vendendo sorvete. Três semanas depois, já era. A moda era mudar a moda.

Dito isso, nos vimos na vanguarda de um movimento social e isso nos impulsionou. Se você está na vanguarda, chove dinheiro em você. E nós tivemos sorte. Pete Meaden nos botou na estrada de verdade. Ele entrou em nossas vidas logo depois de Keith, contratado por Helmut Gorden para fazer do The Who uma superbanda. Eu o encontrei pela primeira vez no começo de 1964, no Glenlyn Ballroom, em Forest Hill. Naquela noite, íamos abrir o show dos Stones, e eu conversava com Brian Jones no bar. Ele estava esbravejando sobre uma versão de "Route 66" que tinham acabado de gravar. Meaden havia sido parceiro de negócios de Andrew Loog Oldham, empresário dos Stones que também estava lá, todo bem-vestido como o publicitário que era.

Depois que nos apresentamos, continuamos a conversar. Ele disse que achava nossa banda ótima, mas que não tínhamos uma imagem. Sem uma imagem, éramos apenas mais um dos aspirantes a Stones.

— Não seja um rebelde, seja um revolucionário.

Esse era o mantra dele. Seja um revolucionário. Ele era três anos mais velho do que eu, o que é muita coisa quando se tem 19 anos. Então, dei ouvidos a ele. Todos nós demos. E, no momento seguinte, eu estava com uma jaqueta de anarruga branca, uma camisa social de botão e sapatos bicolores (que tinham sido pintados). Um revolucionário. Logo depois disso, ele nos convenceu a mudar o nome da banda de The Who, que ele achava cafona, para High Numbers, porque a tendência mod da semana era roubar tênis de boliche. Quanto maior o número, maior o pé, e quanto maior o pé... Bem, deu para entender.

Ele me fez cortar o cabelo no Jack, o Barbeiro. Um mod, mesmo que pretensamente, não podia ter cabelo comprido e cacheado. Era horrível, meu Deus, horroroso. Eu podia ter gonorreia, mas um mod de cabelo curto e cacheado não era coisa muito melhor. Eu costumava usar potes e potes de gel para mantê-lo alisado. Contanto que não houvesse muitos bis, uma boa porção podia mantê-lo comportado a noite inteira. Era como se eu fosse a Cinderela, com um cabelo cacheado em vez de uma abóbora.

Tudo por causa de Pete Meaden. Ele sabia como nos apresentar. Sabia que tudo se resumia à imagem. Sempre tinha sido assim. Veja o caso de Dean Martin, cultivando o visual de um cantor alcoólatra tranquilão com um drinque em uma das mãos e um cigarro na outra. As pessoas o amavam por isso, mas ele estava completamente sóbrio. A bebida era suco de maçã. Em nosso mundo, os Beatles eram a primeira banda pop. Os Stones eram a antítese deles. Precisávamos de um nicho só nosso, algo novo. E era isso que começávamos a encontrar com Pete naqueles shows em Forest Hill. Eles eram importantes. Aconteciam perto do berço da cultura mod, no entorno de Lewisham e Bromley, lugares como esses. Isso nos deu uma base.

• • •

No verão de 1964, encontramos um novo empresário. Ou melhor, ele nos encontrou. Estávamos apresentando nosso costumeiro R&B na Railway Tavern, em Harrow. O hotel abandonado foi incendiado em 2000 e, como era de esperar, hoje o local é um conjunto de apartamentos. Chamam-no de Daltrey House. Perto dele, está o Moon House.

Voltando para 1964, a Railway Tavern era nossa casa nas noites de terça, com seu teto rebaixado e cheiro de suor e fumaça. Naquela época, esses lugares sempre pareciam pelo menos oito vezes maiores do que eram de verdade. Quando se volta vinte, trinta anos depois para vê-los, se revelam salões pequenininhos. Mas a Tavern estava sempre abarrotada. Era uma grande massa de pessoas e, naquele tempo, elas costumavam dançar. Talvez houvesse uma fileira de gente bem na frente apenas assistindo, mas o resto estava dançando.

Nosso sistema de som estava um pouco melhor agora. Tínhamos pegado emprestado amplificadores (imploramos por eles), fizemos permuta de equipamentos, encontramos quinquilharias baratas. Ainda não fazíamos a imensa algazarra de quando nos tornamos famosos, mas nosso barulho se encaixava bem naquela sala da Tavern: era alto e a atmosfera, perigosa, algo de que gostávamos. E então entrou ali Kit Lambert, atraído, segundo ele, por todas aquelas lambretas estacionadas do lado de fora. Os mods locais o adoravam porque ele começou a pagar bebidas para eles. E Pete também o adorava porque ele era filho do compositor Constant Lambert e afilhado do maestro William Walton. Eu ficara meio "Quem diabos é Constant Lambert?". Mas então aprendi a amar Kit também, porque ele era charmoso.

Christopher Sebastian Lambert tinha 29 anos quando viu aquelas lambretas e entrou em nosso mundo. Tinha ares de um oficial britânico rico porque havia sido um. Depois de Oxford, ele servira em Hong Kong antes de se juntar a dois amigos da universidade em uma expedição para descobrir a nascente do rio Iriri, no Brasil. Não deu muito certo. Um dos amigos teve a honra extremamente duvidosa de se tornar o último inglês a ser morto por uma etnia isolada na Amazônia. Kit foi detido pelo governo brasileiro sob a suspeita de ter assassinado o amigo, até que uma campanha do *Daily Express* levou à sua soltura. Ele voltou para a Inglaterra e se tornou diretor-assistente de *Os canhões de Navarone* e *Moscou contra 007*. Foi um começo e tanto para uma vida brilhante. E então ele entrou para ver nosso show em busca de sua próxima aventura.

— Queremos fazer um filme sobre a próxima sensação — disse Kit. — Estamos atrás de bandas e vocês são a melhor coisa que já vimos. Queremos fazer um filme sobre vocês. Aceitam outra bebida?

Kit queria nos apresentar ao seu parceiro de negócios, que estava na Irlanda trabalhando em um filme com John Huston. Concordamos em participar de uma audição na St. Michael's Church Hall, na Askew Road, em Shepherd's Bush. Foi nessa igreja que meus pais se casaram e em cujo coral eu cantei quando criança. Agora, era o local onde nos encontrávamos com novos empresários. Algumas semanas depois, estávamos arrumando nossos equipamentos quando entra Chris Stamp. Falava sobre o frio de matar e alguma modelo famosa. O irmão dele, Terence Stamp, era a estrela principal do filme, e ele tinha um belo visual — mas, quando se via os dois ao vivo, Chris levava vantagem. Ele era apenas alguns anos mais velho do que eu, mas tinha um brilho perigoso que faltava em Terence. Ele era astuto. Ele era astuto no estilo East End.

Depois da audição, fomos a um restaurante chinês, e Kit anunciou que queria nos agenciar. Ele já estava de posse de nossos contratos com Helmut Gorden e Meaden, e queria fazer uma proposta.

Receberíamos um salário de vinte libras por semana; eles ficariam com quarenta por cento do que ganhássemos nos shows. Não demorou muito para que eles nos convencessem. Parecia óbvio. Tínhamos concordado com as ideias de Meaden. Tínhamos gravado o single dele, "Zoot Suit", e a música nem sequer chegara às paradas de sucesso. Também sabíamos que ele não tinha dinheiro. Kit, por outro lado, estava cheio da grana. Ou achamos que ele estivesse. Ele tinha que estar, não é? Do jeito que esbanjava dinheiro por aí. Só muito tempo depois vim a descobrir que ele afanara uma das pinturas do pai para pagar nossos salários.

• • •

Com 20 anos, uma criança ainda, caí na estrada. As coisas estavam acontecendo com a banda; eu tinha uma chance real de realizar meu sonho. Ou podia deixá-lo de lado e ficar com a minha jovem família. A segunda opção era a mais segura — e admito que era a mais nobre —, só que não era da minha natureza optar pelo que era mais seguro. Quando se é jovem, a gente acha que pode fazer qualquer coisa. Mas, em alguns aspectos, até hoje não é da minha natureza. Espero me tornar um pouco mais sábio com o passar dos anos, mas ainda acredito em sorte e em se arriscar. Eu queria ser músico. Queria dar tudo de mim. E isso significava partir.

Alguns dias depois que fui embora, meu pai veio me ver. Estava descarregando o equipamento para um show no Railway Hotel, em Wealdstone, e ele apareceu para dizer que eu deveria voltar com Jackie. Respondi: "Pai, não posso entrar nessa de casamento, é a minha vida. Isso aqui." E ele enlouqueceu. Gritou comigo bem no meio da rua e me deu um soco. Ele não era um lutador. Até que demorou para ele ficar nervoso. Ele não me bateu nem quando fui expulso. Naquela noite, do lado de fora do Railway Hotel, foi a primeira e única vez que isso aconteceu. Eu amava meu pai, ele me amava, e para ele tinha sido insuportável aturar meu comportamento.

Também não me sinto bem com isso. Eu era um babaca, um desgraçado que não dava a mínima. Sei disso agora e sabia na época, mas talvez esse tenha sido o preço a pagar para a banda acontecer. Eu estava totalmente concentrado em fazer o que tinha que ser feito e nada no mundo mudaria isso. Eu era como o cara em *Contatos imediatos do terceiro grau*, construindo a porra da montanha no porão sem saber por quê. E, no fim, você descobre o motivo, descobre que, mesmo sendo um babaca e um desgraçado que não dava a mínima, as coisas teriam acontecido de uma maneira ou de outra. Não havia meio-termo.

Não lamento pelo que fiz. Aproveitei a chance e fui atrás do que acabou sendo a coisa certa. Uma vez tomada a decisão, ela fez sentido. Eu sabia que podia fazer as coisas melhor e, quando assim fosse, cuidaria de Jackie e Simon. Poderia ser um provedor melhor para eles. E assim aconteceu. Fui atrás deles assim que pude. Desde os anos 1970, costumamos passar os feriados da primavera juntos. A família dela. A minha. Feridas antigas curadas, e todos nós com uma vida melhor. Essa vida — um apartamento de um quarto em um conjunto habitacional, o trabalho na fábrica, as noites de shows —, isso não era vida. E, mais importante, se eu não tivesse ido embora, o The Who nunca teria acontecido, não comigo na banda, de qualquer forma. O mundo teria diversos álbuns solo de Townshend.

Contudo, nunca mais falei sobre o assunto com meu pai depois disso. Fiquei extremamente chateado. Eu sabia que o tinha magoado e aquilo me acompanhou por um bom tempo, ainda que ele não tenha guardado mágoa.

Quando parti, levei uma pequena mala e uma guitarra. Tinha a muda de roupas com o qual tinha começado, além de algumas camisas. Se você der uma olhada nas fotos da banda, vai sempre me ver com quatro conjuntos de roupa. Não mudei. Ainda sou um cara simples assim.

• • •

Naquele verão, morei em nossa última e ótima van. Ela chegara com uma grande promessa. Tinha sido parte do discurso de vendedor de Kit.

— Vocês vão precisar de uma van maior, porque vamos ter iluminação e muito mais equipamentos. Vou providenciar uma para vocês.

De fato, ele comprou a van, mas não era bem o que esperávamos: era, na verdade, um caminhão de quarta mão de uma tonelada e meia. Não tinha janela na parte de trás, então eu as cortei, e priorizei o estilo em vez do conteúdo. Foi só depois que o resto da banda se acomodou em seus assentos que percebemos que as janelas tinham ficado muito, muito altas. Puro Spinal Tap. Todo mundo reclamou, mas eu não dei a mínima por três motivos. Primeiro, a aparência estava boa, e como já disse, uma boa aparência é metade do caminho andado. É ótimo ter estilo e conteúdo, mas, se só pode haver um, escolha estilo. Em segundo, havia uma pequena cama atrás da cabine do motorista.

Em terceiro, os outros se recusavam a viajar sem poder ver o lado de fora. Eles decidiram seguir com Kit no carro dele. Eles se hospedavam em hotéis. Eu ficava com a Cleo.

Cleo. A garota que teve a falta de sorte de dividir comigo o pequeno espaço acima da cabine naquela lata-velha horrível. Ela era do Caribe e, provavelmente, a garota mais bem articulada que já conheci na vida. E, acredite se quiser, encontrei muitas garotas assim. Coincidentemente, ela era também afilhada de Constant Lambert. A família inteira dela era ligada ao teatro. Eu não sabia quem eles eram. Apenas me apaixonei por ela. Eu a achava linda de morrer. E ela estava imersa em sua música, sempre tentando me empolgar com o ska e o bluebeat.

Costumávamos ir ao sul para visitar a família dela em Brixton. Eu era o único garoto branco no bairro. Eles me deram as boas-vindas e me senti em casa. Não tinha nada a ver com cor. Era a luta, a luta por estar sempre no fim da fila. A música deles vinha de um lugar diferente daquele de todos os outros cantores. Emanava de um sentimento primitivo de querer deixar seu nome na parede e então dar o fora dali. Era com isso que nos identificávamos. Bem, pelo menos eu. Aquilo falava comigo. Eu queria deixar meu nome na parede. E também queria dar o fora.

Eu amava Cleo. Amava-a por sua música e porque ela estava pronta para viver em uma van comigo. Olhando para trás agora, só tenho boas lembranças daquele verão.

• • •

Em 9 de agosto de 1964, os High Numbers fizeram um show de respeito no Brighton Hippodrome. Éramos a banda de abertura de Gerry and the Pacemakers, Elkie Brooks e (rufem os tambores) Val McCullam. "Quem diabos é Val McCullam?" Essa foi exatamente a mesma pergunta que fizemos. O produtor do evento era um cara chamado Arthur Howes. Ele fazia pacotes turísticos pela Grã-Bretanha. Disse:

— Olha, pessoal, vocês podem vir junto e fazer sua parte, mas também têm que tocar com a Val.

— Quem?

— Val. Val McCullam. Ela é importante.

— Beleza.

Então, naquela noite, em Brighton, Pete, John e Keith estavam em ação na primeira metade com a gatinha da Val e, na segunda, estavam comigo. No domingo seguinte, nos apresentamos em Blackpool com os Beatles e os Kinks. Na primeira metade, Val e os rapazes. Na segunda metade, eu e os rapazes. Não me lembro em que momento deduzimos que parte do acordo de Arthur com Val era porque ele queria transar com ela, mas o arranjo durou pouco. Acredito que nos safamos bem mais facilmente quando comparados a Val.

E assim foram o outono e o verão de 1964. Rodamos a Grã-Bretanha toda juntos, Cleo e eu, rumo a qualquer que fosse o próximo show. Quando anoitecia, estacionávamos no acostamento aquela carreta velha e enferrujada, cada vez mais coberta de mensagens de fãs escritas com batom, com caligrafia parecida com a de Keith.

A vida era uma aventura maravilhosa. Vimos o Lake District pela primeira vez. Fomos longe, até Glasgow, para um concerto na Kelvin Hall Arena com Lulu — que estava com 16 anos e já era uma cantora soul incrível — e nos reunimos à família dela para uma festa pós-show. Viajamos por todo o país sem o caminhão quebrar nenhuma vez, e o risco de isso acontecer devia ser maior do que o de Pete e eu subirmos juntos ao palco cinquenta anos depois. E o mais maravilhoso disso — e nunca vou deixar de me espantar — é que tudo foi feito com apenas um mapa e um endereço rabiscado na parte de trás de um envelope. Sem sistema de navegação, sem Google Maps, nem mesmo um código postal. Como nos comunicávamos sem celular? Como fazíamos todos aqueles shows, aquela turnê incansável com apenas um telefone fixo entre nós? Era magia.

E era também felicidade. Eu escapara da escola sem me tornar um ladrão de bancos. Deixara a fábrica e o apartamento no conjunto habitacional. Tinha 20 anos e fazia o trabalho que a Sra. Bowen, minha professora de música, nunca achara que eu faria.

SEIS

THE WHO, NÃO É?

A primeira vez que uma guitarra morreu foi por acidente. Aconteceu em setembro de 1964, e tocávamos na nossa noite de sempre na Railway Tavern. A única diferença era um palco novo retrátil, alguns centímetros mais alto que as caixas de cerveja viradas nas quais costumávamos nos apresentar. Pete estava no meio de seu repertório de movimentos quando sua guitarra ficou presa no teto. O salão ficou silencioso. Algumas garotas deram risadinhas.

Então ele disfarçou o erro quebrando a guitarra em pedacinhos. Isso me deixou puto. Pete vai chamar isso de arte. Que estava levando o trabalho de Gustav Metzger a outro patamar. Que Gustav? Porra nenhuma. Ele criava narrativas. O buraco no teto não tinha nada a ver com Metzger e tudo a ver com as garotas das risadinhas. Foi de cortar o coração. Quando me lembrei quanto me esforcei para conseguir minhas primeiras guitarras, foi como ver um animal sendo abatido. Um animal caro, que precisávamos substituir por outro igualmente dispendioso para o show seguinte. E ainda tínhamos que pagar o buraco no teto.

Na terça-feira seguinte, Keith chutou seus tambores, e isso bastou. Dali em diante, o público ficava na expectativa de que quebrássemos nossos instrumentos. Era nossa parada.

Não me entenda mal, eu logo percebi o que isso nos trazia. E, embora tenha começado como um acidente, logo se tornou algo a mais. A imprensa ficou em polvorosa com a ideia de uns jovens destruindo seus equipamentos. Com o auxílio de umas bombas de fumaça do Exército, tínhamos um bom efeito visual, era impactante. Mas o foco real era o barulho. O que começara como um erro se encaixou no ritual do que fazíamos.

Em pouquíssimo tempo, Pete não apenas destruía sua guitarra, como também enfiava o braço dela nos amplificadores e rasgava os alto-falantes para produzir todo o tipo de ruído surreal. Era animal. Era sacrificial. A guitarra berrava e ficava assim por uns cinco minutos, até estar totalmente destruída. Os críticos não pescaram, mas os fãs sacaram de cara. Eles entenderam através da energia que era criada. Os críticos escreviam sobre o que viam, mas não estavam ouvindo. Isso se tornou um problema com a destruição das guitarras: eu sentia que, no fim das contas, as pessoas vinham apenas para ver isso e não para nos escutar.

E, você sabe, eu adoraria ver Pete quebrar uma guitarra agora como ele fazia, mas ele teria que dizer à multidão: não é só para ver, é para ouvir. E eles não ouviriam, não é? A imagem de um septuagenário chegando à cidade com uma pilha de amplificadores seria arrebatadora. Mas pelo menos agora podemos bancar. Em 1965, a expressão artística dele era muito cara.

Eu já vinha brigando com Keith e suas baquetas voadoras. Quando começaram a nos reconhecer, ele se tornou o bonitão do The Who. Aonde quer que fôssemos, todas as garotas gritavam "Keith, Keith, Keith". Ele amava ser amado, e não o culpo por isso. O problema era que eu tinha de ficar na frente dele. Eu era o vocalista. Era meu trabalho. Mas Keith decidiu que o baterista deveria ficar na frente.

Como prova disso, ele arremessava as baquetas na minha nuca a noite inteira, toda noite. A ideia de o baterista ficar na frente do palco com o restante de nós espremido atrás era ridícula, mas ele estava falando sério. Muito sério. Quando as baquetas voadoras não deram certo, ele se tornou o mestre do fundo do palco. Era formidável. Ele faria qualquer coisa para roubar os holofotes. Mais do que tudo, ele queria cantar. Mas ele não sabia cantar — bom, ele sabia, mas não fazia isso superbem. Quer ver um baterista reluzindo de alegria? Assista a Keith Moon cantando "Bellboy". Ele ia ao paraíso. De vez em quando, se estivéssemos de bom humor, deixávamos que ele cantasse "Barbara Ann". E depois não deixávamos que ele repetisse a dose nos shows seguintes. Ele cantava de qualquer jeito, o mais alto que pudesse. Dá para ver nas gravações antigas. Em toda música, Pete e John estão fazendo a harmonia e eu estou cantando em primeira voz. E Keith também.

Tirando as drogas, a falta de dinheiro e a teimosia de Keith, as coisas estavam indo muito bem. Primeiro, decidimos como íamos nos chamar, o que é bem importante. Éramos os Detours até fevereiro de 1963, quando ficou claro que estávamos sendo confundidos com outra banda, chamada American Detours. Não me lembro bem quem foi que sugeriu The Who primeiro. Estávamos no apartamento de Barney, um amigo de Pete, e falávamos todo tipo de nome idiota. The Group. No One. The Hair. Pete gostou deste. Acho que alguém sugeriu um nome e Barney não ouviu.

Ele disse: "The Who?" [Quem?] Alguém falou: "Esse é bom. The Who." E foi isso. Ou assim foi pelo ano seguinte, por aí. Então, por quatro meses em 1964, éramos os High Numbers. Então Kit chegou e disse: "Não, vamos voltar para The Who. É muito melhor. Muito mais gráfico. Dá para fazer muito mais coisa com três letras do que com sabe lá Deus quantas letras há em High Numbers."

Havia muita incerteza, muita confusão para qualquer um que fizesse os pôsteres do show, mas valeu a pena. Em poucos meses, Kit apareceu com o que eu acho que foi o melhor pôster de rock de todos os tempos. Não teria funcionado melhor com sabe lá Deus quantas letras High Numbers tem.

O ano de 1964 chegava ao fim, e as terças eram nossas no Marquee. Não devia ter sido grande coisa. Era o Marquee. Bem West End. Já tínhamos tocado na cidade, mas aquilo era grande. Os Stones tinham tocado ali. Mas as noites de terça? Mortas. Silenciosas. Ninguém saía na terça. Mas Kit fez seu pôster.

The Who. Melhor R&B. Terças, no Marquee.

Com uma imagem de Pete com o braço esticado, como um cisne. Kit colocou balé naquele pôster e isso foi metade do caminho andado.

Ele tinha outra carta na manga.

— Vamos sair para procurar os cem mods mais na moda que conseguirmos encontrar e vamos torná-los a base do nosso fã-clube. Vamos ter cem rostos — disse ele.

Assim, saímos por Shepherd's Bush e distribuímos todos os ingressos grátis para os mods mais da moda que encontramos. Então, fizemos a mesma coisa no West End, só que não conseguimos encontrar sequer uma pessoa na rua em uma terça para dar o ingresso. Sem mods. Sem Teds. Ninguém.

Eu estava muito ansioso naquela noite. Já havia tocado em locais sem público, mas um Marquee sem ninguém era outro patamar de vazio. Mas o pôster e as habilidades de marketing implacável de Kit nos salvaram. Naquela primeira noite, todo o nosso público de Shepherd's Bush, pessoas leais e maravilhosas, apareceram. E alguns errantes entraram. Uma nova galera. Na semana seguinte, havia um pouco mais. E não demorou para deslanchar. As pessoas falavam sobre a noite de terça no West End, onde uma banda tocava tudo aquilo com feedback (ou microfonia), ritmos e improvisos selvagens. O boca a boca, naquela época, era muito melhor do que a internet hoje em dia.

Em três ou quatro semanas, a fila dava uma volta no quarteirão. Foi o primeiro sinal real e concreto de que fazíamos sucesso. Éramos a banda mod, a atração principal em um clube importante "West acima". Até que o Small Faces chegou e estragou tudo, benditos sejam. Eles eram os verdadeiros mods do East End, e Steve Marriott, na minha opinião, foi um dos maiores cantores de rock-soul do nosso tempo.

Mas, no começo de 1965, éramos nós, e isso era muito bom. Kit tinha realizado seu trabalho como nosso empresário. Ele encontrou uma casa para nós e buscou as bases de um fã-clube para a banda. Ele sabia nos vender. Se um de nós fizesse algo de diferente no palco, ele observava e nos dizia se era ou não para continuar fazendo aquilo. Em geral, pedia que continuássemos. Ele tinha um plano grandioso — às vezes, eu queria que ele o dividisse com a gente, mas tínhamos total confiança nele. Se Kit nos mandava pular, nós pulávamos. Ele nos incentivava a ser cada vez mais selvagens. Todo mundo nos bares e nos clubes adorava Kit, mesmo que ele pertencesse a outra classe social. Talvez fosse porque ele sempre pagava bebidas para todo mundo. Mas nós o amávamos porque ele entendia o show, via que aquilo não era só a música. Era todo um pacote.

A cada semana, introduzíamos uma canção nova. Durante o dia, eu passava horas com Kit, indo a lojas de discos, tentando encontrar novos estilos musicais. Costumávamos apostar quais discos seriam um sucesso e quais fracassariam. Ele tinha jeito para isso, e eu também. A cada dez apostas, em nove escolhíamos a mesma opção e acertávamos.

Em 15 de janeiro de 1965, lançamos nosso primeiro single do The Who, uma composição bem no estilo Townshend. Pete contou recentemente que

"I Can't Explain" foi escrita quando ele tinha 18 anos e não conseguia dizer à namorada que a amava porque tinha tomado muitos comprimidos de anfetamina. Também disse que a música não era uma cópia de "All Day and All of the Night", dos Kinks. Mesmo assim, ficou entre as dez melhores e ainda abrimos o show com ela até hoje. É uma ótima faixa. Mas a gravação dela alguns meses antes não foi nem um pouco simples.

Tínhamos ido à Pye Records, no Marble Arch, em setembro de 1964 para nossa grande estreia em estúdio. Estávamos prontos para tocar nossa primeira canção original, em nosso estilo inglês novo e único. Mas Shel Talmy, o bem-sucedido produtor norte-americano, nos obrigou a usar backing vocals *à la* Beach Boys, com a harmonia em três partes — algo que Pete amaldiçoa até hoje. Pior ainda: ele trouxera Jimmy Page para assumir a guitarra principal.

"Ah, que merda." Essa foi a minha reação. A de Pete foi um pouco mais intensa, mas o que podíamos fazer? Eu queria que Pete tocasse. Queria ser a banda que éramos, não a que algum norte-americano queria que fôssemos. Se dependesse de nós, teríamos dito não. Mas não havia escolha. Naquele tempo, a gravação era feita de uma vez só. Eram apenas três faixas. Inserir depois o solo de Pete teria sido tremendamente difícil e podia deixar de fora toda a essência da gravação. Ele teria feito um ótimo solo de guitarra, como fazia todas as noites ao vivo, mas aquilo deixaria o som dispersó. Não dá para fazer andamento e solo. Dá para se safar disso ao vivo. Pete tinha uma técnica para esse caso, mas aquela era a nossa primeira gravação de fato em estúdio. Talmy dera vida a grandes sucessos com os Kinks e ia fazer as coisas do próprio jeito. Era isso ou nada.

Fizemos em uma gravação só, e então Talmy disse que precisávamos gravar um lado B. Ele nos deu uma melodia chamada "Bald Headed Woman". Rabisquei a letra, o que não demorou nada.

"Yeah, I don't want no bald headed woman
It'll make me mean, yeah Lord, it'll make me mean.
Yeah, I don't want no sugar in my coffee."

E repete. Pronto. Na época, não percebi o que era aquela música, mas tinha um quê de blues e eu me sentia à vontade com ela. Duas horas depois, fomos embora. O som de Jimmy não tinha nada a ver com o de Pete, mas foi o bastante para nos colocar nas paradas de sucesso pela primeira vez.

Nossa primeira aparição no *Top of the Pops* (*TOTP*), um programa musical sobre as paradas de sucesso, também representou minha primeira viagem de avião. Naquela época, o show era gravado no salão de uma igreja em Manchester, por isso Kit fez uma reserva para nós em um voo que sairia do aeroporto de Londres. Olhe só para mim. Parte da alta sociedade.

Vi-me sentado ao lado de Marianne Faithfull, que também estava no *TOTP*.

— Você está bem? — perguntou ela quando o avião decolou.

Eu estava bem, mas era ótimo ter Marianne segurando minha mão.

Em nosso single seguinte, tivemos uma experiência mais harmoniosa. Pete tinha composto noventa e cinco por cento de "Anyway, Anyhow, Anywhere" quando a trouxe para o Marquee, em uma tarde de abril, mas ainda não tinha resolvido a questão da ponte. Fizemos isso juntos no palco, antes da chegada do público. A princípio, era uma música sobre um espírito livre e feliz, porque Pete andava obcecado pelo saxofonista Charlie Parker na época. No fim das contas, tratava-se de arrombar portas trancadas sem se importar com certo e errado.

Essa foi minha contribuição. Dei um toque um pouco mais rueiro, um pouco mais de atitude. Nessa idade, todo mundo acha que está sempre certo. Aquela letra, "Nothing gets in my way" ["Nada fica no meu caminho", em tradução livre], tinha tudo a ver com a maneira como viveríamos nossa vida, e acho que essa letra se encaixava muito bem.

E, é óbvio, no meio do caminho havia o feedback de Pete. Era novo. Era revolucionário — tanto que a Decca devolveu a primeira prensagem do vinil porque achou que o disco estava com defeito. Mas éramos nós mesmos. Era a nossa atuação no palco, em vinil.

Estávamos nas paradas. Estávamos chegando à televisão. A BBC teve a dignidade de permitir que tocássemos nas rádios. Então fizemos nosso primeiro show internacional. Duas noites em Paris. Era bem diferente de Shepherd's Bush. Era muito, muito estrangeiro. Não sei como os franceses viram a gente. Eles tinham muito estilo, é claro; a nossa aparência devia ser de outro planeta. O local era o Club des Rockers, um pequeno espaço em cima de um bar perto do Moulin Rouge, e não havia palco. Tocamos espremidos em um canto, o público bem diante de nós, olho no olho, cara a cara. *Bon soir.*

Começamos com "Heatwave", e eles ficaram lá, nos encarando, mal esboçando alguma reação. Eles eram franceses. Nós éramos ingleses. Nenhuma banda britânica se dava muito bem na França. Talvez eles nos odiassem? Talvez fosse a maneira que tinham de expressar o desdenho gaulês? Então, reagimos como sempre fazemos nesse tipo de situação: adicionamos um pouco mais de atitude.

"Daddy Rolling Stone". "Motoring". "Jump Back". Nada. Acrescentamos mais atitude. Vai dar tudo errado? Vai ser um fiasco? Vamos mesmo sair nesse silêncio absoluto?

E assim foi durante os 45 minutos de show e, então, no momento em que encerramos nossa versão mais agressiva, mais nervosa, mais selvagem de "Anyway, Anyhow, Anywhere", o público foi à loucura. Nosso primeiro show no exterior. Um sucesso. A revista musical do lugar fez uma análise sobre nós. Eles disseram: "O público entendeu que um novo estilo de rock estava sendo criado." Não tenho certeza se isso é verdade. Não estou muito certo sobre essa resposta tão filosófica. Eles estavam completamente traumatizados.

É claro que Kit não tinha dinheiro algum para nos levar para casa, mas ele falava um francês perfeito e assim conseguiu nos embarcar de volta. Ou pegou dinheiro emprestado com Chris Parmenter, o representante da divisão de Artistas & Repertório da Fontana Records. Kit tinha muita lábia. Ele usava seu sotaque aristocrático e o endereço em Belgravia para ter todos os tipos de cheque especial. Era cliente VIP da Harrods e da Christopher Wine Company e tinha contas em diversos bancos, todas no vermelho. Quando as coisas apertavam muito, ele jogava, comprando fichas com cheques em um cassino. Se ganhasse, tinha o bastante para subornar os oficiais de justiça. Se perdesse, o cheque voltava por falta de fundos. Ele era um apostador, mas conseguia escapar de qualquer coisa. Foi assim que voltamos da França. Quando chegamos em casa, porém, ele descobriu que tinha sido despejado do Eaton Place. Isso deveria ter sido interpretado como um sinal de que as finanças da New Action, empresa de gestão de Kit e Chris, não andavam muito boas.

Pete, por outro lado, crescia no mundo, enquanto estava sentado em seu apartamento em Belgravia ouvindo ópera, distante e preocupado com o álbum vindouro. Ele tinha a grana, a publicidade. O dinheiro dos shows era só um trocado para ele. Isso nos mudou. Estávamos nos tornando um grupo de um lado e seu compositor do outro. Acho que isso sempre foi inevitável; não era uma ditadura e nunca fui apenas um peão. Eu ainda organizava os shows. Sempre decidi a ordem das músicas. Tenho um instinto bom para colocar as canções em uma sequência na qual as sensações musicais levavam o corpo a uma jornada. Se colocar as músicas na ordem errada, você interrompe a jornada, e nunca fizemos isso. Nos primórdios, sabíamos tantas músicas que não seguíamos um setlist. Eu costumava só gritar e eles tocavam a música seguinte. Eu sabia que música deveria vir em seguida àquela que estávamos tocando. Pensava em onde, na minha cabeça, eu estava, o que eu estava sentindo, e então conseguia elevar essa emoção, esse sentimento, a outro patamar sem quebrar a ligação. Era intenso, uma situação bem diferente de apenas despejar um hit atrás do outro.

Muitas bandas se separaram por causa da falta de equilíbrio. Ou pior: foram parar na frente de um juiz, discutindo quem escreveu o quê e quando. Não fazia muita diferença para mim. Ao longo dos anos, comecei a sentir um incômodo — não por causa de dinheiro, mas, sim, pelo reconhecimento. Dei minhas contribuições, sei o que acrescentei, e por isso era difícil ler as críticas ao meu vocal na imprensa. Mas a vida é assim. Por que se desgastar com preocupações? Em vez disso, eu só aceitei.

Tomei conscientemente a decisão de que, se meu trabalho era ser o vocalista das músicas de Pete e se elas fossem geniais — o que elas eram —, eu ficaria feliz com o meu quinhão, muito obrigado. Iria para onde ele quisesse. É óbvio que, se houvesse algo que me desagradasse, ainda falaria com ele. Sempre falei, o que não é fácil, pois, assim como muitos compositores, ele ficava na defensiva. Mas a tensão era importante. Foi o que nos tornou o que somos. Nunca foi algo destrutivo. E, não importa o que acontecesse, eu sabia que nunca nos separaríamos por causa de dinheiro. Pete estava em seu apartamento em Belgravia e eu ainda morava na van com Cleo. Sinceramente, eu me sentia feliz com aquilo. Vivia um sonho em uma van.

Naquele verão, só trabalhamos. Trabalho, trabalho, trabalho. Fizemos 236 shows em 1965. Só dormíamos umas três, quatro horas por noite. Show, dormir, dirigir, show, dormir, dirigir. Acho que me dei melhor que os rapazes porque eles ainda se espremiam na parte de trás do fusca de Kit. Mas então, em algum momento, Pete tinha um Lincoln Continental e Keith e John, um Bentley. Também tinham um chofer porque nenhum dos dois sabia dirigir. Isso foi ótimo para Keith. O garoto de Alperton vivia a própria versão de *Pigmalião*. Ele era Eliza Doolittle. Kit era o professor Higgins.

Costumávamos ir ao um restaurante chinês chamado Lotus House, na Edgware Road. Kit chegava lá sem dinheiro, nós comíamos e bebíamos sem moderação e, no fim da noite, ele assinava uma toalha de mesa. Naquela época, essa era uma troca aceitável, e ele se safava com ela. Kit fez isso durante quase toda a década de 1960. Também fazia com cheques e contratos. Depois de ver um guitarrista talentoso tocar uma noite em 1966, ele levou o empresário do músico para jantar no Lotus. O empresário era Chas Chandler, o guitarrista era Jimi Hendrix e, no fim da noite, Jimi tinha sido contratado, via toalha de mesa, por Kit.

Era assim que Kit fazia. As pessoas o admiravam. Elas apenas concluíam, pelo estilo e pela aparência dele, que ele era um membro confiável e íntegro da sociedade.

Keith não apenas o admirava, como também se tornou igual a ele. O processo levou mais ou menos umas seis semanas desde o primeiro encontro. Depois, Keith passou a entregar uma imitação perfeita de Kit Lambert. Todos os seus maneirismos, tudo. Era como estar com Kit. Ele o imitava para arrancar umas gargalhadas, mas logo se tornou mais do que isso. Todo aquele "Meu caro rapaz" — ele não falava daquela maneira elegante por sarcasmo. Realmente decidira se tornar distinto. Depois do Bentley, ele montou um guarda-roupa e tornou-se um entusiasta de vinhos e conhaque. Aquelas longas noites no Lotus House vieram a se transformar em aulas magistrais. Kit e Keith passariam por todas as safras, comparando notas de degustação, antes de Kit rabiscar sua assinatura na toalha de mesa.

As pessoas veem isso em Keith e entendem errado. Ele nunca foi um beberrão. Ele era um *connaisseur* de biritas. Quando filmamos *Tommy*, nos anos 1970, me lembro de ele ter ido ao bar de um hotel em Portsmouth e pedido um Rémy Martin e um misturador de drinques. O barman disse que, se ele ia usar o misturador, não importava o conhaque usado — ninguém perceberia a diferença entre um bom e um medíocre.

Então Keith fez uma aposta com o homem. Disse para ele servir em uma fileira todos os conhaques das prateleiras e ainda acrescentar ginger ale. "Se eu conseguir reconhecer qual desses é o Rémy Martin", disse, "você banca para mim e meus amigos drinques a noite toda. Se eu não conseguir, pode ficar com o meu carro."

O barman concordou. Keith percorreu a fileira de conhaques como se estivesse em uma adega de Bordeaux. E escolheu o copo certo.

• • •

Assim foi o verão de 1965. Muito trabalho, algumas discussões bastante construtivas e Keith trabalhando sem descanso em prol de seu conhecimento a respeito de conhaque. Foi um verão cheio de harmonia. É algo que não se costuma falar muito sobre nós. As pessoas concluem que estávamos sempre brigando. Não é verdade. Na maior parte do tempo, era brincadeira. Em boa parte do tempo, conversávamos sobre a música e a direção que tomaríamos. Brigas e crises? A maioria não era de verdade. A maior parte era só pela imagem. Trata-se de risco. Éramos uma banda perigosa, sempre na corda bamba, sempre prestes a sair na mão. É o que as pessoas esperavam de suas bandas de rock... O potencial constante de destruição. Não dava para ter outra banda que fosse só sucesso.

Algumas brigas não eram apenas para os shows. Os Beatles já eram os melhores camaradas... Pelo menos nos primeiros anos. E isso caiu bem com o estilo de música deles. Não daria certo com o nosso. Cadê o drama? Cadê o perigo? Tínhamos uma maneira diferente de fazer as coisas.

Algumas não eram apenas exibição. Às vezes, as brigas e as crises eram reais. Mas, em geral, eram algo bom. Mantinham a engrenagem funcionando. Não eram muito frequentes e, no restante do tempo, estávamos nos divertindo. É só ver as fotos. Fazendo uma zona. Farreando. Havia umas caras feias também, mas era apenas um quê de atitude para exibir na frente das câmeras. Em junho de 1965, o *Melody Maker* escreveu: "De vez em quando, uma banda fica à beira de um abismo. Dizem por aí que é o The Who."

E foi mesmo o The Who. Estávamos prestes a, na iminência de. E então saímos em nossa primeira turnê europeia e tudo foi de mal a pior. É possível que você já tenha ouvido falar sobre a época em que fui descartado da banda.

Da minha banda. Muitas pessoas já contaram essa história. Mas esta é a minha versão e a verdade mais sincera, juro pela minha vida. Não, juro pela vida de Pete, porque cinquenta anos é muito tempo e existe uma pequenina chance de eu me confundir com um ou dois detalhes.

Estávamos em turnê pela Europa, tudo dando errado. Algumas coisas não eram culpa da banda e outras sim, muita. Logo no começo do mês, a van com todos os nossos equipamentos foi roubada do lado de fora do Battersea Dogs Home, o que foi uma ironia porque Cy, nosso roadie, vinha se informando sobre um pastor-alemão para reforçar a segurança da nossa van. Os equipamentos que tivemos de pegar emprestado continuaram dando problema, ainda que Pete e Keith não os destruíssem a cada apresentação.

O primeiro show na Holanda correu bem, mas em algum lugar a caminho da Dinamarca, eles arranjaram um saco cheio de "corações roxos"*, e foi aí que complicou. O desempenho foi jogado pela janela. O ritmo começou a ficar cada vez mais rápido. Não havia controle. Era uma zona.

Fomos para Aarhus, na Dinamarca, em 26 de setembro de 1965, um domingo, e o lugar estava lotado, com cinco mil fazendeiros dinamarqueses bêbados. A banda estava no meio da segunda música quando começou o maior pandemônio no meio da multidão. Cadeiras foram destruídas. Garrafas voaram. Aquilo estava se transformando em um tumulto generalizado. Foi o segundo show mais curto que fizemos.

Na manhã seguinte, os jornais fizeram a festa nas manchetes, mas já tínhamos partido para o show seguinte, em Aalborg. Foi lá que tudo realmente desandou. Talvez tenha sido uma combinação entre as drogas que eles usavam e o nervosismo, mas o show foi uma bagunça. Tentei desesperadamente encaixar as letras e cantar alto o bastante, mas eles tocavam mais alto e mais rápido. Era uma cacofonia; um lado tinha que ceder. Uma banda de músicos com tanto talento, e tudo estava indo por água abaixo.

Então, em vez disso, decidi mandar algo mais por água abaixo.

---

* *Purple hearts*, no original. Modo como os jovens no Reino Unido dos anos 1960 se referiam ao remédio Dexamil. É um tipo de anfetamina responsável por acelerar o sistema nervoso central, acarretando a redução da necessidade de sono e da fadiga, aumento da atividade motora e euforia. Só deve ser utilizado com prescrição médica. [*N. da E.*]

Enquanto a banda arrebentava o palco ao fim de "My Generation", saí intempestivamente e fui direto até a mala de Keith no camarim. Pensei: vou acabar com isso de uma vez por todas. Demorou cinco segundos para eu encontrar o esconderijo: uma bolsa grande lotada de comprimidos de anfetaminas em sua mala. Bombas pretas. Corações roxos. Você escolhe. Dei descarga naquele maldito lote.

É claro que Keith veio do palco direto na minha direção, querendo outro comprimido. E começou a gritar: "O que aconteceu com eles? O que aconteceu com eles, porra?"

Então eu contei que tinha dado descarga neles no banheiro.

Isso o deixou furioso e ele veio para cima de mim com os címbalos de um tamborim. Acho que tive sorte por isso ser tudo que ele tinha na mão. Então lá estava eu, encarando um Keith furioso e seu ataque percussivo, e o enfrentei. E não foi uma luta horrível, mas foi uma luta, e eu a encerrei. No dia seguinte, embarquei de volta para casa. Fui convocado para comparecer ao escritório de Kit, onde me foi dito que eu não fazia mais parte do The Who.

SETE

É DIFÍCIL SE SEPARAR

Tinha sido três contra um por um bom tempo, e isso nada tinha a ver com dinheiro e tudo a ver com uma quantidade absurda de drogas. Desde que eles começaram com o lance de anfetamina e eu não, nos separamos. Tentei os "corações roxos" algumas vezes, mas aquilo não dava certo para mim. Tudo o que eu fazia era mastigar meus lábios por algumas horas. Minha garganta ficava tão seca que eu não conseguia cantar. Um guitarrista não dá a mínima se a garganta dele seca. Ele só toma mais umas biritas, que era o que Pete fazia. Mas eu não conseguia cantar sob o efeito de anfetamina. Foi uma decisão fácil. Ou eu seria um bom cantor e me importaria com o que fazíamos em um palco, porque essa era a minha vida e eu ia levar aquilo adiante, ou eu sairia. Eu sabia quanto aquela maldita competição era acirrada. Havia algumas bandas ótimas por aí, fantásticas, e elas nunca chegaram lá. Eu não queria ser uma dessas bandas. Então acabei deixando os outros três.

Eu já vira muitos amigos se tornarem uns completos babacas sob o efeito de drogas. E, quando você está com eles, no começo todos são amigos, mas então alguém desaparece para ir ao banheiro e aí volta, e depois outro desaparece, e antes que você se dê conta não está mais na companhia dos seus amigos. É como estar em uma festa diferente.

Na minha vida, muitas vezes tive de ser duro com pessoas envolvidas com drogas. Aquelas com quem fui severo ainda estão por aqui; aquelas com quem não fui rígido o bastante não conseguiram. E penso bastante sobre isso. É algo em que penso quando nos apresentamos hoje em dia. Os dois de nós que se foram. Mas isso me deixa em minoria, não apenas na banda, mas como em toda a maldita Londres.

Todo mundo no Soho estava nessa de comprimidos. Você entrava em uma fila para comprar seu ingresso. Depois entrava em outra para comprar sua droga. Era descarado assim (ainda é). E quando o governo pegou o esquema e começou a multar os traficantes, eles apenas trocaram para outros comprimidos. Blues francês. Dexies. Bombas pretas. Mais e mais forte. Não é de surpreender que Keith, o garoto que nos impressionou com sua primeira rendição em "Road Runner", não conseguia mais manter o ritmo. Naquele exato momento, eu sabia que era o inimigo. O rock'n'roll agora era tomar quantas drogas fosse possível até morrer. E eu era o estraga-prazeres. Da perspectiva deles, era uma intromissão a como eles queriam viver suas vidas. Eles queriam ser livres, e eu estava arruinando tudo. No dia seguinte ao show, viajamos de volta para casa separados e então me disseram que eu estava fora.

Sofri por dois dias. Era como uma morte. Era o fim de tudo. Cinco anos trabalhando com afinco, sacrificando tudo para nada. E então, alguns dias depois, me recuperei e comecei a traçar planos para uma banda de soul. Liguei para velhos amigos, elaborei um repertório. Não tinha mais aquela sensação de "tudo ou nada", porque eu iria em frente como sempre. Não ia voltar para a fábrica.

E agora eu já sabia que podia cantar. Todas as músicas pop são fáceis — é só cantá-las. Não tem nada de profundo nelas. Não tínhamos chegado ao ponto no qual as letras de Pete exigiriam algo diferente, algo sobre o qual eu tivesse menos certeza.

Em setembro de 1965, eu ainda era um cantor confiante. Sabia que minha voz causava um efeito no público e gostava de fazer parte de uma banda; daria continuidade a isso. Meu futuro não seria com o The Who, mas eu ficaria bem. Não ganhávamos dinheiro, então não fez muita diferença.

A situação não durou muito tempo. Eles fizeram alguns shows sem mim e acabaram expulsos do palco, sob vaias. Não me senti mal por isso. Eles mereceram. Dias depois, Kit e Chris bateram na minha porta e disseram: "Eles precisam que você volte. Eles se perderam sem você."

Não sei bem se a banda percebeu isso. Acho que quando você está lá tocando pensa que está bem como sempre esteve, mas não vê a mesma coisa se está olhando de fora. De repente, a química tinha desaparecido. Depois que Keith entrou na banda, eu sabia que tínhamos todos os ingredientes. Se um de nós não estivesse lá, não funcionava. Teria acontecido o mesmo se John tivesse sido expulso da banda. Ou Keith. Foi como quando ele morreu. Ficou um buraco que nunca conseguimos preencher. Não tinha nada a ver com a habilidade dele. Era sua personalidade e como ela se encaixava. Éramos todos indivíduos que formavam a unidade que era o The Who. Nenhum de nós podia ser substituído.

Felizmente, eles deram ouvidos ao empresário. E concordaram. Os dois lados impuseram condições. Eles me aceitariam de volta, contanto que eu não desse uma surra neles ou descarga em seu estoque de drogas. Eu não dava a mínima para o que eles faziam fora do palco, mas, uma vez lá em cima, éramos um time e precisávamos trabalhar juntos. Teria de haver profissionalismo. Seríamos os melhores. Eles precisavam alcançar o *compos mentis*, a nitidez e o controle na mente. Eu não estava pedindo muito. Esse era o acordo, e eles o mantiveram bem até os anos 1970, quando Keith começou de novo a levar drogas para o palco.

Gostaria de poder dizer que pusemos uma pedra no assunto e seguimos em frente, mas isso seria mentira. Eu voltara para a banda, mas os outros se ressentiam disso. Ainda estavam furiosos, especialmente Keith. E agora que se sentia tranquilo em relação à ameaça de violência, ele fazia tudo que podia para me irritar. Dominava as palavras e sabia exatamente que feridas cutucar. Por sua vez, John era pior. Tinha uma veia rancorosa. Traços do Primo Kevin, de *Tommy*. Não sei se era porque ele era filho único, mas ele sabia ser mau e dizia coisas arrogantes que mereciam um soco bem na boca.

No meu mundo, o mundo de onde eu viera, uma pessoa levaria um murro na boca se dissesse as coisas que ele me disse. Ele sabia. Keith também. Eles sabiam da minha fúria.

Depois da Dinamarca, os dois gastaram muita energia tentando encontrar o momento em que eu morderia a isca. Isso se prolongou por meses, até anos, mas nunca aconteceu. Isso deve ter deixado os dois malucos. Eu tinha um truque: costumava me imaginar como um pato. Um comentário ácido ali, um quarto de hotel detonado acolá — eram só gotas de chuva rolando pelas minhas costas. Eu, um pato zen. Era eu. Quá-quá.

• • •

Em 13 de outubro de 1965, duas semanas depois de nossa separação, dois dias antes de ficarmos juntos outra vez, chegamos ao IBC Studios, na Portland Place, para finalizar nosso já muito postergado álbum de estreia. Acho que a atmosfera estava bem gélida, o que foi bom, pois íamos gravar "My Generation". Pete compusera a música seis meses antes, depois que a Rainha Mãe ordenara que o carro funerário dele — sim, ele tinha um carro funerário — fosse rebocado da frente do apartamento dele porque fazia Sua Majestade se lembrar de seu falecido marido.

Era o tipo de coisa que poderia deixá-lo estressado por uma semana. Como ela ousara.

A primeira demo que ele tocou para nós era muito mais lenta. Tinha algo da batida sincopada (*chink-a-chink-a-chink*) de Bo Diddley. Não gostei. Kit também não tinha muita certeza, mas disse a ele para continuar. A segunda demo tinha as mudanças de tom e pergunta e resposta, mas ainda não parecia bom.

Então chegamos ao IBC Studios e Keith se fixou no ritmo, o que deu o impulso necessário. Esse era o lance de Moon — ele nunca foi um baterista conformista. Jamais praticava; ele simplesmente fazia. Era impossível forçá-lo a seguir um compasso 4/4. Ele fazia, mas era a morte para ele. A razão para sua genialidade era a mais pura e absoluta anarquia. Então ele extrapolava, no ritmo, cheio de agressividade. Tentei acompanhar e gaguejei na primeira frase. Na gravação seguinte, corrigi isso, mas Kit apareceu e disse: "Mantenha. Mantenha assim." Pete prolongou o "fffff" na gravação. "Why don't you all fffffffade away" ["Por que vocês todos não desaparecem", em tradução livre]. Mas não era por ter gaguejado. Não até Kit entrar e dizer para manter. "Mantenha esse gaguejar blues." E funcionou. Para mim, não foi um sinal de fraqueza. Não era um deslize da língua. Era agressão, pura e simples, impulsionada por aquele ritmo. Fúria reprimida, mal controlada, despejando-se no vinil, gritando "I hope I die before I get old" ["Eu espero morrer antes de ficar velho", em tradução livre].

Quase todas as coisas legais que acontecem em estúdio são por acaso, e é aí que você precisa confiar em seus produtores para apontar as que funcionam e as que devem ser abandonadas. Pete sempre detestou a produção de Kit. Entendo, do ponto de vista técnico, por que ele não gostava. Algumas das mixagens que Kit fazia eram terríveis. Ele sempre preferiu o baixo um pouco mais suave, o que deixava John irritado, mas as condições de gravação naquela época eram complicadas. Tínhamos apenas um gravador de três faixas — os de oito faixas ainda levariam três anos para aparecer —, então não havia muito o que usar para tocar. Kit, porém, era tremendamente ousado. Ele chegava, jogava tudo na parede e reconstruía algo usando os pedaços. Fazíamos camadas e mais camadas, criávamos harmonias por toda parte, construindo-as ao pular de uma faixa para outra — apenas naquelas três faixas. Isso permitiu que as harmonias do backing vocal soassem como se fossem um grupo de doze vozes. O preço disso era que tudo precisava ser juntado no momento da gravação, e essa mixagem jamais poderia ser alterada. Se adicionássemos eco demais, o resultado seria permanente.

"My Generation" não precisava disso tudo — só de ímpeto. Era mais uma música de rua, como "Anyway, Anyhow, Anywhere", e acho que, deixando o pato zen de lado, estávamos todos predispostos a um tanto de agressividade. Estávamos todos com disposição de mandar todo mundo f-f-f-falecer. Por isso, o gaguejar de "f-f-f-fade away" ficou, continuamos arrebentando pelo resto do álbum e fomos para casa.

A faixa foi lançada no fim de outubro e o álbum saiu em 3 de dezembro. Deveria ter sido um ótimo encerramento de ano, mas não foi bem assim. Eu ainda era o inimigo. Todo mundo estava falando sobre sair da banda. Keith e John seguiriam por conta própria. Keith perguntou a Paul McCartney se podia se juntar aos Beatles. "Já temos baterista", disse Paul. Então, ele ia se juntar ao The Animals. Depois, ia se juntar ao The Nashville Teens. Pete ia integrar uma superbanda com Paddy, Klaus e Gibson.

As batalhas jurídicas não ajudaram. Kit e Chris cortaram relações com Shel Talmy. Durante cinco meses, eles duelaram na Suprema Corte, tentando invalidar o contrato de Talmy, e por todo aquele tempo não pudemos lançar mais nenhuma música. Levando em consideração que a sobrevida de uma banda mediana é de dezoito meses e que éramos muito mais inconstantes do que uma banda mediana, cinco meses era toda uma existência.

Mas continuamos a nos apresentar. Fizemos nosso último show no Goldhawk Road Social Club em 3 de dezembro de 1965. Esse lugar era nossa casa, então o momento tem sido descrito como uma ocasião importante. Um momento decisivo. A noite em que deixamos para trás nossas raízes no mod. Com certeza não foi uma noite muito saudável. Alguém se lembra de um segurança com um grande bastão preso na ponta de uma corrente. Mas sempre existiu um segurança, e eles nunca precisaram de grandes bastões em correntes. Eles eram imensos. E acho que o público tornou aquilo maior do que nós. Não estávamos abandonando-os, e sim seguindo em frente porque não conseguíamos colocá-los todos naquele lugar. Eu não estava deixando de ser um mod, uma vez que, para começo de conversa, eu nunca tinha sido um.

Fui sempre eu mesmo a vida toda. Jamais gostei de uniformes. Quando todos usavam roupas mod, eu vestia uma jaqueta de couro. Quando todos aderiram às jaquetas de couro, eu vestia um casaco de suede. Podíamos ter sido a banda mod. Vestir-se como um mod servira ao seu propósito. Mas eu achava que não precisávamos responder a ninguém. Eu sentia, e Pete também, que, à época em que estávamos compondo músicas próprias, as pessoas nos seguiam por causa delas, não pelo que vestíamos.

No começo, gostei desse lance mod. Gostava do terno Zoot. Das jaquetas drapeadas, do visual eduardiano, com colarinhos bem rígidos e abotoaduras. Aquilo era elegante, e eu gostava de me vestir elegantemente. Puxei isso do meu pai. Ele tinha duas camisas: uma era a boa, sua melhor camisa, e a outra, sua camisa de trabalho. Ele mudava o colarinho dia sim, dia não e tinha punhos, porém sem mangas. Mas ele parecia elegante. Meu pai sempre foi elegante. Então eu gostava de parecer elegante também.

Mas então vieram os jeans e as camisas polo Fred Perry, depois a parca. Tudo isso era demais, de uma invencionice sufocante. Pessoas me dizendo o que vestir era exatamente o que eu não queria.

Usava o que queria e vivia como desejava. Não estava mais na van. Ia partir para o mundo. Por um tempo, dormi no escritório, que era um quarto no apartamento de Kit em Ivor Court, no topo do Gloucester Place.

Toda manhã, tinha um rapaz fazendo café na cozinha. Kit entrava, dava uma desculpa para o jovem estar ali e dizia que ele tomasse um rumo. Eu sabia que Kit era gay. Sabia que ele gostava de jovens rapazes, mas ele nunca deu em cima de mim. Nem uma vez. Talvez eu não fosse o tipo dele. Talvez ele soubesse que não teria ido muito longe. Afinal, eu estava saindo com a afilhada do pai dele. Mas então, Cleo e eu nos separamos, e conheci uma garota chamada Anna. Ela morava com Gitta, sua companheira de apartamento, então me juntei a elas em Muswell Hill. E essa era a minha vida. Dirigindo para um show, tocando, voltando para Muswell Hill. Simples assim.

Enquanto eu estava nessa, Pete fazia cada vez mais incursões à sua psique. Em 1966, ele estava mesmo começando a escrever as próprias músicas e elas eram... diferentes. Tivemos uma boa sequência de sucessos decentes. O que quer que fizéssemos a seguir, ainda conseguíamos entrar no *Top of the Pops*. Então Pete compôs "I'm a boy".

Cacete. Uma música que supostamente faria parte de uma ópera-rock chamada *Quads* sobre um futuro em que os pais podiam escolher o sexo dos filhos. Um casal tem três meninas, mas a quarta criança é um menino. A mãe não está feliz. Então ela o transforma em uma menina. Ele questiona a identidade de gênero. Como muitas músicas de Pete, era algo muito, muito à frente de seu tempo ["Uma menina se chamava Jean-Marie/outra menininha se chamava Felicity/outra menininha se chamava Sally-Joy/a outra era eu, e eu sou um menino", em tradução livre]:

"One little girl was called Jean-Marie
Another little girl was called Felicity
Another little girl was Sally-Joy
The other was me and I'm a boy"

Achei isso muito, muito complicado. Estava tudo bem com o verso "My name is Bill and I'm a headcase" ["Meu nome é Bill e eu sou maluco", em tradução livre], mas o restante da letra, um menino lutando para encontrar sua identidade, era dureza. Até aquele momento, a banda tinha sido moldada em torno do que eu fazia. Pete escrevia, mas eu cantava. Eu não estava no comando, mas, no palco, podia fazer o que quisesse. Eles se encaixavam ao meu redor e as músicas também. Não era mais assim. Minha confiança tinha sido minada.

Só me lembro de ouvir mais a voz de Pete nas fitas demo e de como ele estava cantando. Tentei encaixar a voz dele na minha. Tentei cantar como uma criança vulnerável. Quando ouço "I'm a boy" hoje, acho que meio que funciona, mas eu não achava que era assim naquela época. De jeito nenhum.

Para mim, soava como se eu estivesse cantando em um túnel. Jamais gostei de me ouvir cantando. Odeio quando estou de fora e me ouço. Ou você nos ouve em um dos nossos shows ou nos ouve quando está só. Se você quer acabar com uma festa, se deseja que eu vá embora, ponha para tocar uma música do The Who. Eu não quero ouvir. Já é bem ruim quando a minha voz soa na TV, o que tem acontecido bastante nos últimos tempos e em geral quando menos se espera. Outro dia eu estava assistindo a um documentário sobre os barcos a vapor do rio Clyde e eles usaram um trecho de "Won't Get Fooled Again". Precisava?

Então, já deu para entender. Jamais gostei de ouvir, mas sabia quando estava bom. Não é a voz em si, são as vibrações. E não senti as vibrações de uma forma boa quando nos aprofundamos no cérebro de Pete.

Como falei, eu já sabia que meu trabalho era ser um portal para as letras de Pete. Saber, aceitar, admitir isso, os anos foram gastos nesse processo. Entre "My Generation" e *Tommy*, a questão toda era encontrar aquela vulnerabilidade. Não foi fácil.

"Happy Jack", uma canção sobre a agressão a um mendigo, era mais difícil ainda, e então fizemos "Pictures of Lily", uma música sobre um garoto batendo uma punheta olhando uma antiga fotografia em preto e branco. Aquilo tudo dizia respeito a inseguranças adolescentes. Não era a minha praia.

Nunca tive que correr atrás de uma garota. Já disse isso: é uma das coisas que valem a pena subir ao palco com um microfone. Acontece de as meninas gostarem e, se você tem 19, 20 anos, não é algo ruim de acontecer. Por isso eu não sentia essas inseguranças tal como Pete. Isso não significa que eu não fosse inseguro. Bem no fundo, eu era inseguro como todo mundo. Eu era um vocalista no palco diante de milhares de pessoas. Conseguia dar conta do recado como qualquer um, projetar a imagem de um astro do rock. Mas eu não me sentia confiante. Não mesmo. E escondia isso atrás da fanfarronice. Isso só começou a mudar quando conheci Heather.

OITO

ADEUS, GEL PARA CABELO

Na primeira vez em que acordei ao lado da mulher com quem me casaria e passaria o resto da minha vida, ela gritou:

— Seu cabelo! Seu cabelo!

Isso era uma reação bem normal entre as garotas. A mágica do gel para cabelo se desfazia durante a noite. Meu cabelo ia dormir liso para, na manhã seguinte, acordar cacheado. A coitada da garota gritava, eu me desculpava e corria para o banheiro a fim de me ajeitar.

Dessa vez foi diferente. Eu estava no meio do pedido de desculpas, me preparando para correr para o banheiro, mas ela me impediu.

— O que você fez nele? — perguntou ela.

— Nada — respondi. — É como ele é.

— É lindo — disse ela.

E, bem, foi isso. Em uma semana, eu andava por aí com meus cachos. Sempre foi assim com Heather. Ela me dava confiança. Não era fanfarronice, mas confiança de verdade. Uma diferença enorme.

Ela já sabia quem eu era antes de sermos apresentados em Nova York, na primavera de 1967. Chris Stamp a conhecera no ano anterior e decidira mostrar a ela e a uma amiga que a acompanhava, Devon, uma bela garota negra de 1,80 metro, as fotos publicitárias da "próxima sensação no rock'n'roll".

As garotas deram apenas uma olhada nas nossas fotos e afirmaram categoricamente que aquilo jamais daria certo. Éramos feios demais, disse Devon a ele. Heather considerou que Keith era "ok" e eu "não era de todo ruim". Mas e os outros? "Coitado do Chris, nunca vai acontecer", disse Devon.

Nós nos vimos pela primeira vez quando a banda e eu participávamos do *Murray the K Show* no RKO 58th Street Theatre, na primeira viagem do The Who aos Estados Unidos. Murray era um DJ de sucesso de Nova York. Era um cara esquisito e sórdido — gostava de chamar a si próprio de "o quinto Beatle" —, mas você se apresentava no programa dele porque depois ele tocava sua gravação na estação. O show passava cinco vezes por dia e tocamos nove dias seguidos.

Íamos lá, tocávamos três músicas e então ficávamos pelo camarim, esperando nosso próximo horário. Foi quando encontrei Heather pela primeira vez. Sobrava um bocado de tempo para conhecer pessoas.

Ela tinha sido modelo no programa antes e agora estava só curtindo com os amigos. Trocamos um "olá", conversamos um pouco e foi só. Eu estava com uma garota chamada Emmaretta Marks. Ela era backing vocal de muitos artistas — tinha uma bela voz e uma personalidade animada, e acabou se tornando membro original do elenco de *Hair* na Broadway. Heather estava com um cara do estúdio The Factory, de Andy Warhol. E era isso. Todo mundo conhecia todo mundo. Todo mundo estava sempre com alguém, mas esse alguém sempre era diferente. Era um ambiente menor, e todos eram amigos.

Estávamos adorando. Não dava para acreditar na nossa sorte. Todas aquelas norte-americanas lindas e exóticas e a fim de nós. Heather me contou que os rapazes britânicos conquistavam moças norte-americanas às pencas. Nós sabíamos nos vestir, disse ela. Andávamos empertigados como pavões. E éramos melhores na cama. Foi o que ela disse. E, naquela época, não reclamamos.

As pessoas chamam essas garotas de groupies, o que é um nome horrível. Elas eram muito mais do que só tietes, e nunca foi só pela transa. Essas pessoas eram amigas de verdade. Salvaram muitas vidas e acho que salvamos algumas delas também. Porque, apesar de todo mundo, de todo o barulho e toda a festa, a vida nesse meio podia ser solitária. E era a mesma coisa para elas.

Eram todas modelos, dançarinas, cantoras — pessoas de alguma ou várias formas ligadas às artes. Todas viviam naquela bolha, trabalhando muito, depois indo a clubes e festas. Era mais uma companhia do que qualquer outra coisa. Compartilhamos muito e costumávamos nos divertir demais. Todas cantavam e, cara, elas sabiam dançar. Davam um pequeno show naqueles camarins escuros. Tornavam suportável aquele tempo em que ficávamos à toa esperando nossa vez no palco.

Enfim, foi aí que conheci Heather, naquela noite em Nova York, e não prestei muita atenção nela, além de registrar que ela era sensacional. Heather achou que estávamos nos comportando como um bando de crianças, o que pode não ter causado a melhor primeira impressão — mas era verdade. Depois de conversarmos um pouco, ela foi embora com o cara dos Superstars de Andy Warhol, e fiquei cinco meses sem vê-la. Mais cinco meses de gel no cabelo.

• • •

O principal motivo de termos ido a Nova York era fazer sucesso na América do Norte. Nunca fizemos muito progresso, em parte por conta da nossa última gravadora norte-americana, que não quis ficar conosco de forma alguma, e em parte porque a cena inglesa estava muito à frente dos norte-americanos. Mas agora tínhamos um novo contrato com uma gravadora e uma turnê marcada.

Alguns meses depois, estávamos de volta a Nova York, aos Estados Unidos, a princípio para uma temporada de cinco noites com encerramento no Festival Pop de Monterey, depois para uma turnê de dez semanas, de costa a costa, com a impecável banda Herman's Hermits.

Começamos voando para Detroit, no Michigan, para um show na estrada em Ann Arbor. Era um ótimo lugar para começar. Era o único local nos Estados Unidos onde nossos discos já tinham tocado decentemente no rádio. Detroit era uma cidade de operários. Eram gente como a gente. Tinham um sotaque diferente, mas todo o resto era igual. Mantinham as tradições. Viviam da mesma maneira. E vieram ao nosso show e foram à loucura.

Então, saímos para jantar com Frank Sinatra Jr. e um monte de mafiosos de Detroit. Foi um choque cultural.

Algumas noites depois, estávamos tocando com B.B. King em um clube chamado Fillmore West, em Haight-Ashbury, São Francisco. Um contraste completo. O público não sabia o que fazer com a gente. Eles pareciam confusos, depois se sentaram, então foram à loucura. Eles já tinham andado um bocado na estrada do psicodelismo hippie. Não acho que eles sabiam o que fazer com um bando de garotos pálidos do oeste de Londres.

No dia seguinte, partimos rumo ao Festival Pop de Monterey. Viajamos na nossa primeira limusine e, até hoje, foi o carro mais desconfortável em que já entrei. De deixar o corpo quebrado, aquilo lá, mas a sensação de estar lá dentro era boa. Nós nos sentíamos *posh*.

O festival em si era o puro verão do amor. Todo mundo sentia a energia. Paz, amor e compreensão. Então chegamos e alteramos a energia. Íamos tocar na mesma noite que Jimi Hendrix. Essa era uma má notícia, porque Jimi roubava a cena de Pete.

Encontramos Jimi pela primeira vez quando ele foi nos ver durante uma gravação no IBC em Londres, no fim de 1966. Quando terminamos, fomos até o Blaises, um clube noturno, para vê-lo em sua estreia britânica. Todo mundo estava lá e todos nós sentimos, na mesma hora, que ele era uma ameaça. Tudo que Pete vinha fazendo com a guitarra desde 1964 Jimi estava fazendo também. Ele era muito carismático. Inacreditável. Sua banda tinha sido reunida com tanto cuidado quanto a nossa. Era perfeita. Hendrix podia tomar qualquer direção que Noel, Redding e Mitch Mitchell o acompanhariam nota a nota. Eles saberiam, no mesmo instante, aonde ele estava indo e iriam com ele. Não dá para comprar isso. É um dom. Eles o tinham, e nós também. É extraordinário quando acontece, e quando você vê acontecer se comove. E todo mundo no Blaises naquela noite, Eric Clapton, Jeff Beck, nós todos ficamos comovidos. Pete, é claro, mais intensamente. Ele disse que ficou arrasado.

Jimi fez tudo em um período curto. Nós o vimos pela primeira vez em 1966, e ele se foi em 1970. Quem sabe até onde teria chegado com sua música? Ele teria evoluído como nós evoluímos. Ele queria que sua música fosse mais como jazz, queria mudar, mas o público não. Eles só queriam mais e mais e mais e mais. Era como o Cream. O público queria mais e mais da música do Cream, e a banda não deu conta. Não havia para onde ir, e isso é pressão. É o motivo para tantas bandas de rock implodirem.

Jimi ainda não estava em Monterey. Ele era um sucesso. Era uma estrela e estava nos bastidores, cara a cara com Pete, discutindo sobre quem deveria se apresentar primeiro. Por fim, a decisão acabou em um cara ou coroa, vencido por Pete. Entramos primeiro, ainda bem, porra, e deixamos o palco, o público e nossos equipamentos destruídos. Jimi entrou em seguida e ateou fogo em sua guitarra, mas não tinha importância. Ainda foi um momento decisivo para nós. Os norte-americanos tinham nos visto. Viram o que podíamos fazer ao vivo. E fiz tudo usando uma colcha que eu comprara no Chelsea Antiques Market. Era esse o caminho, naquela época.

Nenhuma banda de rock tinha estilistas ou designers. A cada turnê, saíamos todos vasculhando lojas pela King's Road, procurando alguma coisa — qualquer coisa — que desse uma reinventada no nosso estilo. O colete com franjas que usei em Woodstock veio de uma loja em Ealing. O traje indígena vistoso que usei em nossa turnê de 1975 era um conjunto de couro encamurçado, comprado em uma garagem em Sussex por Heather, furada e costurada pelos Serviços Pessoais de Costura Daltrey Ltda. A esposa de Miles Davis perguntou a Heather qual estilista desenhara aquele traje. Na vez seguinte em que o vimos se apresentar, ele se agitava usando o mesmo visual. Duvido muito que ele tenha conseguido o dele em uma garagem local. Para mim, não tinha a menor importância a origem das coisas. O mais importante era ser revolucionário, não me perder.

A colcha funcionou bem naquela noite em Monterey. Comemorei nosso sucesso com alguns drinques e um baseado que Augustus Owsley Stanley III, o Rei do LSD, ou "Urso", como todos em West Coast o chamavam, me dera.

"Nunca use nada além de um baseado", Owsley disse-me ao passá-lo. "As drogas não combinam com você." Owsley foi o primeiro cara a fabricar LSD em grande quantidade: entre 1965 e 1967, ele produziu em larga escala quinhentos gramas de *purple haze;* isso representa um milhão de doses. E ali estava ele, me dizendo para ficar longe das drogas, então eu fiquei.

O baseado era uma versão norte-americana de um Camberwell Carrot — um baseado imenso, quase cônico —, um grande charuto enrolado. Levou quase a noite toda para acabar, mas não me importei, porque Catherine James, amiga de Emmaretta, tinha vindo ao hotel em que eu estava para me ajudar. Ela era uma loura linda e todo mundo corria atrás dela. Quando nos encontramos pela primeira vez, eu estava com Emmaretta e ela, com Eric Clapton, mas em Monterey ela era minha para dividirmos aquele maravilhoso baseado mentolado.

Os outros comemoraram com 2,5-dimetoxi-4-metil-anfetamina. Pete passou o voo inteiro de Los Angeles a Nova York encarando com ferocidade meu caftan. Sabe lá Deus o que se passava na cabeça dele, mas ele continuava tagarelando sobre arco-íris. Foram longas seis horas, e depois ainda tive que fazê-los passar pela Imigração no aeroporto JFK para pegarmos o voo de volta a Londres. Não é fácil quando todos estão viajando, mas não havia opção. Não tínhamos dinheiro para mais um voo. Dessa jornada, tiramos duas coisas boas. Pete teve a ideia para "I Can See For Miles" e eu concluí que drogas eram horríveis.

Nos dias seguintes em Londres, moramos no estúdio de gravação, trabalhando em nosso álbum seguinte, *The Who Sell Out*. Então, em 7 de julho, começamos nossa primeira turnê norte-americana integral e foi fenomenal.

• • •

Para a turnê com o Herman's Hermits em 1967, tínhamos um jato particular, o que parece muita ostentação, mas havia dois pequenos problemas. Primeiro, não era particular — tínhamos que compartilhá-lo com o Hermits, que eram tranquilos, mas o nome deles estava escrito na fuselagem, o que nos deixou irritados. Em segundo lugar, não era um jato particular. Era um Douglas DC-8 com quatro turbinas que já conhecera dias melhores. Em um passado bem distante, tinha sido uma espécie de avião de carga; ele havia sido convertido em um avião para turnê com o tanto de estilo e ostentação usados para adaptar nossas antigas vans de turnê. Havia umas camas de madeira na parte de trás e alguns assentos na frente.

A velocidade de cruzeiro deveria ser de 560 quilômetros por hora, mas o avião tinha tantos buracos que não conseguia pressurizar, então era necessário voar em baixa altitude. A sensação era de que nunca voávamos muito acima da velocidade de estol. Quando cruzávamos os desertos do Arizona ou de Nevada, era como estar preso em uma montanha-russa de um parque temático com péssima manutenção. Por várias horas cada vez.

Não seríamos os primeiros músicos a entrar em um avião caindo aos pedaços nem seríamos os últimos, mas nunca nos preocupamos. Se você tem de ir, tem de ir; se coisas assim incomodam, você nunca vai sair de casa. Aquele avião durou até metade da turnê, o que é o dobro do tempo que qualquer um de nós esperava que durasse. Depois de um pouso de emergência em uma pista cheia de espuma em Nashville, por conta de um motor pifado, ele foi aposentado, e nós prosseguimos de ônibus.

Quando estávamos em turnê, viajávamos no mais completo luxo. Era ótimo, é óbvio. Não estou reclamando. Isso significa que não há distrações. Ninguém destruindo um hotel. Ninguém nos expulsando às quatro da manhã. Isso significa que eu podia concentrar toda a energia na minha performance. A primeira vez foi uma festa e foi ótimo também.

Quando não pegávamos a estrada depois dos shows, voltávamos para pequenos hotéis fantásticos. Eles não eram sob nenhum aspecto hotéis de cinco estrelas — estavam mais para acampamento militar —, mas sempre tinham uma piscina no meio e acabávamos competindo para ver quem dava o maior pulo nela. Keith sempre ganhava porque pulava direto do telhado. Estávamos curtindo o melhor da nossa vida. Os shows iam bem — abríamos nosso caminho pelos Estados Unidos nos divertindo — e, é claro, sempre havia garotas ao redor. Mais importante: pela primeira vez em dois anos, os outros começavam a me tratar como um integrante da banda outra vez.

Em 23 de agosto de 1967, em Flint, no Michigan, Keith completou 21 anos. Ele escolheu marcar a ocasião nos fazendo ser banidos de todos os Holiday Inns do planeta, e eu nem estava lá. Eu o vira pela manhã, e ele já estava irritado, então decidi passar o resto do dia na companhia de uma guitarrista linda e talentosa chamada Patti Quatro. Na manhã seguinte, acordei com uma longa história e uma conta mais longa ainda. Um fabricante de baterias tinha mandado entregar um bolo com uma garota dentro. Keith começara uma guerra de comida e perdera dois dentes da frente. Ele foi parar na emergência de um dentista e pediu que não fossem administrados analgésicos para consertar seus dentes. Keith voltou do dentista e jogou um Continental ou um Cadillac (depende de quem está contando a história) dentro da piscina do hotel. Keith foi preso, ficou detido pelo resto da noite e então foi escoltado até o avião pelo xerife, que o alertou para nunca mais pisar naquela cidade. No mais, uma típica noitada para o nosso baterista.

O banimento não foi o fim do mundo — toda publicidade é boa, e a proibição só caiu em 1993 —, mas os US$ 50 mil gastos para drenar a piscina e retirar o Continental ou o Cadillac foram.

Já tínhamos desembolsado mil dólares por motivos totalmente compreensíveis em Montgomery, Alabama, depois que um gerente em serviço cometeu o tremendo erro de pedir a Keith que abaixasse o volume da música. A resposta de Keith foi encher o toalete do homem de bombinhas conhecidas como *cherry bomb* — fogos de artifício pequenos, mas muito poderosos, com o mesmo formato de uma bomba do desenho *Tom & Jerry*. Ele amava essas bombinhas, e as comprava aos montes. "Isso, meu caro, é barulho", disse ao gerente, que nos entregou a conta dos danos e nos expulsou. Quando você viaja com Keith, se acostuma a trocar de hotel no meio da noite.

Todo mundo supõe que a vida na estrada com Moon devia ser hilária, mas, pensando com lucidez, a maior parte do tempo não era. Quando ele conseguia ficar de pé e deixava de lado um de seus monólogos, era engraçadíssimo, mas isso acontecia só uns vinte por cento do tempo. No restante, as pegadinhas, as explosões, a devastação geral, sempre costumava ter alguém na outra ponta passando por um período infeliz. O último show da nossa turnê foi em Honolulu, em 9 de setembro, e passou muito perto de ser nosso último show com Keith. Suponho que dá para dizer isso de muitos shows, mas esse foi especial. Ele decidiu ir surfar assim que chegamos lá. Vestiu o short, pegou a prancha e apenas anunciou que estava saindo. Ele era de Wembley, no norte de Londres. Não sabia nada de surfe, mas esse detalhe não ia impedi-lo. Isso era parte de seu plano de vida. Na parede do quarto dele havia três pôsteres. O primeiro era o de uma surfista parada em frente a um Ford Woodie com pranchas no teto. O segundo era o dos Beach Boys. O terceiro era o de Steve McQueen. Ele inventou uma vida na cabeça dele em Wembley, então saiu de lá e a conseguiu.

Quando chegamos ao Havaí, ele já tinha feito metade do caminho. Tinha se casado com Kim Kerrigan um ano antes e, apesar de ela ter nascido em Leicester, era a cara de qualquer uma dessas surfistas californianas. Ele já era melhor amigo dos Beach Boys. Ainda levaria alguns anos para se tornar vizinho de Steve McQueen, mas naquela praia no Havaí ele ia bancar um "surfista".

Ainda fico surpreso por ele ter sobrevivido. Não era nem um pouco difícil aquela história ter outro fim. Porque Keith, um perfeito garoto de Wembley, não entendia que as ondas não vinham, apenas. Ele não sabia nada sobre correntezas e corais afiadíssimos abaixo delas. Moon voltou ao hotel algum tempo depois como o monstro da lagoa azul: sangrando profusamente e meio afogado, encantado por ter riscado mais uma coisa de sua lista.

Então fomos para casa, via *The Smothers Brothers' Comedy Hour* na CBS. Uma última chance para um pouco de publicidade no final. Mais uma vez, precisamos agradecer a Keith. O plano era tocar "I Can See For Miles" e "My Generation" e, no fim, Keith jogaria uma bomba de fumaça. Ensaiamos nossa brincadeirinha à tarde e correu tudo bem. Depois de muita discussão, o chefe da brigada de incêndio ficou muito feliz com a extensão da explosão planejada. Keith, não.

Entre os ensaios e o programa, entre a primeira e a segunda garrafa de conhaque, ele subornou o chefe da brigada. Ele queria uma explosão maior. Esse era o lema de sua vida, e nada, nem mesmo a televisão, o impediria.

A explosão que aconteceu me lançou muitos metros à frente, cobriu o palco todo de fumaça e poeira e interrompeu a transmissão ao vivo por alguns segundos. Keith estava perto do epicentro, mas escapou com um talho no braço. Pete sofreu por completo o impacto da explosão e passou os minutos seguintes apalpando o cabelo em chamas e pensando se algum dia voltaria a ouvir. Ele voltou, vinte minutos depois, mas não cem por cento, nunca mais.

Foi um final explosivo para uma turnê onerosa. Deveríamos voltar para casa felizes e com grana, mas não foi bem assim o que aconteceu. Passei a viagem toda sendo cauteloso com meus gastos. Queria ir para casa com mais do que quando tinha partido, por isso eu me limitara a uma dieta restrita de um hambúrguer por dia e algumas guloseimas. Mantive isso enquanto cruzava os Estados Unidos e, quando voltei para Los Angeles, fui encontrar Frank Barsalona, nosso agente, para pedir minha parte nos lucros. "Não há parte alguma para dividir", disse ele, quase como se pedisse desculpas.

Falei que eu passara os últimos três meses comendo um hambúrguer por dia. Eu quase não tinha gastado nada. E ele falou, sim, mas você sabe o que Keith gastou?

Eu podia imaginar o que Keith gastara, mas ainda tenho suspeitas quanto a isso. Sempre houve uma insinuação de que o Continental/Cadillac nunca acabara dentro de uma piscina. Ou, se foi assim, que nosso empresário tinha exagerado o tamanho da conta de resgate para colocar as mãos no nosso dinheiro. Eu não estava lá, e a maioria das pessoas presentes estava muito fora de si para oferecer um testemunho confiável. Alguns anos atrás, questionei Chris Stamp sobre o assunto. Perguntei diretamente se ele vira o carro na piscina. Ele disse que sim. Jurou de pés juntos que viu com os próprios olhos. Ainda não estou convencido. Dada a extensão do calote em andamento, quem sabe? Naquela época, acreditei nele. Acreditei que Keith tinha torrado todo o dinheiro da nossa turnê. De qualquer maneira, voltei da nossa primeira viagem que gerou capital com menos do que quando parti. Tive de pegar dinheiro emprestado para comprar a passagem de volta para casa.

Não tinha sido uma total perda de tempo. Tínhamos gerado péssimas manchetes nos jornais e ótimas chamadas na mídia musical, o que é a maneira certa de se fazer. Não tínhamos de fato arrasado nos Estados Unidos, mas com certeza deixamos nossa marca por lá. Naquele outono, "I Can See For Miles" chegou ao Top 10 nas paradas de sucesso norte-americanas.

Voltei para casa falido.

Sempre era bom voltar de uma turnê. Reacostumar-se aos confortos de casa. Enquanto estive fora, deixei meus amigos pegarem meu amado Aston Martin DB4 que eu tinha comprado no fim de 1966.

Na primeira manhã depois da minha volta, fui dar uma volta. Ao sair com o carro, parecia ótimo — macio como pele de bebê, como dizem por aí. Contudo, quando cheguei aos sessenta quilômetros por hora, ele começou a puxar para os lados levemente. Aos 110, a traseira estava tentando alcançar a parte da frente. Definitivamente, tinha alguma coisa errada. Algo tinha acontecido. Foi só quando estacionei que descobri o que era. O Aston estava apenas sessenta centímetros mais alto que o Mini parado ao lado. Estava quase sessenta centímetros menor do que quando o deixei. Ótimo para estacionar. Nem um pouco ótimo para dirigir.

Com sorrisinhos sem graça no rosto, meus amigos confessaram. Eles entraram embaixo da traseira de um ônibus cheio de mulheres na King's Road, se exibindo. E então eles o "consertaram".

Comprei esse carro quando tinha um pouco mais de 20 anos. Não tinha namorada séria. Não tinha mais nenhuma preocupação. Então eu passava todo o meu tempo dando voltas com meus camaradas amantes de carros de Acton e Chiswick. Eles eram George, o Solda, Jaymo, o Esfregão, e meu melhor amigo, Nobby, o Garoto Fibra de Vidro.

George tinha uma oficina mecânica logo na esquina da Chase Products, em South Acton. Eu disse "oficina mecânica"? Era mais um barracão forrado de amianto em um quintal que ele dividia com Franie, o Trapeiro e Homem-Osso (um Steptoe da vida real, da série *Steptoe and Son*, com cavalo e tudo). Passávamos o dia todo no quintal de George tentando manter nossos carros na estrada, andando mais rápido e com um belo visual. Ao lado da carroça com cavalo de Franie, meu Aston, meu orgulho e minha alegria, era muito mais maneiro. Ou assim era, até meus amigos decidirem levá-lo para a King's Road. Perder sessenta centímetros do carro foi como perder dois centímetros de pau.

Então, menos de uma semana depois, já não tinha mais tanta importância. Encontrei a garota com quem passaria o resto da vida, e meu mundo virou de cabeça para baixo.

• • •

Se estou certo, não falei mais com Heather desde nossa conversa no camarim no *Murray the K*. Então, não muito tempo depois de voltar a Londres, eu estava sentado no Speakeasy Club, bem à frente do Oxford Circus. Eram três da manhã, eu estava com jet lag e lendo um livro. Não lembro qual — vamos dizer que era Dostoiévski —, e então uma voz feminina diz "olá".

Olho para cima e tudo que vejo são pernas. As saias não eram propriamente compridas naquele tempo. Elas deixavam um bocado de perna à mostra. Olhei mais ainda para cima, e lá estavam aqueles lindos olhos outra vez. Heather, 1,80 metro de pura beleza ruiva, olhava para baixo, sorrindo:

— Lembra de mim?

Eu me lembrava dos olhos e das pernas, mas não do nome.

— Sou Heather — disse ela. — Você é amigo de Catherine. Ela tem tentado ligar para você.

Catherine era a garota que nos apresentara e agora estava quase dando à luz. Não é da conta de ninguém saber qual dos meus companheiros de música era o responsável, mas ela precisava de um lugar para ficar.

Ela vinha ligando para o número que eu dera a ela depois que nos encontramos algumas vezes em Nova York, mas passei o código de Mayfair. Catherine nunca imaginaria que um astro do rock estaria morando em Maida Vale — a não ser que soubesse quem estava administrando nossas contas.

— É claro que ela pode ficar — falei.
— Eu posso também? — perguntou Heather.
— Claro que sim.

Fico alarmado ao pensar em como as coisas poderiam ter sido diferentes se ela não me encontrasse no Speakeasy. Jimi Hendrix andara atrás dela naquela noite. Ele tinha corrido atrás dela durante um tempo. Ela era a sua "Foxy lady", mas nunca dele de fato. Se Heather tivesse ido para casa com ele, minha vida teria tomado uma entre outras cem direções, e nenhuma teria sido tão boa. Eu teria perdido a melhor coisa que já me aconteceu e jamais saberia. Em vez disso, ganhei Heather, e Jimi foi para casa com outra pessoa.

"I'm tired of wasting all my precious time
You've got to be all mine, all mine
Foxy lady
Here I come."

[Estou cansado de desperdiçar meu precioso tempo/você tem que ser toda minha, toda minha/Garota sexy/aí vou eu", em tradução livre]. Que falta de sorte, amigo. É claro, nós estávamos fadados a ficar juntos, Heather e eu. A família dela era do mesmo lugar que eu. Só descobrimos isso recentemente, quando minha filha buscou por nós em um site sobre ancestralidade.

Os pais de Heather emigraram logo depois da guerra e a levaram para os Estados Unidos. Mas seus avós moraram na Stowe Road 62, em Shepherd's Bush. A duas portas de distância do meu pai e das seis irmãs dele. Duas portas.

Qual é a probabilidade? O que acho mais impressionante é que meus pais e os avós dela se encontraram várias vezes. Natais. Festas de aniversário. Casamentos. E em nenhuma vez eles se deram conta de que tinham sido quase vizinhos de porta. As famílias devem ter se conhecido. Naquele tempo, se sabia tudo sobre a própria rua. Dava para saber qual roupa íntima as pessoas estavam usando pelo que não estava pendurado no varal. "Doris está com sutiã vermelho hoje." Mas, durante todos aqueles anos, nem uma única palavra. Tudo bem, eles são da geração "conversa-fiada-custa-vidas", mas, sério, era de imaginar que o assunto poderia ter surgido pelo menos uma vez.

Para minha sorte, Heather foi criada em Nova York ouvindo histórias do Velho Mundo. Por parte de mãe, ela tinha ascendentes em Glasgow e na Irlanda, e por parte de pai, no Shepherd's Bush irlandês. Os pais dela sempre falaram bem da Grã-Bretanha e, por isso, ela adorava estar perto de britânicos. Ela gostava de como nos vestíamos. Do nosso cabelo.

"Era um tipo diferente dos garotos que encontramos nos Estados Unidos", diz ela agora. "Embora vocês, em comparação, tenham dentes horríveis." Ela estava generalizando. O motivo pelo qual a maioria de nós tinha dentes feios era uma consequência involuntária do Estado de bem-estar social. Pode parecer besteira, mas a verdade é que os dentistas do sistema nacional de saúde britânico eram na época — e talvez ainda sejam até hoje — pagos pela quantidade de obturações e extrações que acumulavam por mês. Se o sistema funciona assim, todo mundo fica com dentes feios.

Quando nos conhecemos, Harold Wilson era primeiro-ministro e Heather ficou chocada com os dentes escuros do homem.

— Bom, ele fuma charuto — expliquei.

— Não dá para ser primeiro-ministro e ter dentes escuros — retrucou ela.

Deixando de lado a dentição de Wilson, ela tinha um olhar gentil para os homens britânicos e, em particular, para os que eram de Shepherd's Bush. Isso me deu uma vantagem na disputa com Jimi. Aliás, minha filha destrinchou a árvore genealógica dos Daltrey até 1509. Meus ancestrais eram huguenotes, ou protestantes franceses, que fabricavam renda em Nantes.

Povo criativo, esses rendeiros. E fizeram isso bem debaixo do nariz do papa. A rebeldia está no meu sangue.

NOVE

TOMMY

No fim de 1967, o The Who começava a experimentar mais coisas em estúdio, e voltávamos a dar boas risadas juntos outra vez. Sobrevivêramos à primeira subida na nossa montanha-russa e à primeira queda. E agora estávamos nos fortalecendo para o *looping*. Tinha levado dois anos, mas eu acho que foi aí que ficamos juntos outra vez. É surpreendente que quaisquer bandas fiquem juntas pelo tempo que for por causa dos ingredientes necessários. É preciso ter certa quantidade de insanidade. Há um pouco de loucura em todos nós, bem lá no fundo. Em nós quatro, era quase na superfície. Loucura. Ambição. Ego. Paranoia.

A paranoia era o principal problema. Se alguém perguntasse a Keith se ele se sentia subestimado, ele responderia que sim. O Touro (John) então interromperia o papo e diria que ele era mais subestimado. E Pete se intrometeria e diria: "Vão se foder, nenhum de vocês dá valor à pressão que estou sofrendo." E, para mim, a profunda insegurança não era nada estranha. Essa era a natureza do The Who. Era baseada nas paranoias de todos.

Lembro-me de Kit uma vez escrevendo a definição de paranoia no quadro-negro do escritório da Track Records, na Old Compton Street. "Um paranoico", rabiscou ele, "pode ser mais ou menos descrito como alguém que sabe o que de fato está acontecendo." Não acho que a gente sabia o que de fato estava acontecendo, mas a gente achava que sabia.

Tudo isso é o motivo pelo qual as bandas de rock, na média, completam seu ciclo total de vida em dezoito meses. Acordo com gravadora. Música de sucesso. Álbum de estreia. Segundo álbum complicado. Brigas. Separação. Fim. Mas, se você sobreviver ao primeiro estágio da montanha-russa, algo especial é criado, algo intocável. A sensação é de que você está sempre à beira do precipício — pode cair a qualquer momento. Mas, se conseguir segurar as pontas, você vai embarcar em uma aventura incrível. Para nós, isso foi com *Tommy*, nossa primeira ópera-rock. Não sabíamos. Pete ainda tinha que arrancar aquilo de seu cérebro e eu precisava encontrar minha voz, mas estava bem próximo, aguardando para mudar tudo.

Por ora, entrávamos e saíamos do estúdio, gravando *The Who Sell Out*, nosso álbum "pop art", uma ponte entre nossas gravações anteriores e *Tommy*. As disputas jurídicas tinham sido resolvidas e Shel Talmy já fora tarde. Um ano antes, a Track Records havia sido criada para "nos dar mais controle". O acordo era que Kit e Chris ficariam com sessenta por cento da Track e nós com quarenta por cento. Uma "não" divisão legal. Nunca daria certo assim — não mesmo —, mas, naquele momento, nosso foco era o passo seguinte.

Talmy sempre ficava satisfeito ao produzir em massa novas versões de The Kinks. Como muitos produtores, ele não via por que mexer em algo que não estava quebrado. Ele só queria a mesma coisa sempre. Mas ele fazia o trabalho. Entrávamos em estúdio, definíamos um lado A e um lado B e estávamos no bar duas horas depois. Com Kit, podia levar o dia inteiro para trabalhar uma faixa e envolveria oito horas de busca por inspiração. Mas sempre achei que valeu a pena. Disso poderia surgir algo novo.

Se você ouvir "Rael", nunca poderia imaginar, ou espero que nunca imaginaria, que ela foi gravada em Nova York dentro de um estúdio menor que o seu banheiro. Gravar essa música foi pura aventura musical. Todas aquelas harmonias, construindo-se e erguendo-se de uma ideia ínfima. Ajudou o fato de as letras de Pete serem muito diferentes do que já se via por aí ["Os Queixos Vermelhos em seus milhões/ultrapassarão suas fronteiras/e então o caos reinará em nossa Rael", em tradução livre]:

"The Red Chins in their millions
Will overspill their borders,
And chaos then will reign in our Rael."

Ele escreveu isso no outono de 1967, seis anos antes da Guerra do Yom Kippur, e meio século depois, olhe só como estão as coisas no mundo. A história se repete. Repete-se com muita frequência e "Rael" era profética. Pete era profético. O restante de nós compreendia isso. Reconhecíamos isso. Nem sempre estava claro e nem sempre era fácil, mas víamos o dom de Pete e que ele tentava ir além de apenas escrever mais uma música pop.

Não sou politizado nesse aspecto, mas tenho noção do que está acontecendo por aí. E eu tento imaginar como eles, em algum momento, vão conseguir resolver as coisas em vez de girar no mesmo lugar, cometendo os mesmos erros. Eu entendia o que Pete estava fazendo como uma maneira de evidenciar as coisas para fazer as pessoas pensarem. "Rael" era uma música pop ridícula, mas também era extraordinária. Foi um grande passo além de "My Generation". O que foi um alívio. Um tremendo alívio.

Eles ainda destruíam os instrumentos. Isso continuou por um tempo. Mas não era a única coisa que fazíamos. A miniópera em *The Who Sell Out* foi um gostinho do que estava por vir. E me levou mais além. Eu tinha de encontrar vozes diferentes para combinar com as letras diferentes.

Não podia simplesmente usar agressividade ou a arrogância do blues para ir além. Precisava mudar. Mick Jagger sempre soou como Mick Jagger com sua voz de blues imitando um norte-americano, mas, na música de Pete, eu não queria soar como Roger Daltrey *circa* 1966. Quanto mais eu mudava, mais Pete ficava intrigado com isso. Ele queria saber quão mais ele conseguia se desenvolver.

O fato de eu estar evoluindo ajudou. Eu estava crescendo como pessoa e deixando meu cabelo ondulado crescer. Eu me mudara para um apartamento decente em St. John's Wood com minha namorada. Fizemos um acordo que foi perfeito para mim. Eu pagava o aluguel. Ela comprava comida. Isso significava que eu só precisava arrumar dinheiro — por volta de quatorze libras — uma vez por mês, e sempre tinha comida na mesa. Era uma alegria doméstica e significava que eu tinha alguém para me alegrar quando eu ficasse doente.

E eu fiquei doente, quase assim que ela se mudou, graças à sessão de fotos para aquele álbum. Cada um de nós foi fotografado posando para uma propaganda de mentira. Pete ficou com Odorono. Keith pegou Medac, um creme fictício para acne. John programou chegar ao estúdio atrasado o bastante para ficar com a garota usando um biquíni de pele de leopardo. Bastardo esperto. Eu não tirei a sorte grande.

Cheguei à sessão de fotos, e David Montgomery, o fotógrafo das estrelas, avisou:

— Quero que você se sente em uma banheira de feijões cozidos.

— Tudo bem — respondi.

Eles me vestiram com um traje de banho vitoriano listrado e me puseram em uma banheira de metal vitoriana, onde jogaram quatro tonéis imensos de feijão cozido da Heinz.

Os feijões tinham acabado de ser retirados da geladeira, então estavam gelados e ainda escorrendo, mas só um pouco. Depois de dez minutos, comecei a tremer. Arrumaram um aquecedor elétrico e o posicionaram bem atrás da parte redonda da banheira. Depois de cinco minutos, começou a ficar muito quente. Eu deveria ter passado os feijões quentes da parte de trás para a da frente, como qualquer um faria normalmente no banho, mas não pensei nisso na hora.

Fiquei lá por uns 45 minutos, e juro que os feijões que se encontravam em volta da minha bunda estavam cozidos no fim daquilo tudo. Fui para casa e, quem diria, estava com pneumonia. Eu não parava de tremer, mas minha bunda estava tostada.

Mas ficou uma ótima capa e esse álbum é um dos meus favoritos. Amo o trabalho que fizemos porque ele é um verdadeiro tributo aos dias em que a BBC ainda não havia monopolizado a música pop. O que ouvimos agora é o que eles querem que escutemos. Os DJs nas rádios piratas eram verdadeiros fãs de música, e a competição entre eles os tornou musicalmente ousados. Naquele tempo, todo mundo os ouvia, e a música era de verdade. Era o refúgio da música da nossa geração, a BBC odiava isso. Eles odiavam perder o controle. Junto com o governo, fizeram tudo que podiam para dar fim às estações piratas, ou, pelo menos, impedir os jovens de ouvi-las. E eles conseguiram. Há muita coisa que eu amo na BBC, mas tem muita coisa que eu odeio, e essa encabeça a lista.

Em 20 de janeiro de 1968, chegamos a Sydney para uma turnê de onze noites pela Austrália e pela Nova Zelândia. Éramos nós, o Small Faces e Paul Jones, que àquela altura já saíra do Manfred Mann. Paul era um bom cantor e tocava gaita bem, mas ele era de uma turma diferente de astros do rock (fora educado em Oxford). Nós nos demos bem, mas os outros passaram a maior parte do tempo torrando a paciência dele. Também me dei bem com Stevie Marriott. Eu o admirava. Achava que ele era um dos melhores cantores de rock britânicos de todos os tempos. Ele e Terry Reid. Enfim, esse era o lado bom da turnê. Sair com outros cantores, não apenas com os animais de sempre da minha banda. O lado ruim era todo o resto.

Pete deu início aos trabalhos ao socar um repórter que lhe perguntara como ele se sentia a respeito da desvalorização da libra. Não era uma pergunta relativamente amigável para se fazer a alguém que acabara de passar 36 horas voando sobre Cairo, Bombaim, Karachi e Cingapura — daí em diante foi ladeira abaixo.

A Austrália é como qualquer outro lugar do mundo civilizado hoje, mas, naquele tempo, nunca tínhamos visto um lugar como aquele. Todo edifício ainda tinha um telhado de zinco. Ar-condicionado não existia. Aonde quer que fôssemos, havia garotas gritando e, logo atrás delas, uma gangue de namorados caipiras tentando nos agredir.

Tocamos duas noites no Sydney Stadium, uma estrutura antiga e gigantesca com um palco giratório que, em dias melhores, fora o local de lutas de boxe. A ideia era tocar algumas músicas de frente para um terço do público, e então alguns grandalhões faziam a estrutura girar para que as próximas músicas fossem tocadas para outro terço da plateia, e assim por diante. Na metade do set do Small Faces, o palco emperrou. Nenhum dos grandalhões conseguiu movê-lo. Nenhum dos técnicos conseguiu consertá-lo. Ainda não estava funcionando quando chegou nossa vez. Isso significa, se fiz as contas certas, que dois terços do público viram apenas a nossa nuca.

A turnê toda foi um desastre. O som estava uma merda. Eu não conseguia ouvir nada. O equipamento era uma bosta e tinha sido emprestado, então não gostaram muito quando o destruímos, o que fizemos porque ele era uma bosta. A imprensa se colocou contra nós porque éramos jovens e britânicos, tínhamos cabelos compridos, bocas sujas e estávamos transando com as filhas deles.

E então um de nós ousou abrir uma lata de cerveja em um avião. Isso aconteceu na manhã seguinte ao show em Adelaide. Tínhamos sido postos em um voo às 10 horas da manhã para voltarmos a Sydney. Nunca é bom estar perto de uma banda de rock às dez horas da manhã, e não demorou muito para o tumulto começar.

Bobby Priden, nosso homem do som, abriu uma lata de cerveja. Qual é o problema? Bem, acontece que é proibido consumir bebida alcoólica quando se está sobrevoando a Austrália Meridional. Bem, pelo menos era em 1968. Quem poderia saber? Mas a cerveja de Bobby foi o estopim para uma minirrebelião a bordo.

Primeiro, ouvi alguém, provavelmente Steve Marriott, dizer à aeromoça que ele era o quinto na linha de sucessão ao trono e podia fazer o que bem entendesse. Depois, quando o comandante foi chamado, Bobby encerrou a acalorada discussão ao gritar: "Como se atreve a me chamar de homenzinho sujo quando sua camisa não está nem adequadamente limpa?"

Bem, e foi isso. O comandante voltou subitamente para a cabine de comando e, pelo alto-falante, anunciou que estava desviando o voo por conta de "uma perturbação". Então, de repente, estávamos pousando no aeroporto Essendon. É de pensar que eles teriam expulsado apenas Bobby e Steve do voo pelo comportamento intolerável — mas não, todos nós, 19 membros da banda e mais os roadies, fomos retirados. Foi fantástico. Marchamos pelo avião em uma longa fila com as mãos para cima em rendição, e, é claro, a imprensa inteira estava lá para capturar o momento.

Sinceramente, se alguém mijasse nas calças naquela época, isso valeria a primeira página, e por uma semana. Esse era o nível de atraso na época. Então, aquela foi uma grande história. Foi o ouro para os tabloides e manteve as manchetes pelo ano inteiro. "Invasão dos cantores pop" foi a chamada da primeira página do *Age* de Melbourne no dia seguinte.

O comandante do outro voo com destino a Sydney se recusou a nos deixar embarcar, e só tivemos permissão de entrar quando prometemos — juramos de pés juntos — que não causaríamos problemas (não que tivéssemos feito isso antes). E, só por garantia, dois enormes seguranças oficiais voaram com a gente.

Quando chegamos à Nova Zelândia, recebemos um telegrama do primeiro-ministro australiano, John Gorton: "Caros Whos", escreveu ele, "não queremos que vocês nunca mais venham à Austrália. Vocês se portaram de forma monstruosa, e esperamos que jamais voltem."

Pete levou ao pé da letra e falou: "Ótimo, tudo bem, nunca mais vamos voltar." Isso foi um erro. No fim dos anos 1990, voltei lá por conta própria e vi que o lugar tinha mudado por completo. Falei para ele que éramos malucos de não ir para lá. Quando finalmente voltamos em 2004, ele disse ao público como estivera errado. E os shows foram ótimos. Nosso público tinha diminuído um pouco, mas é o que acontece se você não volta a um local por 36 anos. Na segunda vez que fomos, os números estavam ótimos de novo. Você só é tão bom quanto seu último show.

Menos de um mês depois que fomos embora de Auckland, estávamos na Califórnia, partindo para a primeira de duas grandes turnês pelos Estados Unidos. Mais uma vez eu entrara na dieta do hambúrguer, tentando economizar dinheiro. Estava cansado de alugar um apartamento claustrofóbico em St. John's Wood. Não havia como sair. Garotas esperavam do lado de fora — garotas por toda parte. Heather e eu morávamos no andar mais alto e, toda vez que olhávamos pela janela, elas estavam lá, no jardim da frente. Também não deve ter sido muito agradável para os vizinhos, mas eu me surpreendia em como nos tratavam bem. E as garotas também eram tranquilas — elas não gritavam. Só que não havia privacidade alguma. E, mais adiante na rua, os Walker Brothers tinham um apartamento, e as garotas gritavam para eles. Mesmo a duzentos passos de distância, era alto o bastante para atrapalhar o sono.

O plano era voltar das turnês norte-americanas com mil libras, o suficiente para o depósito para uma casa fora de Londres. Tentando arruinar o plano, é claro, estava lá Keith Moon. Se 1967 foi o ano em que ele descobriu as *cherry bombs*, 1968 foi o ano do Super Bonder, das piranhas e da cobra. A cola é autoexplicativa. Lamento por todas as camareiras de hotéis que se depararam com móveis, assentos de privada e taças de vinho pregados no teto. As piranhas foram ideia de John. Ele era quieto e ficava mais ao fundo, mas era um membro ativo da corte de Keith. Mas John tinha uma veia mais cruel do que Keith (basta ver a letra de "Boris the Spider", escrita por ele), um lado sombrio. E foi ele que pôs as piranhas na banheira do hotel — não me lembro de quem, mas sim de olhar para elas e pensar que elas não pareciam muito agressivas. Entregaram a John piranhas com defeito.

A cobra com certeza não tinha defeito. Ela tinha sido presente de uma garota, uma indígena norte-americana de Albuquerque, no Novo México. Foi uma das coisas mais esquisitas que já recebi, mas fiquei muito grato.

A cobra-touro era quase idêntica a uma cascavel, exceto pelo chocalho. E a picada fatal. Costumávamos carregar essa falsa cascavel em uma fronha, e a chamávamos de Adolf. Keith vivia pegando o animal para "se divertir um pouco". Ele aparecia com um sorrisinho, tirava Adolf da fronha e desaparecia. No minuto seguinte, dava para ouvir os gritos.

Adolf se tornou um tremendo foco de atenção nos voos, e foi parte integral — um quinto membro — da nossa banda por pelo menos três semanas. O problema era que não conseguíamos alimentá-lo. Tentamos de tudo, mas ele não se interessava. Só continuava tentando escapar. Ele era um fugitivo incrível.

Em um momento estava dormindo em sua fronha e no seguinte já tinha sumido, subido pela cortina, escapado pela mais ínfima rachadura da janela. Era quase como se ele não gostasse de estar em turnê com a gente, e eu já tinha me sentido assim. Eu gostava daquela cobra. Adolf era calmo e quieto — duas qualidades que pouco se achava no restante da banda.

Perdemos Adolf em San Diego. Ele estava no hotel e então não estava mais. Procuramos sem parar, mas ele tinha ido embora. Gosto de pensar que ainda há um quarto encardido na parte errada de San Diego onde as pessoas entram e nunca mais saem. E lá há uma cobra-touro de dez metros que finalmente tem apetite.

Quando Adolf foi embora, Keith voltou para o seu leal suprimento de *cherry bombs*. Em 5 de abril, às quatro da manhã, fomos expulsos do Hotel Gorham, em Nova York. Era um hotel bem fedido, mas era legal. Eu tinha gostado. Estava dormindo bem. Então descobri que Keith tinha jogado as bombinhas pela janela do nono andar, explodido um banheiro e uma gentil senhora em um elevador. Então, fomos postos para fora. Só tive tempo de me vestir, meio sonolento, pegar minhas coisas e ir para a West 55th Street.

Ficou pior: o Gorham tinha avisado a todos os outros hotéis em Manhattan sobre o que acontecera, então só às seis da manhã é que conseguimos encontrar um lugar distante o suficiente e inescrupuloso o bastante que nos aceitasse. Acabamos em um rodoanel que levava ao aeroporto. Para a noite seguinte, tínhamos uma reserva no Waldorf. Um nível acima do Gorham. Eles insistiram em receber um depósito como garantia. Não tínhamos o dinheiro. Então fomos expulsos antes mesmo de ter a chance de desfazer as malas. E, quando Keith não conseguiu voltar ao quarto para retirar sua bagagem, explodiu a porta com a sobra das bombinhas da noite anterior. Fomos atirados na Park Avenue.

Então eram o Waldorf, o Gorham, todos os Holiday Inns, a maioria dos Hiltons e alguns dos Sheratons. Quando nos tornamos maiores e mais organizados, comecei a ficar em hotéis diferentes de Keith. Se eu encontrasse um local a pelo menos um quarteirão de distância, era ali que eu dormia. Isso era importante, não só para a minha sanidade, como também pelo show. Se eu não dormisse, não cantava.

Naquele tempo, me acostumei a isso. Parte do tempo eu nem desfazia as malas, para ter menos coisas para guardar quando o gerente ou a polícia batessem na porta. Formalmente, os hotéis se preocupavam. Informalmente, eles nos amavam. Pagávamos em dinheiro pelos danos. Eles acionavam o seguro. Ficavam com o dinheiro e uma decoração nova. Pela década seguinte, o Navarro conseguiu uma renovação completa. Quando achavam que era necessário reformar um quarto, eles o ofereciam a Keith. E Keith agradecia, destruindo o lugar à noite e pagando pelos estragos pela manhã. Era sucesso na certa.

• • •

Miraculosamente, cheguei em casa depois da primeira turnê norte-americana de 1968 com algum dinheiro. Voltei para Heather em 8 de abril, exausto e sem dormir, mas eu tinha aquelas mil libras preciosas no bolso. O necessário para fazer o depósito da nossa primeira casa. O problema era que eu ainda tinha o Aston que puxava para os lados, e já estava cheio daquilo. Então levei as preciosas mil libras para um leilão de carros e arrematei um adorável Jaguar Mark 10 antigo.

Heather ficou enlouquecida. Mandou que eu devolvesse o Jaguar. Tentei explicar que não dava para devolver um carro adquirido em um leilão, mas, depois de dez minutos de puro estresse, eu estava a caminho de devolver o carro. Chamei George, o Solda, e analisamos o contrato do carro. Encontramos muita coisa errada ali e pude pegar meu dinheiro de volta.

Eu tinha me redimido, mas precisei passar os meses seguintes com um Mini. Ele quase arrebentou minhas costas, principalmente porque um dos shows era em Inverness. Mas aquilo significou que Heather não gritaria mais comigo. Aliás, o carro que veio depois era um Volvo com a parte traseira mais alta. Keith e John tinham seu Bentley com motorista. Pete tinha carros esportivos de todos os tipos. Eu só precisava de algo que me levasse de A para B sem quebrar ou aborrecer minha bela nova-iorquina de Glasgow.

Com o troco que sobrou do Mini, consegui fazer uma hipoteca e, naquele verão, enquanto eu estava fora em outra longa turnê norte-americana, Heather se mudou para nossa primeira casa em Hurst, Berkshire. Hoje em dia, os subúrbios estão repletos de astros do rock mais velhos. Todos se mudaram da cidade em busca de paz, tranquilidade e um lugar para guardar sua coleção de guitarras.

Não era o que se costumava fazer na época. Elder Cottage ficava a apenas cinquenta quilômetros de Londres, mas era um grande passo. Todo mundo que conhecíamos estava na cidade. Nenhum dos nossos conhecidos estava em Berkshire. Alvin Lee se mudou para um local na esquina e Jimmy Page também, mas, quando fomos para lá, era como se fôssemos os primeiros.

Mas não pensei duas vezes. Eu queria viver no campo. Acho que sempre quis. Era uma necessidade psicológica profunda. Os momentos mais felizes da minha infância aconteceram quando eu me mandava para o rio ou encontrava alguma área de bombardeio tomada pela vegetação para brincar. Era pura imensidão. Os porões arruinados estavam cheios de água e se tornaram o lar para sapos e para mim e meus companheiros. Tudo tinha se convertido em natureza, formando uma série de túneis naturais e esconderijos. Quando eu era mais velho e mais infeliz, quando matava aula e ia para Dukes Meadow por puro desespero para escapar do inferno que era a escola, foram a paz e a calmaria do rio que fizeram com que eu me sentisse bem pela primeira vez. Durante a infância, eu precisava encontrar a natureza no oeste de Londres, e agora tinha a chance de encontrá-la de verdade.

A vila era ótima. Tinha um açougueiro, um padeiro, um posto dos correios — tudo que se precisa para o dia a dia. O pub Green Man era a alegria do local, como vinha sendo desde 1600. Era só entrar e ser aceito. Mais ou menos. Todos os cavalheiros costumavam saltar do trem em Twyford em seus ternos risca de giz e chapéus-coco e ir ao pub para ver o show de aberrações.

Eu tinha acabado de retornar de um verão nos Estados Unidos. Voltei com um Corvette Stingray novinho em folha que comprei em Detroit e o qual era uma visão e tanto para as pessoas do local. Mas na Califórnia eu vi a seriedade indo embora e a onda hippie chegando. As sobrecasacas e as camisas com babados sumiram. Adeus, almofadinha. Eu estava deixando meus cachos crescerem; estava me assumindo e tinha orgulho disso. Comecei a pegar as roupas com que Heather desfilava. Saí com as botas dela em turnê. Usei sua jaqueta de couro branco. Íamos criando sem planejamento, o que era brilhante. A moda se tornava mais chamativa em Haight-Ashbury, São Francisco, mas Haight-Ashbury ficava bem distante de Hurst. Aqueles caras que sempre usavam terno risca de giz achavam nossas roupas hilárias, mas eles vieram a nos conhecer e nos tornamos bons amigos.

Pete teria odiado a ideia de corretores de bolsa de valores andando com a gente, mas eu não estava nem aí. Era um pub. Pubs são tão bons quanto seus donos, e Jim e Anna, do Green Man, eram os melhores. Não havia música de fundo. As conversas reinavam e era maravilhoso.

Nossa casa era um chalé do século XV com teto rebaixado. Heather e Devon precisavam se curvar para entrar, mas eu tinha a altura exata. Era romântico.

Eu tinha 24 anos e acho que estava me estabelecendo. Todos estávamos. Keith tinha se casado com sua surfista de Leicester, Kim, e eles já tinham um filho. John se casou com a namorada de infância, Alison, e eles tinham um lar feliz, morando em uma casa geminada em Acton (endereço que John imediatamente alterou para "A Bastilha"). E Pete se casara com Karen no ano anterior. Não fui ao casamento. Heather queria ir, mas ela estava com bronquite, e havia pessoas demais lá com shows marcados. Não queríamos ser responsáveis por derrubar metade dos vocalistas do país. Então me ofereci para ficar em casa e cuidar dela. Não foi uma desculpa. Ela estava muito mal. Mas, para ser sincero, não gosto de casamentos. Já tive experiências ruins demais com eles. Prefiro funerais. Sempre gostei mais deles.

As pessoas vão a um casamento, se irritam, discutem e a coisa toda acaba em briga. Em um funeral, todos estão alegres em se ver, todos dizem coisas boas sobre o falecido e vão para casa felizes.

Enfim, a questão era que havíamos crescido. Não éramos mais adolescentes, não vivíamos mais a vida de astros do rock boêmios e frenéticos noite sim, noite não — bem, pelo menos não quando estávamos em casa. Como banda, também não saíamos mais juntos. Quando eu não estava em turnê, passava a maior parte do tempo em Berkshire. Os anos no rock são como os anos de vida dos cães. Estávamos velhos em anos no rock.

Virei um viajante acidental. Não tinha um terno risca de giz, mas todo dia eu dirigia até os estúdios do IBC e, na maioria das noites, voltava para casa. Começamos a gravar *Tommy* em setembro de 1968 e, em tese, deveríamos ter tudo pronto até o Natal. Pouco provável. Chegamos às últimas sessões em março. Sete meses. Nosso maior período juntos em estúdio em um bom tempo, mas *Tommy* não era como nenhum outro disco que fizéramos antes. Não era como nenhum outro disco, ponto.

Minha principal lembrança é que eu adorava a ideia. Adorei logo na primeira vez que a ouvi. Não me lembro exatamente de quando foi que Pete a mencionou para nós. Ele vinha rabiscando ideias durante turnês intermináveis de ônibus pelos Estados Unidos e contou ao *Melody Maker* que estava elaborando uma ópera-rock chamada "Journey Into Space". Ele disse à *Rolling Stones* um monte de coisa de uma vez só. Mas, em setembro, ele tinha um esboço delineado. Tommy era surdo, mudo e cego e vivia a vida completamente através de vibrações. Eu amava isso. Música é vibração. Essa é a questão principal. Era uma ideia abstrata, mas eu sabia que havia algo ali e embarquei na ideia.

Quando começamos, era para ser apenas um álbum simples. E, conforme as músicas foram surgindo, Kit foi guiando-as até tornar-se a história que conhecemos. As pessoas têm a tendência de esquecer que Pete não escreveu *Tommy* inteiro. Era a inspiração dele, mas tratava-se de um processo colaborativo como qualquer outro que já realizamos. Não estava totalmente formado no início.

Ele costumava aparecer com fitas demo toda manhã. Eram brilhantes, mas, quando passava pelo estúdio, já tinham sido alteradas. A história vivia mudando. Fragmentos de músicas evoluíam para enredos completos. Era como montar um quebra-cabeça sem imagem, sem bordas retas e com metade das peças faltando, mas nos deixava totalmente absortos.

Pete entregava as músicas e, se alguém tivesse uma sugestão podia propô-las, nós a colocávamos junto com as outras. Trabalhei com as harmonias. Passei um bocado de tempo tentando definir o vocal. Com a ajuda de Kit, ele mudou de algo um tanto vago e filosófico para algo estabelecido no mundo real, na Grã-Bretanha. Pete deu o papel de Tio Ernie para John, o que funcionou com perfeição. Musicalmente, John era muito esperto e sua visão da vida era bem sombria, então ele escreveu o personagem de tal forma que tivesse um tom agourento. Isso deve ter tido alguma relação com o fato de o pai ter abandonado John e sua mãe quando ele ainda era criança. A mãe dele se casou outra vez, e John nunca falou nada de bom sobre o padrasto. Acho razoável dizer que ele o odiava. Tio Ernie, um personagem que todos víamos com um quê de jocosidade, tornou-se muito mais sombrio depois que John se apossou dele.

A ideia de mandar Tommy para um acampamento de férias no final foi de Keith. Baseava-se em uma piada muito pesada na época. O campo de concentração — as férias que duram para sempre. Peço desculpas a meus amigos judeus por nossa falta de tato, mas era esse o nível do humor naquele tempo. Não daria para se safar com essa nos tempos de agora. Não daria para se safar com toda aquela história hoje em dia.

Pete nunca falou sobre de onde vinha aquilo tudo e nunca perguntamos também. Apenas o deixamos ir em frente. Se começássemos a analisar muito, teríamos atrasado seu processo. Estaríamos até agora no estúdio. E ele precisava de liberdade.

Foi só quando completamos o quebra-cabeça que vimos a imagem inteira. Mesmo assim, não é das imagens mais claras, é? Algumas músicas não se encaixam em enredo nenhum. Mas vou dizer que, até hoje, quando *Tommy* é tocado na íntegra, continua tão completo; é tão maravilhoso. A simplicidade. O poder das letras. A jornada. Constrói-se mais e mais. Ainda estava se construindo quando saímos com ele do estúdio. Era muito não rock, mas era rock. Era genial. E Pete merece tudo que recebeu por ele.

Foi só quando o tocamos ao vivo que realmente entendi até onde eu podia ir com a minha voz. Nós o ensaiamos no Southall Community Centre em março de 1969 e, na quarta vez, arranjamos tudo. Era um show ao vivo, e eu sentia como se estivesse me libertando. Tudo que aprendi a fazer com minha voz foi por causa de *Tommy* e aconteceu durante aqueles quatro ensaios. Eu apenas mudei. Aquilo sempre esteve na minha voz. Eu estava chegando lá com as músicas anteriores de Pete, mas foi *Tommy* que trouxe tudo à tona.

Íamos fazer um fim de semana de shows para estudantes na Escócia antes de lançarmos *Tommy* em uma prévia para a imprensa no Ronnie Scott's, no Soho. Os jornalistas já estavam irritados antes de entrarmos. Todos vaiaram quando Pete apresentou "a história de um garoto que testemunha um assassinato e se torna surdo, mudo e cego. Depois, ele é estuprado por seu tio e se torna viciado em LSD".

Então aumentamos ainda mais o volume e mandamos ver. Uma hora inteira. Passeando, passeando, passeando. Sem interrupções para aplausos frenéticos ou chacota crítica. Sem intervalo algum. Eles foram embora com os ouvidos zumbindo. Nenhum deles sabia pelo que tinha sido atingido.

DEZ

FUGA DO PAÍS

Quando *Tommy* foi lançado na Grã-Bretanha, em 23 de maio de 1969, estávamos fora em turnê nos Estados Unidos. Começamos bem com três noites no Grande Ballroom, em Dearborn, no Michigan, e mais três em Boston — um aquecimento para a verdadeira maratona de seis shows em três noites na Fillmore East, em Nova York. Desde os primeiros ensaios ao vivo em Southall, eu sabia que tínhamos algo mágico nas mãos. Aquela turnê nos levaria a outro patamar. E então apareceu o homem da jaqueta esportiva.

Eram dez e meia e estávamos tocando "Pinball Wizard" na metade do segundo show da primeira noite na Fillmore quando um cara pulou para cima do palco e arrancou o microfone da minha mão. Eu arranquei de volta e mandei ele dar o fora, mas ele continuou tentando. Enquanto lutávamos pelo microfone, percebi Pete vindo pelo palco em nossa direção, andando como Chuck Berry fazia. No ritmo perfeito, ele chutou o cara no saco, então agarrei o microfone e concluímos a música.

Depois, só me lembro de Bill Graham, o produtor, estar ali, mostrando que o cara de jaqueta esportiva, o cara no qual Pete dera um chute nas bolas, era um membro à paisana de uma unidade tática da polícia. Ele tentou confiscar o microfone porque um incêndio tinha começado no mercado chinês ao lado. O local precisava ser evacuado.

Por sorte, ele não pegou o microfone. Um tumulto teria se formado se ele tivesse nos interrompido bem no meio de uma música. Bill estava se preparando para dar um aviso de forma suave no intervalo. É assim que se evacua uma multidão no meio de um show. Com calma.

Mas logo em seguida surgiu um mandado de prisão para nós. O policial alegava que tinha mostrado seu distintivo para mim antes que eu o atacasse. Pois eu digo agora, jurando de pés juntos, que ele nunca mostrou o distintivo. E mesmo que tivesse feito isso (o que ele não fez), eu não teria visto. Você entra em um mundo diferente quando está lá em cima se apresentando. Eu não teria a menor ideia do que um cara qualquer estivesse me mostrando.

Nada disso tinha importância. Pete e eu éramos fugitivos. Estávamos em fuga. Não voltamos ao hotel. Não ousamos. Em vez disso, ligamos para o Resgate Internacional, que, no nosso caso, era a rede de garotas que conhecíamos em Nova York. Pete ficou com Mandy Wilson. Eu acabei do outro lado da cidade com Jenni Dean, outra que fazia parte de nosso feliz grupo de mulheres maravilhosas. Acordei com hispânicas gritando entre elas pelas janelas do apartamento. A notícia chegou a nós pela rede groupie de informação: Kit e Chris tinham negociado nossa rendição. Deveríamos nos entregar na Nona Delegacia de Polícia, e então fizemos isso. Por nove horas, ficamos presos em uma cela, recebendo olhares de nossos companheiros de prisão enquanto Kit tentava convencer os policiais a não prestarem queixa por agressão. Eles deveriam ficar felizes por ninguém ter morrido, mas as autoridades adoravam qualquer oportunidade de atacar uma banda de rock.

Por fim, fui liberado. Pete foi acusado de lesão corporal grave e intimado a comparecer a uma audiência no tribunal na semana seguinte. Voltamos para Fillmore bem a tempo para o show das 8 horas da noite.

• • •

Sempre soube que não chegaríamos lá só com os discos. Era preciso nos ver ao vivo. Quando as pessoas nos viam no palco, eram conquistadas. Em 1969, tínhamos alcançado um novo nível de performance. Diferentemente de qualquer outra banda, o The Who tinha um baixista que tocava como um guitarrista principal, um guitarrista que tocava como um baterista e um baterista que, em vez de tocar um 4/4, entregava a partitura completa. Fisicamente, eu também me transformara. Interpretava o personagem e tinha total liberdade de expressão tanto em termos de som quanto de movimento. Às vezes, estava por conta própria; às vezes, entrava em sincronia com os grandes braços giratórios ou os saltos olímpicos de Pete. Keith ofuscava a si mesmo. Era um balé.

Quando chegamos a Chicago, o show ficara mais longo. Tinha uma hora e dez minutos, depois uma hora e vinte minutos, então esticamos para além. E então não havia mais intervalo. O que começáramos no Ronnie Scott's tinha virado um show sem pausa de noventa minutos e, no Playground em Chicago, tudo tomou forma. O público começava sentado e então lá pelo meio do concerto já estavam todos de pé. Dava para sentir a tensão aumentando e, então, no fim, eles iam à loucura. Era algo novo para nós e inédito para o público.

No fim do verão, a exaustão física e emocional causada pela turnê de *Tommy* cobrou seu preço: nos arrastamos até os locais mais distantes dos Estados Unidos e do Canadá, voamos para casa a fim de fazer um show complicado com Chuck Berry no Albert Hall, e, a cada noite, a performance continuava se construindo. Foi intenso. A recompensa? *Tommy* se tornou nosso primeiro álbum a entrar no Top 5 nos Estados Unidos. E então tivemos que ir a Woodstock. Falo "tivemos" porque, embora tenha entrado para a história como um marco inspirador da cultura do século XX, não foi muito divertido. Três dias de paz e amor? Dá um tempo. Já estava uma loucura antes de chegarmos. Pete ficou preso no engarrafamento por horas. Outros artistas nem conseguiram chegar. O lugar era puro caos.

Felizmente, eu tinha um meio de transporte diferente.

"Chuck vai levar vocês", disse a mãe de Heather durante uma visita que fizemos a eles em Connecticut. Chuck e Helen, os pais de Heather, ainda eram jovens. Eles queriam ir a Woodstock. Queríamos que eles nos deixassem lá e dessem o fora o mais rápido possível, mas não se pode ter tudo na vida. Então nos espremos no fusca vermelho vivo deles — "Herbie vai a Woodstock" — e, quando chegamos ao engarrafamento, disse para Chuck ir pelo acostamento.

"Não se preocupe se a polícia nos parar, Chuck. Vou dar um jeito."

Ninguém se importou. As pessoas apenas acenavam para Herbie.

Conseguimos chegar no começo da tarde de sábado, 16 de agosto de 1969, ao que achávamos que seria um evento marcante. Em todos os meios de comunicação norte-americanos, Woodstock era *A* notícia. Ninguém vira nada como aquilo antes. Estimava-se que meio milhão de pessoas estavam no local. Muitas mais tentavam chegar lá, apesar de o governador de Nova York ter declarado que aquilo era um desastre nacional. Se o governador de Nova York diz que algo é ruim, você sabe que vai ser bom.

Chegamos ao nosso destino, e ele era um pouco diferente. Um Holiday Inn com uma placa grande na qual se lia ironicamente "Camp Tranquility" ["Acampamento da tranquilidade", em tradução livre]. Todas as bandas estavam lá: Jefferson Airplane, Big Brother and the Holding Company, Grateful Dead, Hendrix... Os músicos ocupavam os quartos e os roadies e a equipe técnica dormiam nos corredores. Todos ficavam por ali e aguardavam sua vez de ir para o local do evento. E nós esperamos, esperamos, esperamos. Lá pelas sete da noite, fomos para a área do backstage na obrigatória perua Hertz. E esperamos mais. Você torce para que as coisas aconteçam no horário previsto, mas nos festivais daquela época, particularmente os inaugurais, elas nunca aconteciam — e, com certeza, não aconteceriam em Woodstock. Estávamos programados para tocar à noite, mas às quatro da manhã ainda esperávamos em um campo enlameado. E esperamos mais ainda.

Mesmo no melhor dos momentos, odeio ficar sem fazer nada. E ficar sem fazer nada enquanto espera para tocar para meio milhão de pessoas é a coisa mais difícil do mundo. Não por causa do meio milhão de pessoas. Nunca me importei se estava cantando para um cara e seu cachorro em um pub, oitenta mil pessoas no Hyde Park ou meio milhão em uma fazenda de gado leiteiro nas Catskills. Na minha cabeça, é tudo a mesma coisa. Dê tudo de si. Mas é difícil fazer isso quando se está esperando. É o tédio misturado com a tensão. Você precisa estar pronto. Precisa manter o controle. Mas não pode estourar.

Keith achou mais difícil ainda. Ele costumava ficar com os nervos à flor da pele. Costumava vomitar antes dos shows. Ele tinha pavor daquela caminhada até o palco. Foi muito mais duro para ele. O medo de subir ao palco. Ele precisava de uma bebida para acalmar os nervos. O primeiro drinque era um conhaque; o segundo, uma dose maior de conhaque — e então ia a garrafa toda. E ele ainda nem tinha subido ao palco.

Imagino que a espera de quatorze horas em Woodstock tenha sido particularmente difícil. Não havia comida no backstage. Tudo era batizado com LCD. Até os cubos de gelo. Por sorte, eu tinha trazido minha garrafa de Southern

Comfort, então estava tudo bem até o momento em que decidi tomar uma xícara de chá. Foi aí que eles me pegaram. Uma boa xícara de chá alucinógeno. Tudo ia desmoronando. Todos estavam encharcados de suor. A energia era cortada a toda hora. Pessoas subiam ao palco, nas torres de luz. Pete disse ter visto um garoto cair de uma das estruturas e possivelmente quebrar o pescoço. O evento era vendido como uma Exposição da Era de Aquário — três dias de paz e música. Mas era caótico.

E então, no meio da noite, os organizadores decidiram que não iam nos pagar. Nosso cachê era de US$ 11.200, do qual a maior parte já tínhamos gastado nas passagens para nós e a equipe. Precisávamos do dinheiro para ir para casa e pagar contas, então nos recusamos a ir em frente sem recebermos o pagamento. Existe uma história sobre um gerente de banco ter sido acordado no meio da noite e embarcado em um helicóptero para arrombar o cofre do banco local, tirar o nosso dinheiro e ir, também de helicóptero, até Woodstock para nos pagar com maços novinhos de notas de vinte. A história é ótima, mas não aconteceu. Nosso empresário de turnê apenas encarou os organizadores até que nos dessem um cheque.

Depois de todas as discussões, as alucinações, da lama e do caos, finalmente subimos ao palco, pouco depois das 5 horas da manhã.

Mais ou menos um mês antes, despertei depois de um pesadelo particularmente vívido. Do tipo que a gente tem quando é criança. Eu estava olhando para uma paisagem árida e enfumaçada. Havia torres de guarda com canhões de luz vasculhando o entorno e helicópteros sobrevoando a área. Era uma ideia aproximada subconsciente do Vietnã. Olhando a escuridão antes da alvorada de Woodstock, vislumbrando o contorno vago de meio milhão de pessoas cheias de lama conforme as luzes passavam por elas, senti, em meu estado de alucinação e privação de sono, que aquele era meu pesadelo se tornando realidade.

O show não parecia estar indo muito bem. Os monitores continuavam dando defeito. O som estava uma merda. Lutávamos contra os elementos e nós mesmos. Não ajudou em nada quando um ativista político chamado Abbie Hoffman subiu ao palco no fim de "Pinball Wizard", agarrou o microfone de Pete e gritou: "Acho isso tudo uma grande merda enquanto John Sinclair apodrece na prisão!"

É claro que Pete o chutou para fora do palco antes de ameaçar matar a próxima pessoa que tentasse pegar seu microfone. Música e paz.

De alguma forma, continuamos com aquilo e, cada vez que parecíamos estar perdendo o rumo, íamos mais fundo ainda. Então, pouco depois das seis, tocamos "See Me, Feel Me", de *Tommy*, e o sol vermelho raiou. Bem na hora. Não dava para ser melhor que aquilo. Depois de toda a merda por que passamos, aquilo foi perfeito. Foi extraordinário. Foi um daqueles momentos que não dá para recriar nem tentando. Um daqueles momentos que acontecem uma vez na vida.

Ou não, pois exatamente a mesma coisa aconteceu de novo em 25 de abril de 2015, 46 anos depois. Éramos o *headline* do New Orleans Jazz Festival, e tinha chovido o dia inteiro. Uma tempestade tropical acabara de passar e o local estava inundado. É sempre caótico quando o lugar está muito molhado. Faz um estrago na parte elétrica — e é sempre desconcertante ver um amplificador trinta centímetros submerso na água. Fui para o trailer, olhei pela janela e falei para Mitch, meu assistente, não se preocupar. Eu ia dar um jeito. Ele disse, duvidoso: "Está bem, Roger." Jovenzinho cínico. Então comecei a berrar para o céu: "Pare. Pare agora. Já tivemos o suficiente dessa droga."

E parou. Bem na hora. Como se alguém tivesse desligado. Mitch não disse nada. Eu também não; para ser sincero, estava tão chocado quanto ele.

O céu estava cinza-escuro quando subimos ao palco. Ficou assim até o finalzinho de "Pinball Wizard". Quando abri a boca para cantar "See Me, Feel Me", o sol raiou. Magia pura. É isso que eu amo nos shows ao vivo. Coisas podem acontecer. Algumas são ruins. Outras são boas. De vez em quando são mágicas. Foi um daqueles momentos que acontecem duas vezes na vida.

Duas semanas depois de Woodstock, tocamos no Festival da Ilha de Wight. Dessa vez não havia um Herbie. Chegamos lá de helicóptero, o que foi consideravelmente mais rock'n'roll, uma vez que uma parte da placa do H improvisado pelo festival para sinalizar o heliporto se deslocou e foi sugado pelos rotores enquanto nosso piloto tentava pousar. Os últimos metros da nossa jornada foram "velozes". O helicóptero estava avariado, mas nós ficamos bem. Não é o que costuma acontecer quando você sofre um acidente de helicóptero. Subimos ao palco, tocamos *Tommy*, voamos de volta para Londres em outro helicóptero. Missão cumprida.

Quem pagou pelos helicópteros? A Track Records. Quem pagou à Track Records? Nós. Depois de Woodstock, o dinheiro começou a entrar de verdade. A revista *Life* fez uma edição inteira em celebração ao festival, e fui o sortudo a ocupar a foto central. Eu e minha jaqueta com franjas. Era um novo patamar de exposição e nossas carreiras decolaram quase que de imediato. Pela primeira vez, tínhamos que usar pseudônimos nas viagens. Inevitavelmente, isso se tornou outra fonte de travessura. Não sei muito bem o que os recepcionistas pensaram quando Lord Elpus, John Fitzperfectly e Miles Apart fizeram *check-in* para passar a noite, mas demos boas risadas.

Em 1969, Neil Armstrong deu um pequeno passo para um homem, mas um salto gigantesco para a humanidade. Uns amigos vieram assistir com a gente porque éramos as únicas pessoas na vila a ter uma TV colorida. Era um enorme cubo de uma coisa que proporcionava noventa centímetros da mais recente tecnologia audiovisual. Todos estavam animados. O pouso na Lua... em cores. Que momento histórico. O único problema é que o espaço é preto e a Lua é branca. Armstrong também não estava aproveitando por completo a transmissão em cores.

— O que acham da TV em cores então? — perguntei a um dos amigos mais velhos, brincando.

— Fantástico — respondeu, fascinado de verdade.

Foi naquele ano que as pessoas começaram a nos descrever como milionários. Eu talvez tenha tido dinheiro para uma televisão chique, mas milionários? Isso era uma grande bobagem. Era bobagem, porque todo o dinheiro que supostamente ganhávamos estava sendo gasto. Entrava e logo saía em despesas legítimas (e em outras menos legítimas). Tínhamos nosso acordo de quarenta-sessenta, mas, na verdade, isso significava bem pouco.

Em 1969, a cocaína chegou à indústria musical. Sempre estivera ao redor, mas agora Chris e Kit tinham começado a mergulhar de cabeça. Kit cheirava uma carreira quando acordava. Ele chegava à Track Records às onze. Fumava um baseado. Depois, tomava alguns comprimidos. Então, cheirava mais uma carreira. E aí saía para almoçar. Era um viciado em drogas, e ninguém quer um viciado em drogas administrando seus negócios. Em especial, se o seu negócio é o rock'n'roll. Quanto mais crescíamos, mais dinheiro fazíamos, mas com mais rapidez e voracidade Kit o gastava e menos nós víamos qualquer porcentagem. No fim de 1969, éramos a maior banda de rock do mundo, a atração principal dos festivais. Fomos a primeira banda a esgotar ingressos para seis noites na Fillmore West em menos de uma hora. Estávamos lotando teatros de ópera. E mal mantínhamos o equilíbrio.

• • •

Quatro dias depois, já na nova década, Keith Moon atropelou e matou seu chofer e segurança, Neil Boland, na frente do pub de um amigo em Hatfield. Foi um acidente, uma reação causada pelo pânico e a necessidade de escapar de uma turba de skinheads. Eles o seguiram para fora do pub, tentando arrumar uma briga. Cercaram o carro e começaram a atacar o veículo. Neil saiu para abrir caminho. Keith se mandou. No meio do caos, ninguém percebeu que Neil tinha caído embaixo do carro.

Liguei para Keith no dia seguinte para perguntar se ele estava bem. Ele disse que sim, mas é claro que não estava. Ele sentia um remorso profundo. Tentaram pegá-lo por assassinato. Ele escapou com uma acusação por dirigir embriagado, mas ainda teve que reviver todo aquele momento em uma corte — não sei como ele conseguiu passar por aquilo. Ele não se livrou, de forma alguma. Vivia assombrado pelo episódio e sua bebedeira foi piorando cada vez mais.

Quando não estava com a gente, passava todo o tempo com Viv Stanshall e Legs Larry, do Bonzo Dog, tocando o terror. Viv era o parceiro de crimes perfeito para Keith. Era um excêntrico maravilhoso e animado. Parecia alguém saído de *Rupert Bear*, a série de quadrinhos britânica. Em um dia tranquilo, eles entraram em uma loja na Savile Row e perguntaram se tinham calças bem resistentes.

— Calças bem resistentes, senhor?

— Sim, bem resistentes.

O sujeito veio com uma calça. Keith vestiu uma perna, Viv colocou a outra, e a calça rasgou.

— Lamento, não são resistentes o suficiente.

Em um dia em que estavam mais animados, Viv se vestiu como um padre e Keith o deixou no começo da Oxford Street. Então, Keith, vestido como um oficial nazista, obviamente, deu umas voltas com seu Roll roxo antes de retornar à Oxford Street. Sem aviso para os consumidores vespertinos, ele saltou do carro gritando com Viv e começou a dar uma surra de mentira nele. Por quê? Para ver como as pessoas reagiriam ao ver um oficial da SS atacando um padre. É claro que ninguém fez nada. Então Keith ficou em posição de sentido, fez a saudação "*Heil* Hitler", pulou de volta para o carro e foi embora. Viv saiu mancando, e eles se encontraram algum tempo depois para comemorar o feito com uma bebida.

Os dois acharam tudo isso hilário. Tenho certeza de que foi engraçado na época, mesmo sem olhar em retrospectiva. Mas a força oculta que levava Keith a fazer todas essas pegadinhas era a necessidade de ser o centro das atenções. Para ele, sem atenção ou sem a bebida, ele não era nada. Lembram-se do que o professor dele escreveu no relatório? Devia se precaver quanto à tendência de se exibir.

Ele não tinha essa precaução. Estava em uma banda de rock. Sua vida era se exibir. Quando Neil morreu, foi um impacto terrível, e muitas pessoas disseram que esse foi o começo do fim de Keith. Sem dúvida, o incidente era uma fonte de tremenda culpa e vivia em sua mente, mas o verdadeiro catalisador, aquilo que o lançou em um caminho obscuro, foi perder Kim, sua esposa. Isso fez as coisas tomarem proporções maiores. Depois disso, ele viu os poucos limites que tinha sumirem.

Keith e Kim compraram a Tara House em Chertsey em 1971 de Peter Collinson, o diretor responsável por *Um golpe à italiana*, filme de 1969. Era, é claro, uma casa incomum — um bangalô abstrato com cinco pirâmides no topo, todo tipo de parafernália da série *Tomorrow's World*, uma sala de estar imensa e rebaixada no centro e um pub no fundo da garagem. Kim a descreveu como uma caixa de ovos de cabeça para baixo. Poderia ter sido o primeiro lar deles — sua filha, Mandy, tinha 4 anos quando eles se mudaram —, mas Kit o transformou em uma central de festas. Ele não era legal quando não estava em turnê. Ele nunca praticava. Nem tinha uma bateria lá. Ficava entediado, deprimido, recorria aos comprimidos e à bebida. Em seis meses, ele jogou o Rolls no lago. Alegou que tentara apenas dar a partida no carro, mas tenho certeza de que fez isso para se divertir. Também destruiu a casa algumas vezes. Quando demos um tempo em 1972, ele estava muito hiperativo.

Seus atos grotescos afastavam Kim, a garota que ele sempre amara, e, por fim, ela começou a sair com Ian McLagan, do Faces. Quando Keith descobriu, ficou enlouquecido e destruiu o lugar inteiro, bem na frente da filha. Pensar nisso me faz mal. Ele estava completamente fora de si por causa do conhaque e dos comprimidos.

Naquela noite, ele quebrou o nariz de Kim, e essa foi a gota d'água. Ela foi embora e nunca mais voltou. Eu não sabia se Keith já tinha batido nela antes, mas ele já havia sido violento, ao jogar uma garrafa de champanhe nela no apartamento deles em Highgate. Ele errou a mira, mas atirou com tanta força que a garrafa ficou presa na parede. No dia seguinte, ele colocou uma moldura ao redor e fez nosso assessor de imprensa ligar para os jornais. Aquilo deu uma página inteira em um dos periódicos do *Sunday*, e as pessoas acharam bem engraçado, mas de engraçado aquilo não tinha nada.

A verdade era que ele a idolatrava e era ciumento. Todos éramos ciumentos naquela idade. Eu costumava achar difícil quando via Heather batendo papo com algum cara e constatava que ele estava nitidamente tentando algo. Mas não podia falar nada. Não logo após voltar de alguma turnê. Mas isso não quer dizer que eu não sentia nada.

Keith estava em outro nível. Era um cara absurdamente ciumento. Uma vez, ele pagou duzentas libras para um grandalhão quebrar os dedos de Ian. Pete descobriu e pagou ao mesmo cara mais duzentas libras para que ele não fizesse nada. Foi o ciúme de Keith que afastou Kim. Quando a encontrei depois da noite em que Keith quebrou seu nariz, ela me contou que o amava e só aguentara todo aquele comportamento destrutivo dele por causa disso. Mas, depois daquela noite, ela não tinha escolha a não ser ir embora. Ela deixou a casa naquela noite com Mandy e foi para um hotel. Era o fim. Era isso. Ele deixara escapar o que mais estimava. E nunca superaria a perda.

• • •

Na mesma época em que Keith estava se mudando para sua caixa de ovos em Surrey (escolhida em parte, acho eu, por ter aquele pub no fundo da garagem), eu ia para o sul rumo a algo mais tradicional. Heather e eu não estávamos mesmo procurando uma casa para comprar. Não tínhamos dinheiro. Éramos bem felizes em nosso chalé na profunda e escura Berkshire. Mas olhar não fazia mal. Eu costumava andar com um amigo que administrava uma imobiliária. Ele saía por aí e via todas essas casas, e eu ia com ele. Em um belo sábado, no fim da primavera, ele nos levou, Heather e a mim, ao sul de Sussex. Passamos por uma placa de "À venda" em uma curva em frente a umas construções de fazenda. Por cima de um muro, dava para ver uma casa a distância, e Heather perguntou o que era. Meu amigo disse para darmos uma olhada na volta. São espertos, os corretores.

Seguimos em frente até Pashley Manor, uma casa no estilo Tudor que pertencera a Henrique VIII, mas não gostei do clima. Se não gosto do clima, acabou. Sou muito suscetível ao clima do lugar. Não sei explicar, mas tem uns lugares a que vou e preciso sair de lá. É como se alguém diminuísse as luzes. Eu só preciso dar o fora.

Enfim, eu não ia comprar Pashley Manor, mesmo que pudéssemos arcar com a despesa, o que não podíamos. Olhamos mais alguns lugares e, então, voltamos ao local na curva com a placa de "À venda". Meu amigo saiu da estrada principal, e lá estava: Holmshurst. Quem nos mostrou a casa foi um jovem cujos pais estavam se separando, e havia algo naquele lugar. Estava em boas condições, mas não se fazia nada ali há muito, muito tempo. O corredor estava completamente escuro, havia umidade, a cozinha era terrível, mas nada de assustador. Então fomos até a sala da frente e me deparei com a vista pela primeira vez.

A casa fica em uma colina que dá para o oeste e além dos vales e vilas da High Weald de East Sussex. Dá para ver quilômetros e quilômetros e quilômetros e quilômetros — drogas não são obrigatórias. A primeira vez que olhei para fora, fiquei apenas de boca aberta e soube que eu precisava morar ali. Pensei: "Com essa vista, estou salvo."

Perguntei ao meu amigo quanto custava, e ele disse: "Custa 39.500 libras. Uma pechincha. Mas quem oferecer o dinheiro primeiro leva." Então disse a ele para fazer a oferta ao dono que eu correria atrás do dinheiro. Tudo que eu precisava fazer era convencer o gerente do banco a me emprestar a quantia. Se todos presumiam que eu era milionário, por que não ele? Fui direto ao banco e dei um jeito de conseguir o empréstimo. A oferta foi feita logo na manhã de segunda-feira e, às 5 horas da tarde, já tinha sido aceita.

Liguei para Heather, muito animado.

Ela não parecia tão radiante. Perguntei qual era o problema.

Ela respondeu: "Vai precisar de uma tremenda limpeza." Ela nunca estava feliz.

Nós nos mudamos para o lugar que seria nossa casa pelo resto da vida em 26 de junho de 1971, e a primeira semana lá foi maravilhosa. A equipe de ajudantes fez nossa mudança. Dávamos festas todas as noites. Era o refúgio hippie final e a sensação era ótima. Holmshurst é uma casa muito especial e era minha base. Foi construída por um puritano. Não há nada de excepcional nisso. Era um lugar simples e funcional que me servia bem. Não sou um puritano, mas gosto de trabalhar. Gosto de coisas funcionais, confiáveis. E assim era Holmshurst. Mas Heather tinha razão, precisava de uma tremenda limpeza.

Alguns dias depois, meu divórcio do primeiro casamento foi oficializado e, no mês seguinte, Heather e eu nos casamos no cartório de Battle. Não demos uma recepção. Não havia necessidade, porque já tínhamos dado uma no ano anterior. Nosso plano era casar no verão de 1970. Organizamos um grande casamento e todos foram convidados. Todas as bandas. Todos os figurões da indústria musical e a maioria das pessoas da vila. Chamamos até Ahmet Ertegun, presidente da Atlantic Records, para arrastar-se até aquele campo em Berkshire em suas galochas nunca usadas até então. Seria um evento enorme.

Aqueles três acres pertenciam à Srta. Gwendoline Taylor, uma dama muito respeitável da vila, mas era usado por Eric Goody — tal qual o grande e corpulento Sr. Micawber, do romance *David Copperfield* —, dono de bochechas rosadas e olhos azuis brilhantes que cintilavam diabolicamente por baixo de sua boina de tweed.

Conheci Eric quando ele apareceu diante de nossa porta um mês depois que nos mudamos para Elder Cottage. Ele usava uma blusa branca, um colete vermelho vivo e grandes botas marrons.

"Vim conhecer o verdadeiro Roger Daltrey", declarou ele.

Ao que parecia, eu não era o único jovem de cabelo grande e cacheado na vila.

"Conheci o impostor. Agora estou aqui para encontrar o verdadeiro."

O sotaque de Eric era tão amplo quanto o condado real de Berkshire, e ele falava como se ainda vivesse em tempos vitorianos. Nós nos demos bem de cara, e Eric me convidou para ir até seu jardim e ver o que ele fazia para ganhar a vida. Que lugar! Em um grande galpão agrícola coberto, onde ele guardava todo tipo de caravanas ciganas, realejos, máquinas a vapor e outras maravilhas. Em um local de destaque, havia um ônibus londrino de 1911 com o deque aberto acima e a escada externa atrás.

Eric e seu irmão, Harold, foram, acho, os primeiros sucateiros a arrumar coragem para bater na porta das casas imponentes da Inglaterra e perguntar se as pessoas queriam se descartar de algo. Os irmãos acabaram formando uma das maiores coleções de veículos puxados por cavalos e artefatos vitorianos do país. Em filmes de época, Eric era sempre muito requisitado como cocheiro de carruagem. Ele começara a trabalhar décadas antes, conduzindo a diligência que levava correspondências entre Reading e Londres; portanto, suas credenciais eram impecáveis.

Ele também era o homem perfeito para ajudar a organizar uma festa. Com a ajuda de Eric e Gwen, íamos fazer o casamento do século. No meio do campo, havia uma antiga e enorme tenda de circo. No entorno, contávamos com todos os veículos parcialmente restaurados de Eric. Havia espetos de porco e frango, geleia de enguia, um estande de "acerte o coco". Tinha barraquinhas e brincadeiras, e o maravilhoso som dos realejos. Havia um semirreboque para feno fazendo as vezes de palco, e a Whoopee Band de Bob Kerr para tocar música ao vivo. Estava tudo lá. Na verdade, havia apenas uma coisa que não tínhamos: o papel que dizia que meu último casamento estava encerrado. Não tivemos escolha a não ser cancelar a cerimônia de verdade no cartório.

Era tarde demais para cancelar a festa, então Heather e eu apenas fingimos que tínhamos nos casado. Durante toda a festa, as pessoas nos perguntavam como tinha sido a cerimônia; respondíamos apenas que fora adorável.

Na manhã seguinte, ao acordar ao lado da minha bela "noiva", elaborei o argumento perfeitamente válido de que, se tínhamos dado uma grande festa de casamento e todos achavam que estávamos casados, por que precisávamos nos incomodar?

"Seu Mick Jagger", disse ela.

Assim que ela disse isso, achei que era melhor nos casarmos. Mas fui honesto com ela. Se era para durar, teria de ser um casamento sem questões em relação ao ramo em que eu estava. Eu conhecia a realidade. A vida na estrada, mês após mês, pode ser um lugar muito solitário sem companhia. E ficávamos fora em turnê por cinco, seis meses, como uma das maiores bandas de rock do mundo. Voltar para casa e dizer a ela que eu tinha sido um bom menino seria mentira.

Infidelidade sexual não deveria ser um motivo para o divórcio. Para um homem, é basicamente só uma transa, a não ser que você se apaixone. Basear uma relação apenas nisso é maluquice. As pessoas se casam e logo começam a tentar mudar um ao outro. Se vocês forem sinceros desde o início e realmente se amarem, então podem ser quem são por todo o caminho. Do contrário, para que se casar?

Então demos uma festa de casamento e, um ano depois, nos casamos de fato. A grande maioria dos casamentos no meu mundo não dura, mas ainda estamos juntos depois de todos esses anos, e nunca me arrependi. Nem uma vez. Heather deve ter sentido arrependimento de vez em quando, mas eu não. Eu era muito, muito sortudo por ter dado de cara com ela naquela noite em Speakeasy.

Tudo que sei é que me assentar em Sussex veio em boa hora. Eu tinha uma vista para os campos. Eu tinha uma esposa e uma jovem família. Eu tinha todo um lado da minha vida distante da banda.

Pete, por outro lado, tinha a família, mas estava sob pressão. Ele era o compositor. Compusera *Tommy*. O que ele faria em seguida?

ONZE

WHO'S NEXT

À esquerda: Minha mãe e meu pai na Hammersmith Broadway, 1938
Acima: Eu e minha mãe, 1945

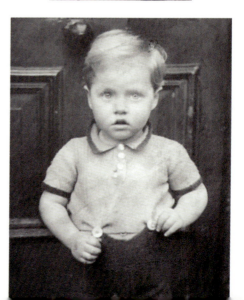

Acima: Meu pai após voltar da guerra, 1945
À direita, no centro: Fugindo da hora de dormir (com a blusa que me dava coceira)
À direita, abaixo: Na porta da casa na Percy Road, 16, 1946

Acima: Foto para a escola, aos 9 anos, 1953
À direita: Boletim escolar, 1955

Acima: Viagem escolar para Paignton, Devon, 1955. Estou na segunda fileira, o segundo da direita para a esquerda, e o Sr. Blake está sentado no canto esquerdo.
À direita: Uniforme escolar e chapéu da moda, 1959

Acima: John, Doug Sandom, eu e Pete. A van do The Detours com a porta que funcionava, 1962.

À direita: Cansado de ficar parado aqui. Primeiro balanço de microfone no Golf-Drout Club, Paris, 2 de junho, 1965.

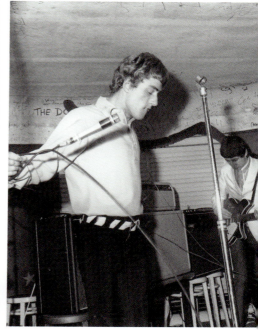

À esquerda: Sopre! Eu no trombone e John no trompete, 1961

Abaixo: No Goldhawk Social Club, Shepherds Bush, março, 1965

Acima, à esquerda: A famosa van que foi furtada, 1965
Acima, à direita: Minha ex-namorada Anna no meu apartamento na Ivor Court, 165
Acima: No filme *The Rolling Stones Rock and Roll Circus*, 1968. Pete, Brian Jones, Rocky Dijon, Yoko Ono, Julian Lennon, John Lennon, Eric Clapton e eu.
À esquerda: Emmaretta Marks depois de tocar no New York Metropolitan Opera House, 1970

Acima: The Who ao vivo em Copenhagen, 1970
À esquerda: The Who ao vivo no festival Isle of Wight, 1970

Acima: "My Generation", Surrey Docks, 1965
À direita: Chegando à Finlândia. Chris Stamp com a banda

Acima: Pete, Kit e eu na IBC Recording Studios trabalhando no álbum *Tommy*, final de 1968
À esquerda: O barco viking de Chris
Abaixo: Gravação da faixa "Giving It All Away"

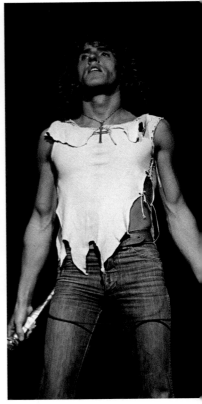

Acima: Velhos adeptos da cultura mod na porta do Goldhawk Club, 1977. Da esquerda para a direita: Ian Moody, Tommy Shelly, Irish Jack, Lee Gash, eu, Griff com o chapéu, Chrissy Coville com o braço quebrado e uma cerveja Beck's. O início do nosso "fã-clube".

No topo: Bill Curbishley e eu, 1975
Acima: "Direto da garagem" — camisa de camurça

Acima, à esquerda: Corvette Stingray novo em folha, 1969
Acima, à direita: Na porta da casa na Percy Road, 1974
Abaixo, à esquerda: Cavalgando com Ollie, 1974
Abaixo, à direita: "Quem se importa se você pegar alguma coisa?", 1979

Abaixo: Dando a Jamie, 2 anos, uma aula de direção de escavadeira, 1983

Acima: Heather e eu no Elder Cottage, 1969
À esquerda: "Fofa", 1979. Fotografada por mim.
Abaixo, à direita: Ela gosta de mim, 1989

Acima, à esquerda: Voando baixo
Acima, à direita: No set de *Tommy's Holiday Camp,* com Ken Russell, 1974
Abaixo: *Tommy*

À direita: Interpretando Franz Liszt no filme *Lisztomania*, de Ken Russell, 1975

À esquerda: Moon, o fanfarrão. Eu e Keith com Peter Sellers na versão teatral de *Tommy* no teatro Rainbow, Londres, 1972.

Abaixo: No filme *McVicar*, 1980

Mais abaixo: *A comédia dos erros,* para a BBC. No sentido horário a partir do canto esquerdo: Michael Kitchen, Dame Wendy Hiller, Cyril Cusack e eu, 1983.

Acima, à esquerda: Discutindo táticas de futebol com Arsène Wenger, 2011
Acima, à direita: Bruce Springsteen e eu, Madison Square Garden, 1980
À esquerda: "Noite dos garotos", 1985, com Paul McCartney, Bob Geldof e Phil Collins
Abaixo: Ensaiando na Inglaterra para a turnê do *Quadrophenia*, 1973

Acima: The Who com Keith Richards e Mick Jagger nos bastidores do Madison Square Garden para o Concert for New York City, após o 11 de Setembro, 2001

Abaixo: Na recepção da Casa Branca para o Kennedy Center Honors com Chris e Calixte Stamp, Bill, Marcela e Catalina Curbishley, e Heather com o presidente e a Sra. Bush, 2008

Acima: "Por favor, fale, senhora, eu estou em uma banda de rock." No Royal Albert Hall para o Teenage Cancer Trust, 2005
Centro: Neil Young Bridge School Benefit, 1999. Nos reunindo novamente.
Abaixo: Capas dos álbuns *Daltrey, Ride a Rock Horse* e *Under a Raging Moon*

Madison Square Garden, Nova York, 1974

Acima, à esquerda: Eu e Pete gravando, 1966
Acima, no centro: *Quadrophenia* no Hyde Park, 1996 — "Eu vejo"
Acima, à direita: Dois velhotes, 2005
Abaixo: Pete e eu no encerramento das Olimpíadas, 2012

A ideia que Pete tivera foi *Lifehouse*. Um álbum e um filme. Musicalmente, era um conceito impressionante, mas tão esquisita que se tornou difícil assimilar. Em um mundo num futuro não muito distante, o nível de poluição está tão alto que a população urbana precisa viver dentro de casa usando trajes experimentais. Os sentidos são estimulados artificialmente por esses trajes. As pessoas se desconectam de seu ambiente natural. Ele acertou direitinho, não é mesmo?

O restante da população tenta sobreviver nos campos. Os trajes experimentais estão ligados ao Grid, que mantém as pessoas alimentadas e entretidas através de tubos. Elas podem viver milhares de existências em um único dia, o que é ótimo, mas não existe rock'n'roll, o que é péssimo. Junto a isso, surge um rebelde chamado Bobby, que invade o Grid. Ele converte os dados pessoais de todo mundo em notas musicais, as quais ele toca para elas.

A música converge em uma única nota. Com essa nota, elas estão livres. Todos alcançam o Nirvana. Fim.

Parece pretensioso agora. Dá para imaginar como pareceu em 1971? E não estava nem tão claro. Pete sempre deixava a narrativa incompleta, o que é legal se você está fazendo rock, mas não um filme. *Lifehouse* era um círculo intelectual que ia ficando cada vez menor. Era uma zona.

Eu me ofereci para tentar torná-lo um roteiro de fato, mas isso se mostrou insuperavelmente complicado. Entendia o que ele queria dizer. Quando encontrarmos o sentido de tudo, quando encontrarmos uma entidade superior, será uma nota musical. Essa eu saquei. Mas como fazer um filme sobre isso? Como fazer um filme sobre algo que não está ali?

Sempre que conversávamos sobre isso, tudo se resumia ao filme e ficávamos dando voltas e mais voltas no mesmo lugar. Sentamo-nos a várias mesas na Track, na minha casa, na casa dele. Kit e Chris também estavam lá e isso se estendia por horas e horas. Keith e John começavam a beber, só para fazer o tempo passar mais depressa. Em uma noite bem longa em particular, Keith começou a tirar a roupa. Então ficou de cabeça para baixo e colocou as bolas em cima da mesa.

Tentei ser mais construtivo. Sempre dizia: "Você entende essas músicas. Vamos fazê-las." Mas, para ele, era tudo uma coisa só e de uma vez só. Um projeto. Um filme e um álbum. A experiência multimídia em sua totalidade. E éramos apenas idiotas demais para entender.

Já falei antes, e digo isso da maneira mais gentil possível, mas conversar com Pete podia ser como caminhar por um campo minado usando sapatos de palhaço. E uma venda. Quando se fixa em alguma coisa e os outros não entendem, ele é intelectualmente terrível. A frustração dele às vezes se manifesta como maldade. Ele tem um lado lindo e gentil — e é esse lado que vocês veem na maior parte do tempo —, mas há essa outra faceta que pode surgir do nada. Ele é como um escorpião de bom coração. Não importa quão alegre seja a conversa, você fica constantemente atento ao ferrão em sua cauda.

Podia ter sido de ajuda se tivéssemos levado a ideia para o estúdio e pensássemos sobre ela. Sempre havia algo a mais nas ideias de Pete e podíamos ter ajudado. Podíamos ter dado um jeito. Mas ele não conseguia. Ele tomava para si toda a pressão de elaborar a próxima grande coisa por conta própria.

As horas e horas viraram meses e meses. Então, fizemos alguns shows experimentais diante de alguns alunos no Young Vic. O plano de Pete era que o público participasse. *Lifehouse* seria uma experiência participativa. Um show de quatro dimensões. Ele disse que em alguns shows do The Who as vibrações se tornaram tão puras que ele achou que o mundo fosse parar e todos fôssemos voar juntos rumo a um Nirvana unificado. Ele queria recriar isso.

Não é assim que funciona. Eu disse isso na época. Acontece, de vez em quando, durante um show, mas não é algo que possa ser recriado. Pete acha que isso vem do público. Eu não acho. Amo o público, e ele alimenta nosso ego. Mas essa coisa sobre a qual Pete falava, essa vibração, vem de nós e do público. É uma sincronização simbiótica. A forma como cada integrante toca junto cria uma harmonia e, quando isso acontece, sentimos que o público sobe um nível, o que nos faz subir também, e isso é mágico.

Se é possível fazer isso sem um público, eu não sei. Acho que seria mais difícil em um espaço completamente vazio. Tem toda uma energia que você transmite, e, se não há ninguém para recebê-la, então, provavelmente, não funciona. Mas você não precisa de um público para se portar de determinada maneira. Pete se irritava se o público não era o certo. Se estava cheio de executivos de gravadoras ou eram as mesmas pessoas do dia anterior na primeira fila ou o que quer que fosse, nunca me importei. Eu não me importava. Eu toco para o fundo da sala. Vejo um monte de gente, e é isso. Se começar a se preocupar com indivíduos, você se atrapalha. Vejo isso em jogadores de futebol quando começam a tentar demais — eles nunca fazem o gol. Quando relaxam e se deixam levar, dá certo. É a mesma coisa no palco.

Mas a questão é que não se trata de algo tangível que pode ser produzido ao se interagir com o público. Quando você entende direito, você sabe. A segunda vez que tocamos no estádio do Charlton Athletic Football, em 1976, nós entendemos direito. A previsão era um público de 70 mil pessoas, mas 120 mil apareceram, os portões do estádio foram arrancados e todos entraram. Havia chovido o dia inteiro e, quando subimos ao palco, caía uma garoa nevoenta. Quando corri, derrapei e deslizei por toda a extensão do palco. "Bem-vindos ao The Who on Ice", anunciei, ao tirar minhas botas e meias (a gente aprende muito rápido que a única maneira de se conectar a um público encharcado é ficar encharcado também — é mais difícil para o guitarrista, mas Pete lidava com isso também). Depois, só fomos em frente. O público respondeu. Dava para sentir a coisa toda atingindo outro patamar. E então mais um. E mais um. Ia acontecendo, uma relação simbiótica. Nós. A multidão. Não dava para parar aquilo.

Essa foi a primeira vez que usamos nossos três grandes lasers de argônio. Eles eram enormes e incrivelmente poderosos. A única maneira de mantê-los resfriados e impedi-los de explodir era ligá-los a um hidrante. O raio de cada laser atravessava um prisma que formava a capa de *Tommy* com uma luz verde acima do público. A luz ia então descendo sobre a multidão. A sensação de qualquer um ali era a de ser erguido até um telhado de luz. Tudo se encaixava com a música e era algo transcendental, cara. Eles sentiam nossa energia e nós sentíamos a deles.

Então, não importa muito como é o público, e sim que eles estejam lá para podermos criar a energia juntos. Isso não impediu Pete de nada. Ele levou todos nós para o Young Vic com a finalidade de trabalhar com um público participativo. Apenas assentimos para ele como se faz com uma pessoa louca e tratamos aquilo como um ensaio aberto. Foi tudo muito intrigante.

• • •

Enquanto aguardávamos que os pensamentos de Pete se concretizassem, "desconcretizassem" e "reconcretizassem" em algo que compreendêssemos, a Track liberou nosso primeiro álbum ao vivo. Diz-se que o *Live at Leeds* é a nossa performance determinante. O *New York Times* chamou de "o holocausto hard-rock final". Eu mesmo não achava tão bom assim. Nós o gravamos na University Refectory, na noite do dia Dia dos Namorados, em 1970, e eu não conseguia me ouvir em meio à banda. Isso acontecia bastante. John tocava muito alto, Moonie não era dos mais calmos e Pete aumentava seu som para competir. Eles fizeram muito barulho em Leeds. Tive de ignorar o som que repercutia ao fundo e a única maneira de me ouvir era cantando por cima. Sempre sabia quando estava fazendo isso, e foi o que fiz em Leeds. Era uma vergonha, porque foi um "álbum determinante" pelos últimos 47 anos.

A noite seguinte foi um show mais determinante. Fizemos tudo de novo em Hull e com um equilíbrio melhor. Eu conseguia me ouvir. O concerto foi lançado em 2012 como um álbum, e o acho melhor. Talvez eu esteja sendo sensível demais. Você fica assim depois de passar tantos anos diante de amplificadores Entwistle.

John era um baixista genial, mas não conseguia controlar seu ego. Ele costumava tocar por cima o tempo todo. Até Pete, que no quesito volume não era dos mais comedidos, costumava reclamar. Eu sempre tinha longas conversas com John sobre isso. Nos anos 1990, estávamos botando o *Quadrophenia* na estrada e elaborei um solo em "5.15" para pôr John no centro das atenções.

Ele quase nunca estava nessa posição, o que não era muito saudável. Toda uma vida em uma banda, e todo mundo se regozijando em glória enquanto ele ficava lá, se afastando. Isso não é o ideal, nem mesmo para o ego mais equilibrado do mundo. Eu entendo. Então, inseri esse solo e tive com John a mesma conversa que já tivera cem vezes.

— Você tem que saber, John, que tudo se resume à dramaticidade. Se você ficar estrondeando por aí na mesma altura do começo ao fim, nada vai mudar quando você chegar ao solo. A única coisa que o público vai perceber é que alguém da equipe de iluminação, por algum motivo, jogou um holofote em você.

— Sim, Roger — murmurava ele.

— John, você não precisa tocar o show inteiro no mesmo volume do solo, porra. Quando a cantoria estiver acontecendo, suavize um pouco atrás do vocal. Quando chegar sua vez, vai com tudo. Você tem o espaço para isso. Mas, se se tornar uma cacofonia, vai ser um desperdício.

— Tudo bem, Roger.

— E, pelo amor de Deus, quando terminar seu solo, abaixe o volume outra vez.

Fomos para o show e, por um milagre, John começou a tocar e, ainda que não fosse baixinho, não era ensurdecedor. Dava para ouvir o vocal. Dava para ouvir tudo. E então chegamos à "5.15" e o grande baixo de solo. O volume aumentou. E o Touro prosseguiu. Uau. Um contraste. Um belo momento. A não ser pelo fato de que, pelo resto do show, com um sorrisinho irônico na cara, ele manteve o volume no 11.

Só por diversão, ou por vingança por todos aqueles anos e mais anos de volume alto, coloquei John com Chieftains, a banda mais tranquila do mundo, no meu aniversário de 50 anos no Carnegie Hall, em fevereiro de 1994. Estávamos tocando "Behind Blue Eyes". Procure na internet. Vale a pena só para ver John tocando com uma banda que poderia ter o som abafado se você batesse o pé um pouco mais alto. É maravilhoso. Ainda me deixa feliz.

Ego. Esse é o problema. É um componente crucial para uma banda, mas também é fatal. Acho que sublimei tudo isso durante meu período de experiência ao ser mandado para Coventry, o que parece egoísta, não é? Mas superei tudo isso, em grande parte porque estava na frente. Eu recebia minha cota de fama. Mas o ego podia causar problemas. Podia intensificar as tensões. E não era apenas quando os meninos aumentavam o volume em seus amplificadores.

Comecei a girar meu microfone não por ego, mas porque eu não sabia o que fazer com as mãos durante os solos. Começou com um gesto tímido na turnê com o Herman's Hermits, quando começamos a incluir a miniópera na apresentação. Tocávamos uma longa peça musical e achava que ela precisava de uma animação. Eu estava preso no meio do palco segurando o microfone. É uma pose bem idiota. Só dá para fazer alguma coreografia com um braço e não havia possibilidade de eu dançar mais que Mick Jagger. Pelos meses seguintes, isso foi tomando maiores proporções. E foi aí que Pete começou a pular.

Então eu girava mais o microfone. E ele pulava mais.

John apenas ficava parado lá, estoico. Keith estava sempre quebrando tudo. Mas Pete e eu entramos em uma espécie de disputa de braços. Não era coreografado. Aquilo tudo vinha da música. E, talvez, dos nossos egos.

Nem sempre eu pego o microfone. Eu tinha uma taxa de lançamento perfeita nos anos 1960, mas hoje em dia, com a vista não tão boa, é mais jogar e errar. Quando erro, ele acerta minha perna ou minhas bolas, e dói pra cacete. Mas sem dúvida me ajuda a alcançar as notas mais altas.

Só acertei uma pessoa de propósito, um cara no show de Chuck Berry, e ele mereceu; as outras vezes foi por causa de defeitos no equipamento. O microfone escapava do conector algumas poucas vezes, e era assustador. Ele desaparecia. Devia ir bem longe, e se tivesse acertado alguém na cabeça a coisa teria ficado feia. Tente não pensar nisso na próxima vez que estiver na primeira fileira de um dos nossos shows.

Nunca pratiquei. Costumava balançar o microfone algumas vezes para aquecer o braço antes do show porque ele pesa quase meio quilo. Fazia isso para ver quanto de energia eu precisava. E tinha que estar atento, subconscientemente, de onde cada um estava no palco. Precisava conhecer minhas manobras seguras. Coitado de Pino Palladino, nosso baixista pelos últimos tantos anos. No início, ele morria de medo. Agora fica tranquilo porque sabe que é seguro. Ele quase consegue ficar lá sem se encolher.

Tenho certeza de que eles sempre ficavam nervosos no começo, mas, depois de um tempo, passaram a confiar em mim. Pete com certeza confia. E o que mais chama atenção é que nunca atingi Pete com o microfone. Ainda há tempo, mas isso só prova que ele nunca me irritou a esse ponto. Teria sido bem fácil acertá-lo durante aqueles meses sem fim das deliberações sobre *Lifehouse*. Ou em todos os momentos em que discordamos. Uma girada rápida, central, e pronto. Feito. Mas nunca passou pela minha cabeça.

• • •

No fim das contas, o grandioso projeto *Lifehouse*, o próximo *Tommy*, não foi bem e gravamos *Who's Next* no lugar. Eu amo esse álbum. É um dos bons, e o motivo é porque Pete nos deu as músicas muitos meses antes de entrarmos em estúdio.

Lembre-se, ele era sempre generoso quando estávamos em estúdio, nos deixando trabalhar as questões, desenvolver coisas a partir de suas demos. Mas, por causa da imprecisão e da maneira como trabalhava, nunca nos dava tempo para conhecer as faixas de antemão.

Presumo que tenha puxado isso da família. O pai, Cliff, era saxofonista na banda da Real Força Aérea, os Squadronaires. A mãe, a indomável Betty, era uma cantora da Sidney Torch & His Orchestra. Era a vida itinerante de músicos profissionais. Diziam o que tocar e eles tocavam no mesmo instante.

Não é assim que funciona em uma banda de rock. Uma banda de rock tem de digerir a música, tentar assim, assado, e, antes mesmo que se chegue a determinado ponto, o mais importante de tudo é que todos conheçam a música. É preciso conhecê-la há um bom tempo, para não precisar pensar sobre ela. É preciso conviver com ela até que a cabeça saia de cena e o coração assuma o controle. Nunca tínhamos feito isso e acho que é por esse motivo que sempre penamos dentro do estúdio. Eis uma música sobre X, Y e Z. Mandem ver, rapazes. Eu costumava achar isso muito, muito difícil.

Com o *Who's Next*, fomos nessa e ensaiamos todo o material. Tocamos em palco por umas quatro semanas. Fizemos alguns shows no Norte. Então fomos para Nova York e gravamos algumas coisas com Kit. Eu achava que não havia nada de mal com isso, mas a relação de Pete com Kit começava a declinar, então ele apenas jogou o material fora.

Voltamos para a Inglaterra e começamos do zero — o que, àquela altura, para nós não foi problema algum. E isso aparece no álbum. Você faz o seu tempo. Você canta da mesma forma que sente.

Veja "Won't Get Fooled Again". É uma canção genial. Uma letra brilhante.

"We'll be fighting in the streets
With our children at our feet
And the morals that they worship will be gone
And the men who spurred us on
Sit in judgement of all wrong
They decide and the shotgun sings the song."

["Estaremos lutando nas ruas/com nossos filhos aos nossos pés/e a moral que eles pregam sumirá/E os homens que nos incitaram julgam que todos estão errados/eles decidem e as espingardas cantam a canção", em tradução livre.]

Isso foi bem no meio da guerra do Vietnã. Apenas a uma geração de tudo que nossos pais tinham vivido e estava acontecendo de novo. Essa música reúne a coisa toda em um único pacote e faz você parar e pensar — me faz parar e pensar.

Nós a gravamos em Stargroves, a casa de campo gótica de Mick Jagger em Hampshire. É uma casa grande e antiga com um enorme pé-direito duplo, e foi ali que fiz os vocais. Escutei as demos de Pete e, na parte em que o vocal entra de novo, logo depois do riff de bateria, ele fez um "Yeeah" desconfiado, suave, com um quê de jazz. Como eu curti, cara.

Eu conhecia a música. Sabia que era raiva, a porra de uma raiva. Eu a senti, então soltei um grito de raiva. E veio do coração, não da cabeça.

Os outros estavam na cozinha jantando. Todos ouviram aquele grito pavoroso. O restante da banda deve ter achado que o cantor tinha morrido. Keith esticou o pescoço pela porta para ver se estava tudo bem.

Estava tudo bem, e aquele acabou sendo um ótimo álbum. Estávamos em boa forma. E então nosso contador marcou uma reunião. Ele informou que tivéramos um ano fantástico, o que é algo que você gosta de ouvir do seu contador. Falou que fizemos todas aquelas turnês, concluímos o *Who's Next* e o *Live at Leeds*. Fizemos rios de dinheiro. E ele estava contente de nos informar que agora estávamos apenas seiscentas mil libras no vermelho.

Se todos presumiram que éramos milionários em 1969, naquele momento achavam que deveríamos ser multimilionários. Mas ainda gastávamos mais do que recebíamos. Não eram as despesas da vida diária. John vivia em Popes Lane, em Acton. Até aquele verão, eu tinha morado em uma casinha simples de dois andares. Estava tudo sendo gasto nas turnês. E, como descobrimos com o passar dos anos, pelo nariz de Keith e Kit. "Prosperidade sem lucro" é como Chris chamava, o que era um pouco absurdo vindo dele. Ele com certeza estava lucrando. Mas ficara claro que quanto mais fazíamos turnês, mais devíamos. Então decidimos parar.

• • •

Depois de muitos anos de trabalho ininterrupto com o The Who, fizemos nossa primeira pausa em 1972. Seis meses sabáticos longe do circo do rock'n'roll.

Era bom ter tempo livre. Companheiros de banda podem se dar nos nervos. Ficamos amarrados uns aos outros na estrada. Temos de ficar. Mas, depois de meses e meses, essa aproximação machuca. Torna-se mais fácil com a idade. É realmente tranquilo agora. Somos todos amigos, e eu amo isso. Mas aquela pausa em 1972 foi um tremendo alívio. Seis meses descansando. Astro do rock preguiçoso passando o tempo em sua mansão antiga maneira, com sua nova esposa bacana. Já falei, odeio ficar sem fazer nada. Se estou sem nada para fazer, qual a razão para ficar aqui?

Primeira semana: descascar as vigas de madeira que tinham sido pintadas pelos vitorianos com tinta preta.

Segunda semana: descascar as vigas.

Terceira e quarta semanas: descascar as vigas.

Quinta semana: de saco cheio de descascar as vigas, então construí eu mesmo um estúdio em casa.

Sexta semana: estava me divertindo no estúdio quando Adam Faith ligou, dizendo que estava procurando um lugar para gravar com um cantor novo chamado Leo Sayer. Eu os convidei para virem. Sempre gostei de Adam como um irmão, e ele encontrara em Leo algo a mais. Ele era um cantor absolutamente incrível. Totalmente único. E isso não valia de nada, porque estavam cortando um dobrado para conseguir um bom acordo com uma gravadora.

O parceiro de composição de Leo era Dave Courtney. Sugeri, levianamente, que eles compusessem algumas músicas para mim. Eu lançaria um disco solo, veríamos se seria notado e talvez isso ajudasse Leo com o seu acordo. A única condição é que não se parecesse em nada com um disco do The Who. Leo concordou e assim prosseguimos. Sinceramente, não achei que fosse sair nada dali. Na semana seguinte, quando já estava reunindo forças para mais uma rodada com as vigas, Leo e Dave apareceram com dez músicas. Bobagem. Simples assim. A escolha ficou entre mais vigas e música, então começamos a gravar na mesma hora.

Daltrey foi lançado na primavera de 1973 e vendeu mais do que qualquer um dos primeiros álbuns singles do The Who. Em determinado momento, estava vendendo quarenta mil cópias por dia. Mas, sob o aspecto musical, era completamente diferente e isso era proposital.

Os álbuns solo de John e Pete estavam muito mais próximos do som do The Who, mas sempre deixei claro quais eram minhas prioridades. Infelizmente, Kit e Chris não enxergavam dessa forma. Nem a gravadora. Descobri depois que eles retiveram o álbum de propósito nos Estados Unidos. A preocupação deles era que, se fosse um sucesso, eu deixaria o The Who, e, naquele tempo, o The Who era o seu maior produto. Eu não dava a mínima para nada disso. Sempre ouvi pessoas me dizendo que devia seguir uma carreira solo, mas eu não queria cantar sozinho. Eu não queria ser um Rod Stewart.

Às vezes, olho para trás e penso que deveria ter feito isso. Mas nunca pareceu certo. Eu fazia parte daquela banda mágica. Não era a mais popular do mundo, mas as coisas que fazíamos pareciam importantes. Eu me sentia recompensado.

Pete e eu nunca conversamos sobre meu álbum solo, mas tenho certeza de que ele achou que era uma merda sentimental. Sei que John achou que era ruim porque, quando ouviu, imitou o som de um peido. Keith foi igualmente encorajador. Meu primo, o fotógrafo Graham Hughes, fez uma foto na qual estou com uma auréola de cachos, que ele desfocou levemente para dar destaque ao aspecto angelical. Achei que cabia bem no clima de *Tommy*, então segui com ela para fazer a capa do álbum *Daltrey*. A foto saiu em uma revista para adolescentes, no pôster central, como Pin-up do Mês. Na manhã seguinte, recebi uma mensagem de Keith. Ele arrancara a página dupla e rabiscara todo o meu rosto angelical com uma caneta esferográfica. Lia-se "Eca", e foi essa a avaliação dele.

Se eu liguei? Claro que não. Era um álbum que eu sabia que eles iriam odiar. Essa era a questão. Para fazer um álbum que fosse do agrado de John, teria de ser uma espécie de death-metal depressivo. Eu teria odiado e ele, amado.

A única coisa que me irritou em toda essa experiência foi a forma como Kit e Chris reagiram. Eles dirigiam a Track Records, mas antes de mais nada eram nossos empresários. Eram meus empresários. E, quando levei o álbum para eles, eles o jogaram para o alto, e tivemos uma grande discussão no porão da Track. Disseram que era suave, gentil demais. Retruquei que esse era exatamente o ponto. Não queria tirar nada do The Who, e sim fazer algo que pudesse criar uma nova dimensão para mim. Segundo eles, era um lixo.

Isso me irritou; me descontrolei bem ali no escritório. Quando me acalmei, me dei conta de algo que eu deveria ter percebido há mais tempo. Eles não davam valor aos meus interesses. Eles estavam apenas interessados em proteger sua galinha dos ovos de ouro. Depois disso, eu sabia que os dois nunca mais seriam meus empresários. Não havia mais nada a ser feito. Assim que isso aconteceu, pedi a Bill Curbishley que fosse meu empresário.

DOZE

SOB NOVA DIREÇÃO

Nas semanas que precederam a briga, reparei em um cara no escritório. Era grande e alto, usava barba e tinha cabelo preto curto e liso, que não era crespo (você vai entender a importância disso adiante), e logo fui com a cara dele. Rolou uma empatia. Então perguntei a Mike Shaw, nosso diretor de produção, quem era ele.

— É Bill, um de nossos antigos amigos.
— De onde ele é, Mike?
— De Canning Town.
— Gosto dele. Acho que vou chamá-lo para ser meu empresário.
— É o melhor que você poderia ter.
— Qual é a dele?
— Não conte para ninguém — disse Mike —, mas, toda noite, ele tem que voltar para Pentonville, a prisão, onde reside por ordem de Sua Majestade.

Em todos os perfis e entrevistas de Bill Curbishley ao longo dos anos, ele fala sobre seus sete anos na marinha mercante. Mas Bill, o homem que se tornou meu empresário em 1972, e assim tem sido desde então, nunca esteve na marinha mercante. Ele estava na prisão. A marinha foi um disfarce para poupar seus filhos. Quando eles cresceram, ele contou a verdade. E posso contar a você também.

Bill nasceu em Forest Gate e foi criado em Canning Town. Era o mais velho de seis irmãos e sua mãe o enviou para a escola um ano mais cedo para que ela pudesse trabalhar. Era uma criança esperta que chegara ao ensino fundamental um ano antes de todo mundo. Como eu, ele não tinha um histórico de privilégios como as outras crianças da escola. Na guerra, seu pai tinha sido um engenheiro naval da Marinha Real, fazendo a manutenção de submarinos no Sri Lanka, antigo Ceilão. Toda vez que consertava um, ele ganhava uma garrafa de rum em agradecimento.

Quando voltou para casa, conseguiu um emprego no cais do porto e começou a beber muito. O dinheiro já era curto, e as greves nas docas no pós-guerra deixaram a família um tanto desprovida. Bill costumava sair nas noites de sábado com um carrinho de bebê para roubar carvão da padaria local e, assim, manter a família aquecida.

"Foi o trampolim para a rebelião", contou ele. "Aos 11 anos, eu sabia que a única saída era lutar. E se isso envolvia crimes, então que assim fosse."

O que levou Bill a ser pego foi um roubo a uma van de banco em Erith, Kent, 1963. Naquela época, foi um dos maiores assaltos a carros-fortes, mas Bill não teve nada a ver com isso. O submundo todo de East End sabia quem era o responsável, mas ficaram todos de bico calado. Assim como Bill. Infelizmente, o sargento encarregado da investigação estava contra ele (mais uma história envolvendo notas falsas de banco plantadas e uma cerveja arremessada), então Bill foi acusado pelo crime.

No julgamento, a prova contra ele mostrou-se fraca. Os policiais alegaram que ele tinha uma ligação com um dos outros supostos membros do bando. Contavam com uma testemunha que dissera ter visto alguém parecido com Bill dirigindo o carro da fuga. E apareceram com um policial uniformizado que descreveu um homem de 1,70 metro com cabelo volumoso e crespo correndo do carro-forte para o veículo de fuga.

Ora, Bill tem mais de 1,80 metro e era um mod. O cabelo era curto como o dos mods. Nada de crespo nele. Mas, na alegação final, o juiz Thesiger disse: "Bem, vocês podem pensar, membros do júri, que Curbishley, ao correr do banco, poderia ter tropeçado e parecido ter 1,70 metro e, com o vento esvoaçando seu cabelo, ele pareceria crespo. E, de fato, volumoso." Uma inacreditável condução do júri.

Bill foi considerado culpado e mandado para a prisão Durham, onde dividiu uma cela com os ladrões do Grande Assalto ao Trem Pagador. E esse poderia ter sido o fim para ele — quando se flerta com a vida no crime, fica difícil se endireitar de novo ao ser preso ainda jovem. Mas Bill passou a maior parte do tempo na solitária. Ele estudou durante esse período afastado. Conseguiu qualificações acadêmicas avançadas, manteve a cabeça baixa.

Depois de alguns anos, foi transferido para Leicester. E então Reggie Kray conversou com o governador, disse a ele que Bill tinha um bom comportamento, e ele foi transferido para Wormwood Scrubs. Então voltou a Londres, ainda alegando inocência. A história de Bill acabou chegando à primeira página do *Sunday Mirror*. "Serão esses dois homens inocentes?" era a manchete, seguida por um relato de como Bill e outro suposto assaltante, Billy Stuckle, tinham sido acusados injustamente. Como em um passe de mágica, Bill foi convocado a comparecer frente a uma comissão de liberdade condicional alguns dias depois do Natal de 1970.

— Vamos recomendá-lo para trabalhar fora, saindo de Pentonville, por três ou quatro meses, e então você estará apto para a condicional — disseram a ele.

— Por quê? — perguntou.

— Bem, achamos que no seu caso cabe a condicional.

— Não, vocês não acham — disse Bill. — Vocês sabem, porra, que eu sou inocente.

Sob protestos, Bill foi liberado de seu período na "marinha mercante". Stuckle foi solto em seguida e morreu poucos meses depois. "Para mim, foi a prisão que o matou", diz Bill. Já deve ser bem difícil cumprir a pena quando se tem culpa no cartório. Mas quando se é inocente? Bem, Bill sobreviveu, mas perdeu os anos 1960. Cumpriu sete anos árduos em uma solitária, e então foi solto sem qualquer pedido de desculpas. Ele ligou para Mike Shaw, um de seus amigos mais antigos de Canning Town, e no dia seguinte estava trabalhando na Track. Foi um golpe de sorte para ele e um golpe de sorte para mim.

Apenas alguns meses depois, discuti com Kit e Chris no porão da Track e cheguei à conclusão de que precisava de um novo empresário. Bill já tentara falar com eles sobre o meu lance solo: "Se trabalharmos o álbum e fizer sucesso, vai ser a melhor coisa que faremos por ele e por nós. Ele vai ganhar autoconfiança, vai se sentir ele mesmo." E diz ele agora: "Eles riram na porra da minha cara. Falaram que eu podia fazer se quisesse." Então Bill retrucou: "Ok. Vou fazer."

No momento em que o tornei meu empresário, comecei a fazer dinheiro como nunca. Tudo por causa dele, porque, quando ele chegou, Kit e Chris já estavam fora de controle. Na verdade, tudo poderia ter ido por água abaixo mais cedo se Bill não tivesse pegado o jeito tão rápido. Ele não tinha escolha. Ninguém estava administrando nada. Era uma zona.

Eu não ia tanto à Track, mas pelo que Bill fala, eles a tratavam como se ela fosse sua máquina de dinheiro particular. Kit chegava na hora do almoço, pegava o dinheiro que tivesse no cofre e, se não fosse o bastante, fazia um cheque para si mesmo e então saía para comprar drogas.

A Track dividia os lucros da gravadora em cinquenta-cinquenta com a Polygram. E isso era inteligente. Eles empresariavam as bandas, produziam os álbuns e os lançavam. Eles faziam dinheiro em todas as fases. Mas também controlavam os *royalties* do artista, o que era quinze por cento da distribuição. Quando começaram a assinar com outros artistas — Marc Bolan, Jimi Hendrix, Arthur Brown, Thunderclap Newman —, todos esses *royalties* foram direcionados para uma conta à parte sob a Mammoth Records. De vez em quando, eles repassavam um pouco para Jimi e os outros, mas sempre mantinham a maior parte para si. E metade do dinheiro que entrava era proveniente dos contratos com a Polygram.

Como disse antes, em tese, eles deveriam ser nossos parceiros. Kit e Chris tinham prometido para cada um de nós dez por cento da Track. Ainda tenho a carta. Meu cachorro a mastigou, mas eu a mantive como lembrança. Teria sido uma quantia enorme de dinheiro, mas nenhum de nós viu sequer um centavo.

Nesse ínterim, Kit já tinha um palácio do século XV no Grande Canal de Veneza. Nunca fui lá, mas já me disseram que é lindo. Monet o retratou. O crítico John Ruskin gostava muito de suas profundas janelas circulares. Pertencera a condessas, diplomatas e à realeza veneziana. E depois a Kit Lambert. Kit e Chris também possuíam casas imensas em Knightsbridge.

No começo dos anos 1970, eram viciados em heroína. E, quando se é um viciado em heroína, o medo de ficar sem dinheiro existe. Por isso, eles acordavam com os produtores um pequeno adiantamento em vez de uma justa parte dos lucros, depois das apresentações. Como quaisquer viciados, eles queriam apenas ter a grana nas mãos. Tenho certeza de que não sentavam e diziam "Vamos roubar esse dinheiro" e sim, que estavam apenas pegando emprestado, mas não fazia diferença. Era desespero.

Bill apresenta uma perspectiva diferente. Para ele, Lambert e Stamp sempre se sentiram superiores à banda. Moon era o palhaço, Entwistle era o elenco de apoio e Townshend era o gênio, aquele que idolatravam e cultivavam. Eu era alguém que eles toleravam.

Se dependesse de mim, tínhamos nos livrado de Kit e Chris mais cedo. No momento em que eu soube que ambos estavam comprovadamente nos roubando. Sei que eles foram evasivos por anos, mas é diferente quando você tem uma prova cabal de que duas pessoas que deveriam empresariar você estavam desviando seu dinheiro.

Obtive a prova cabal não muito depois de voltar da turnê do meu álbum solo. Kit e Chris disseram: "Conseguimos um acordo de três álbuns com a MCA para o The Who e um milhão de dólares por álbum." Ótimo. "E a porcentagem de vocês sobre cada álbum é de US$ 529.325." Espera aí.

Nossa porcentagem pelo contrato com a gravadora era de sessenta por cento. Eu sabia disso. Não importa quantas vezes você use a calculadora, US$ 529.325 não são sessenta por cento de um milhão de dólares. Era mais ridículo do que isso. A quantia descrevia até os centavos. Posso ser um garoto de Shepherd's Bush, mas não sou idiota. Então liguei para eles e pedi que repassassem tudo de novo. Eles repetiram o número. Perguntei se tinham certeza e eles responderam que sim. Então liguei para Ted Oldham, nosso advogado, que confirmou que a banda tinha direito a sessenta por cento de um milhão de dólares por álbum. Minha matemática proveniente de Shepherd's Bush estava correta. E ele fora bem claro. Kit e Chris estavam nos ferrando.

Conversei com Keith e John e falei para eles que não queria mais pessoas em que eu não pudesse confiar administrando meus negócios. Não era pelo dinheiro. Embora tivéssemos família para sustentar, nunca foi por causa do dinheiro. Sempre soube como éramos sortudos por ter aquilo tudo, por termos nos encontrado e encontrado aqueles dois. Sempre valorizei a criatividade deles e quanto eles fizeram por nós. Eu só não queria mais que fossem os empresários da banda. Eu queria rasgar o contrato de gerenciamento, dar dez por cento para eles e mantê-los por seu valor criativo. Queria que eles participassem, mas não como viciados em drogas controlando a grana. Keith e John entenderam meu raciocínio, mas Pete não quis nem saber. Ele não ia assinar nada para anular o contrato. Disse a ele que precisávamos fazer algo a respeito da situação. Ele disse que não queria, e foi isso. O dinheiro do The Who era trocado para ele.

Então, nada aconteceu até que ele foi para os Estados Unidos um ou dois anos depois e descobriu que eles também estavam pegando o dinheiro que ele recebia como escritor. Não sei quanto eles levaram. Não era da minha conta, mas foi aí que a merda foi jogada no ventilador.

Em vez de mantê-los de alguma forma, eles foram postos para fora de vez. Pete atirou o livro neles. Em 1976, o restante da banda pediu que Bill fosse seu empresário também. Eles viram Bill lidar com tudo relacionado a mim e quiseram que ele fizesse o mesmo por eles. Fiquei fora disso. Eu preferia ter mantido Bill só comigo. Mas acho que isso era inevitável. Quando tudo veio à tona, Bill era a escolha óbvia para empresariar o The Who. Então, Kit e Chris estavam fora. Eles perderam a Track. Eles nos perderam. E nós os perdemos. Sempre me senti mal por isso porque fui o cretino a instigar a separação. Não foi a separação dentro dos meus termos. Foi muito além disso.

Nunca nutri rancor. Sempre segui em frente. Perdoado, mas não esquecido. Mas é preciso melhorar os ares, e isso nunca aconteceu com Chris ou Kit. Kit morreu em 1981 e foi para o túmulo achando que fora injustamente tratado pela banda. Eu o encontrei poucos meses antes de sua morte. Ele viera almoçar em Sussex e estava extremamente melancólico. Bill o viu pouco antes do fim e Kit ainda lhe dizia: "Apenas se certifique de que você vai ser pago." Ele tinha aquela paranoia dos viciados. Bill deu-lhe dinheiro e um cheque. Kit voltou uma hora depois, machucado e chorando. Tentara comprar drogas e bateram nele. Então Bill deu-lhe mais um pouco de dinheiro e arranjou um carro para levá-lo para casa. Foi a última vez que qualquer um de nós o viu.

Kit tinha apenas 45 anos quando morreu. Teve uma hemorragia cerebral depois de sofrer uma queda na escada da casa de sua mãe. Foi um fim terrível para um homem que tinha sido tão importante para a banda. De algum modo, Chris sobreviveu. Ele se livrou do vício e se tornou um terapeuta para viciados em Nova York. Retomamos a amizade e, em 1992, lembrando-me do amor dele pela indústria cinematográfica, pedi a ele que coproduzisse um filme, uma ideia que eu tivera sobre Keith. (Ainda tenho a ideia, mas, naquele tempo, pré-Tarantino, ninguém entendeu nosso roteiro porque não era escrito em um período linear.)

Chris e eu continuamos muito amigos até ele morrer, em 2012. Ele foi meu mentor nas vezes em que perdi a confiança; me incentivava a ir atrás da minha visão sobre como apresentar minha turnê solo vindoura de *Tommy* e a turnê seguinte, *Quadrophenia*, do The Who. Em 2008, quando recebemos o Prêmio Kennedy em Washington, Chris estava lá com sua bela esposa, Calixte, na Casa Branca e no Departamento de Estado. Ele merecia estar ali pelo que ele e Kit tinham nos dado em todos aqueles primeiros anos.

Passamos muitos feriados juntos no Caribe, e foi lá que Calixte, Amie (filha de Chris), Heather e eu demos a ele um enterro viking. Não sei por quê, mas naquela manhã em especial eu estava decidido a me despedir dele de maneira especial. Construí um barco com folhas de palmeira e o que mais encontrei na praia, enquanto as meninas colhiam flores dos jardins vizinhos para cobrir as cinzas dele. Quando terminamos, tínhamos construído um barco funerário tropical/viking, finalizado com uma folha de bananeira ressecada. Com a ajuda de uma geleia inflamável, Chris foi sepultado no mar, na costa da ilha de São Cristóvão.

Ainda assim, apesar de todos esses anos de amizade, ele nunca admitiu que tivesse feito algo errado em relação a nós. Nem uma vez. Fizeram um filme sobre os dois, há alguns anos. *Lambert & Stamp*. Fiz tudo que podia para ajudar Chris e os produtores a concluir o projeto. Dei entrevistas e total acesso a clipes pessoais dos primórdios da banda. E mesmo assim, em todas as entrevistas do filme, Chris nunca explicou o verdadeiro motivo para termos nos livrado deles como empresários. Essa foi a maior vergonha do filme. Em tese, deveria ser jornalístico, mas eles contaram apenas metade da história. A versão do filme sobre o que aconteceu é que nos livramos deles por serem empresários ruins. Nunca disse que eram empresários ruins. Em criatividade, eles eram os melhores que um grupo poderia querer, mas eram viciados em drogas. Se ao menos Chris tivesse dito: "Olha, estávamos fora de nós mesmos... Era tanto dinheiro, e quando você depende das drogas, precisa de muita grana, e, sim, nós gastávamos o seu dinheiro." Bem, para mim, o assunto estaria encerrado. Mas ele não chegou nem perto disso. E a gravação de uma meia-verdade me faz lembrar de tudo e sentir raiva.

Sim, eles foram fundamentais para o nosso sucesso. Sim, eles estiveram no topo do mundo com a gente. E, sim, eles tinham sido pioneiros absolutos na indústria do rock. Mas, quando o dinheiro e as drogas começaram a rolar, a década de 1970 se tornou o Velho Oeste para os caloteiros, e eles escolheram o caminho errado. Eles nunca superaram. Kit morreu muito novo. Chris viveu com isso pelo resto dos quarenta anos seguintes.

TREZE

FAMÍLIA

Em 1972, Heather e eu tivemos nossa primeira filha, Rosie. Por conta do caos e da instabilidade na minha vida profissional, foi uma dádiva constituir família de forma adequada. Como falei, passávamos os feriados juntos. Jackie e o marido dela, os dois filhos e nosso filho Simon vinham para se reunir com a minha segunda família. Fomos à Flórida e a Portugal juntos. Fomos ao Caribe. Todo mundo. Mas, nos primeiros anos, não representei nada para meu filho. E eu mereço isso.

Na segunda vez, foi diferente. Eu estava feliz. Estava com Heather, o amor da minha vida, e ainda vivíamos os primeiros anos do casamento quando os filhos chegaram. E, embora ainda ficasse um bom tempo longe, nos intervalos conseguia ficar com eles e aproveitava muito esses momentos. Ainda era difícil ir embora e voltar — Rosie e, em seguida, Willow, que veio três anos depois, sempre mudavam tanto, mesmo quando era uma turnê curta. Foi só quando tivemos nosso filho Jamie, em 1981, que eu de fato vivenciei a rotina de ser pai. Durante todos aqueles anos iniciais, não importava quão doidas as coisas fossem na estrada, eu sabia que sempre voltaria para a estabilidade. Eu fui muito sortudo. Os outros rapazes da banda tinham relacionamentos um tanto conturbados, e, como já sugeri, essa é a regra no meu mundo. Poderia tranquilamente ser a regra para mim. É muito difícil encontrar uma garota que não só tolera toda a merda do rock, como também apoia você, fica a seu lado, diz o que é o quê, ajuda você a abrir caminho em meio à loucura. Heather era a minha pessoa. Ela era — e ainda é — a minha parceira para tudo.

Tínhamos muitos vizinhos com filhos, então era tudo muito coletivo. Sempre havia crianças por perto, outros pais ajudando, dividindo o fardo. Tínhamos acabado em chalés com dois filhos, com uma vida de portas abertas. Era um paraíso.

• • •

Mas não dá para ficar o tempo todo aproveitando sua vida, dá? Meu período sabático terminou com o *Quadrophenia*. Sempre soube, em termos de gravação, que havíamos ensinado o público a gostar de nós por causa do material. Mas também sempre reconheci que o que Pete dizia, a forma como ele verbalizava e de onde vinha aquilo tornou a coisa revolucionária. Dava para sentir isso na época; não era passageiro. Aqueles sentimentos que ele colocava em sua música eram atemporais. Você pode ter 16, 17 anos hoje, ouvir *Quadrophenia* e sentir que a letra está falando de você. Vejo isso hoje quando estou me apresentando. Há um monte de velhotes curtindo o rock com a gente como faziam meio século atrás. Mas os netos deles também estão lá.

E eles vão à loucura.

Fazer o *Quadrophenia* não foi só paz e amor. A ideia de Pete, seu grande conceito seguinte, veio de um arroubo de inspiração enquanto montávamos o Ramport Studios no antigo edifício de uma igreja, em Thessaly Road, Battersea. Construímos muitas coisas nos anos 1970. Não havia motivo para guardar dinheiro — não quando o governo levava noventa e oito por cento do que ganhávamos. Então, elaboramos projetos e um deles foi o Ramport. O plano era construir um estúdio quadrifônico — som *surround*, bem futurístico. O único problema é que não sabíamos muito sobre estúdios de gravação. Parecia ótimo; quando ensaiávamos lá dentro, tudo soava muito bem. Mas o que ouvíamos ao tocar era uma distorção do som de verdade.

Quando reproduzíamos o que havíamos feito em um estúdio diferente (construído por alguém que sabia o que estava fazendo), não parecia nem um pouco bom.

Ainda assim, isso deu a Pete seu arroubo de inspiração. "Um cara com esquizofrenia e duplo vínculo", disse ele. "Os quatro integrantes da banda e a música são essa pessoa."

Saquei. E foi de cara, mesmo que mais ninguém tivesse entendido. Ele saiu para rascunhar a ideia e, então, como o Ramport ainda não estava pronto, voltamos para Stargroves para as gravações, algumas semanas depois. Na mesma hora, as coisas começaram a dar errado.

No primeiro dia, Kit apareceu com um banquete imenso. Bem típico de Kit. Extravagante e generoso, embora eu tivesse certeza de que estávamos pagando por aquilo tudo. Já me conformara com o fato de que Kit não seria demitido e seguia em frente. Mas Pete tinha outras ideias. Quando Kit apareceu com seu banquete elaborado, ele teve um acesso de fúria. Talvez, depois de tudo, ele finalmente tenha se irritado — ou talvez tivesse mais a ver com a sessão de gravação em Nova York do *Who's Next*. Era com isso que Pete se importava. A música. O processo de fazer música. Ele relevaria o fato de Kit nos roubar, mas interferir nas sessões era imperdoável. Pete jamais explicou por que aquele banquete o irritou tanto, mas foi a última vez que vimos Kit no estúdio. Ele foi substituído por Ron Nevison, e não tenho a menor ideia de onde ele surgiu. Deveríamos ter ficado com Glyn Johns, que entrara no *Who's Next* e fizera um excelente trabalho. Para que mexer em time que está ganhando?

Enfim, eu nunca fiquei satisfeito com as mixagens originais de *Quadrophenia*. Aconteceram erros irreparáveis nas faixas cantadas. Eles acrescentaram ecos e efeitos que não podiam ser removidos. Quando você remixa, não tem como melhorar muito. Lembro-me de ter achado maravilhoso quando ouvi em nosso estúdio quadrifônico vistoso, mas, quando ouvi na gravadora, pareceu raso. Sabia que não era eu. Sempre pus a culpa na mixagem. O estúdio vistoso não estava sintonizado direito.

Pus a culpa nisso publicamente. Disse a um entrevistador: "Desde *Tommy*, perdemos nossa luz e sombra, achei muito pouco gratificante. Barulhento demais." É claro que Pete não ficou satisfeito com meus comentários, mas eu só estava sendo honesto. Sentia que havíamos perdido algum tanto de força. O vocal tinha sido suavizado, e isso acabou com a potência. E a forma como parecemos responder a essa perda de luz e sombra era aumentando o volume.

Foi assim que eu soube que tinha razão. Todos tocavam em um nível de desespero. Se não está indo bem, toque mais alto.

Pete também sabia que a coisa não estava indo bem, ainda que não admitisse. A pressão sobre ele era gigante, e ele bebia cada vez mais. No palco, tomava uma garrafa de conhaque, e músicos embriagados não são bons músicos. Queria ouvir algumas gravações feitas ao vivo daquela época e ver se minha memória do momento é o que realmente parecia. Porque ouço tudo estando na frente do palco, e é um lugar esquisito de se ocupar. Você está nu diante do público. E nunca vê a banda. É possível se voltar para eles em um solo e interagir, mas jamais com John: ele era como uma estátua. Não havia como chegar perto de Keith porque ele estava quebrando tudo e você perderia o restante da banda. Com Pete, dependia da noite.

A cada concerto, a pilha de amplificadores aumentava. Mudamos da Marshall para a Sound City no fim dos anos 1960. Então Pete e John trabalharam com Dave Reeves para criar uma pilha customizada da Hiwatt Electronics em 1968. Ela foi aprimorada para o modelo Super Who 100 em 1970, que se tornou o modelo DR103W em 1973. O que, em suma, significava que eu não ouvia nada dos vocais.

Era uma época de insanidade, total insanidade. Mesmo antes de sair com a turnê *Quadrophenia*, já estávamos tendo problemas. Os ensaios em Shepperton eram exaustivos. Foi o que deu início a uma briga que terminou com Pete inconsciente no chão e eu chamando aos berros uma ambulância. No meio dos ensaios, me aborreci com a equipe de filmagem que, em tese, deveria estar gravando uma ação promocional para a MCA, mas eles ainda nem tinham preparado as câmeras.

— Quando vocês vão começar a gravação, então? — perguntei. — Quando eu perder a porra da voz? Essa peça é difícil e eu só vou fazer uma vez. — Bem racional, não acha?

Pete, cheio do que havia de melhor em uma garrafa de conhaque, explodiu como fogos de artifício. Ele estava bem ali, com o dedo na minha cara.

— Você vai fazer a porra das coisas que eles mandarem você fazer, porra. — zombou ele.

Isso não é jeito de falar comigo, mas ainda assim, recuei. Os roadies sabiam do que eu era capaz, então entraram em ação e me seguraram.

— Deixem ele! — gritou Pete. — Eu vou matar esse merdinha.
Eles me soltaram.
Em seguida, só vi Pete balançando uma guitarra Les Paul de onze quilos na minha direção. Ela passou zunindo pelo meu ouvido, não sem resvalar no meu ombro — bem perto de dar um fim muito precoce ao The Who. Ainda não tinha revidado, mas estava começando a ficar bem irritado. Afinal, ele tinha me chamado de merdinha.

Por fim, depois de quase dez anos sendo o "Peaceful Perce", respondi ao gancho de esquerda do qual mal consegui me esquivar com um direto no queixo. Pete foi para cima e para trás como se tivesse sido atingido por um machado de guerra. Então, caiu com força e bateu a cabeça no palco. Achei que eu o tivesse matado.

Para piorar, nosso assessor de imprensa, Keith Altham, escolhera justamente aquele momento para levar até o palco de ensaio o diretor-executivo norte-americano da mais nova gravadora com a qual havíamos assinado um contrato. A primeira imagem que o figurão teve de sua nova e grandiosa contratação foi a do vocalista nocauteando o guitarrista e o deixando inconsciente.

— Meu Deus! — disse o diretor-executivo. — É sempre assim?
— Não — respondeu Keith. — Hoje eles estão em um de seus melhores dias.

Acabei na parte de trás da ambulância, segurando a mão de Pete, devastado pela culpa. Eu é que tinha sido atacado, mas, de alguma forma, acabei me sentindo responsável. Era como estar de volta ao recreio em Acton de novo.

Felizmente Pete sobreviveu, mas, pelo resto da vida, tive que ouvi-lo me culpar pela área careca no topo de sua cabeça. Até hoje, acho que ele acredita que eu fui o agressor. Ele tem uma memória bem seletiva às vezes.

A pressão e o álcool foram os culpados pela briga, e durante a turnê as coisas não melhoraram. Pela primeira vez, estávamos tentando trabalhar com fitas. Tudo muito futurístico e pioneiro, mas você tem de conseguir ouvir o andamento e o ritmo. Se perder isso, está ferrado. Coitado do velho Keith. Não sei como ele conseguia. Gravar no metrônomo era um pesadelo. Era como nos algemar.

Tudo aquilo veio à tona em 1973, na Noite de Guy Fawkes, no Odeon Newcastle, é claro, apenas duas semanas depois da última troca de socos. Pete atacou Bobby Pridden. Bem, Bobby era nosso técnico de som desde sempre.

Ele ainda saía em turnê com a gente até o começo de 2016, o que é fantástico, porque, depois de mim, ele era o homem mais próximo geograficamente de Pete durante um show. E, quando um show vai mal, você quer ser o homem mais distante geograficamente de Pete. Bobby teve mais guitarras, amplificadores e toca-fitas arremessados em sua direção ao longo dos anos do que merece qualquer outro ser humano, mesmo um técnico de som. Naquela noite, provavelmente não foi culpa dele. Só estávamos tentando ser ambiciosos demais.

Era tão difícil fazer as coisas que hoje são comuns. Agora é tudo digital. Tudo é calculado. Você tem um modo de espera para tudo, e é só apertar um botão e pronto, a coisa anda. Naquele tempo, você precisava alinhar a fita, o que, para qualquer criança que esteja lendo isso, é uma fita de verdade, e você precisa ajustá-la com precisão. Mesmo conseguindo fazer isso, a fita podia se romper, o que acontecia bastante. Era um pesadelo. Tantas coisas podiam dar errado e davam. A engenharia de som no começo da década de 1970 era como as minhas guitarras no fim da década de 1950. Fita adesiva. Talas. Pouca chance de sucesso. E uma constante propensão que tudo tinha de dobrar ao meio.

É claro que esse é o cerne do rock. Estávamos sendo incrivelmente ambiciosos porque nada era grande demais no rock nos anos 1970. Os Beatles eram uma banda composta por quatro integrantes no meio de um estádio, o que era ridículo, mas funcionava por causa da histeria. Quando as garotas paravam de gritar, eles eram quatro pontinhos que não faziam muita coisa. Nós não conseguíamos nos esconder atrás da histeria, então precisávamos fazer mais. Precisávamos lotar o estádio. Não podíamos nos concentrar em telões porque eles não existiam. Tínhamos apenas luzes e som. É por isso que a coisa ficava tão insana no palco, era por isso que tentávamos coisas nas quais não podíamos confiar e é por isso que Pete e eu, septuagenários, precisamos pedir que você repita o que disse, só que um pouco mais alto.

E é por isso que um toca-fitas foi arremessado em Bobby na noite em Newcastle. "The Who — Uma demonstração ridícula de violência gratuita" foi a manchete do dia seguinte no *Evening Chronicle* de Newcastle.

Os ânimos esquentaram depois que o baterista Keith Moon teve problemas com seus fones de ouvido. Ele arremessou suas baquetas enquanto os técnicos de som consertavam o aparelho. Então Townshend interveio.

Ele arrancou as fitas pré-gravadas e arremessou o equipamento nas cortinas. Os outros três integrantes da banda — o cantor Roger Daltrey, o baixista John Entwistle e o baterista Keith Moon — apenas observaram a cena. Foi, na minha opinião, uma jogada de publicidade extremamente infantil, com um efeito prejudicial em potencial nos milhares de jovens que seguem invariavelmente tudo que seus ídolos fazem. Por outro lado, eles foram impecáveis musicalmente, como sempre.

Para mim, é por isso que os críticos, não importa que sejam muito bons, jamais conseguem compreender direito qual é a nossa. Pode ter parecido "impecável musicalmente" para ele, mas para nós — e para Pete em especial — era como se o erro mais ínfimo em uma música causado por um toca-fitas ruim fosse uma lombada imensa na estrada.

Não foi uma jogada de publicidade. Longe disso. Foi pura frustração. Nos dois shows seguintes, no Odeon, não houve incidentes. Então, depois de três shows no Lyceum, em Londres, partimos para os Estados Unidos e para mais desastres.

• • •

Terça-feira, 20 de novembro de 1973. O Cow Palace, em São Francisco. O começo da etapa Estados Unidos-Canadá da turnê do *Quadrophenia*. A promessa que a banda fizera em 1965 de não usar drogas até o fim do show estava — como eu posso dizer? — em frangalhos. Antes do show, Keith tomou uma garrafa de conhaque, seguida por um punhado de tranquilizantes para cavalo e alguma outra coisa que nunca descobrimos o que era. Em parte, ele era um viciado. Em parte, tinha medo do palco. As pessoas presumiam que alguém como Keith, um artista nato, era exibicionista por natureza e, por isso, não podia ficar nervoso — mas ele ficava. Cobrava muito de si e, em algumas noites, vomitava por horas no quarto ao lado do meu antes de subir ao palco. Às vezes, era por causa do excesso do que estava tomando. Às vezes, era o puro e velho medo. Ele passava muito tempo no limite. Naquela noite, ele o ultrapassou.

O show começou bem. Os metrônomos estavam funcionando. Nada fora arremessado em Bobby. Então, Keith começou a perder as forças durante

"Drowned". Ele se recuperou para "Bell Boy", mas, quando chegamos ao solo dele em "Won't Get Fooled Again", ele parou de vez.

"Vamos apenas reanimar nosso baterista com um soco no estômago dele", disse Pete com seu jeito afável de sempre. "Ele desmaiou. Acho que ele saiu e comeu algo que não devia. É a comida estrangeira de vocês."

Você não tem ideia do que é estar em um palco diante de quinze mil pessoas, todas animadas, gritando por você, e seu baterista está com a cara enterrada na caixa da bateria, para em seguida acabar caindo estatelado de costas no chão. Não houve pânico. Mesmo estando na merda, você sabe como se safar. Essa é a beleza do rock. É tão irreverente que dá para fazer um show de quase tudo, até de um desastre irreparável como aquele. Se o baterista está inconsciente e permanece estatelado no chão o restante da apresentação, enquanto as pessoas jogam água nele, dá para fazer um show em cima disso. Contanto que você crie barulho e uma performance em cima disso, você vai sair dessa. Os fãs do rock são diferentes de qualquer outro público. Eles perdoam. Eles gostam do improviso.

Ainda assim, seria bom ter um baterista naquela hora. Um Keith apagado e de olhos revirados foi carregado pelos roadies e enfiado em um banho gelado. Um médico injetou algo nele e Moon voltou ao palco. Dessa vez, foi até o fim de "Magic Bus" antes de notarmos que não havia necessidade de um médico para nos dizer que ele estava inconsciente de vez.

"Alguém toca bateria?", perguntou Pete. "E estou falando de alguém bom." Subiu ao palco Scot Halpin, de Muscatine, Iowa, de 19 anos, e tocamos "Smokestack Lightning", "Spoonful" e "Naked Eye", até finalmente jogarmos a toalha. Sobrevivemos àquela noite e, por milagre, Keith também, mas eu podia tê-lo matado. Todos nós podíamos.

No dia seguinte, o encontramos na recepção do hotel debilitado, em uma cadeira de rodas. Não dava para dizer que ele estava arrependido. Tinha um largo sorriso na cara e um enorme chapéu de pelo do qual ele gostava muito. É claro que tinha chifres de búfalo. Quaisquer que tenham sido os níveis industriais do medicamento que ele tomara, tinham deixado Keith paralisado do peito para baixo. Como Sherpas levando suprimentos Everest acima, tivemos que carregá-lo pelas escadas do avião.

Tínhamos um dia de folga antes do show na arena Forum, em Inglewood, mas Keith ainda não estava bem. O médico havia garantido a presença dele atrás da bateria com uma injeção em seu tornozelo. Levou quatro dias para que ele recuperasse todas as sensações. Primeiro foram os braços, o que foi útil para a apresentação. Então a cintura e depois, pedacinho por pedacinho, as pernas dele, finalmente.

Os médicos estavam sempre lá, no entorno, preparados para suprir qualquer necessidade, em qualquer situação. Sim, doutor, gostaríamos de um estimulante. Sim, doutor, agora precisamos de alguns calmantes. Era tudo perfeitamente legal e correto. Quanto à ética, provavelmente era uma zona neutra.

A maioria do que Keith tomava era prescrito. Eu costumava fumar um pouco de maconha nos intervalos entre as turnês, mas evitei tudo até machucar os ombros e ficar dependente dos analgésicos. Coisinhas horríveis que demoravam à beça para fazer efeito. Então, me viciei em remédios para dormir, o que foi pior ainda. Não conseguia dormir por causa do excesso de adrenalina. É impossível descer do palco e ter um sono decente. Sem chance. Costumava aliviar o estresse com gatinhas e bebida, mas aquilo não dava mais certo, então comecei a tomar metaqualona, ou Mandrax, como chamam na Grã-Bretanha. Fabricado no começo da década de 1970, era um sedativo derivado de barbitúrico e era horrível. Os efeitos colaterais eram horrorosos: depressão, fadiga, sonhos desagradáveis, ataxia, dor de cabeça, emoções confusas, visão dupla, tonteira. Foi retirado do mercado e banido quando as pessoas perceberam como era potente e viciante. Mas eu tinha que dormir.

Fazíamos shows cada vez mais longos. Estávamos chegando a três horas, o que demandava altos níveis de energia e concentração, então me tornei obsessivo com o sono. Tornou-se a principal coisa da minha vida. E, como qualquer insone pode comprovar, ao ficar pensando no sono, você se preocupa com ele e ele então se torna cada vez mais elusivo. Ficava deitado todas as noites pensando: tenho que dormir agora. Se eu não dormir, não vou conseguir fazer o show amanhã. Agora. Anda logo, vá dormir. Talvez eu devesse ter contado carneirinhos.

O Mandrax foi prescrito com um tanto de inocência pelo meu médico e não por um daqueles misteriosos fornecedores que seguiam as turnês — esses estavam muito ocupados mantendo Keith na vertical. O médico não queria me passar o remédio, mas eu estava desesperado. Disse a ele que não ia conseguir fazer a turnê sem aquilo, e ele acabou cedendo. É por isso que há tantas fatalidades no nosso meio. É muito intenso, a tentação de tomar algo para manter o equilíbrio é enorme. Primeiro, você toma os calmantes para trazer você de volta à Terra depois de um show. Depois, você precisa dos estimulantes para levar você ao céu a tempo para o próximo show. Nunca precisei do estimulante. Nunca dei uma de Elvis por completo. Mas largar o Mandrax foi horrível. É uma crise de abstinência de duas semanas, e você acorda no meio dessas noites sem fim e sem descanso sentindo-se cair de um penhasco. Ainda tenho dificuldade para dormir. Mesmo quando não estou em turnê, é uma luta. Há momentos, em geral de madrugada, em que eu trocaria tudo pela capacidade de me deitar na cama e dormir. Não o faria, é claro, mas não acho que existam muitos artistas que dormem bem depois de um show. Se eles conseguem, provavelmente não estão fazendo da maneira certa.

Quando a turnê foi para o Canadá, os membros de Keith já estavam totalmente recuperados. Um Keith com plena capacidade de se mover era um animal perigoso e seu breve contato com a paralisia não o tornou mais cauteloso. Em 2 de dezembro, nossa gravadora norte-americana, MCA, deu uma festa depois do show no Bonaventure Hotel, em Montreal. Estávamos na noite seguinte tocando em Boston e eu tive uma dor de garganta arrasadora, então fui para a cama, destruído, com meu Mandrax e seus efeitos colaterais. Deixei que o restante da banda se virasse. Em algum momento da noite, Keith decidiu redecorar a suíte executiva com sua arte abstrata exclusiva usando ketchup — até Pete ajudá-lo a enfiar uma mesa grande de mármore na parede. Depois de jogarem diversos itens da mobília na piscina, eles foram dormir. Às 4 horas da manhã, a Polícia Montada Real Canadense chegou em peso e arrastou todos nós (dezesseis pessoas) para a cadeia. Não havia razão para dizer a eles que eu não tivera absolutamente nada a ver com aquilo (dava para ver que eles não estavam ligando a mínima), mas tentei avisar que eles tinham prendido a enfermeira do Mike.

Mike Shaw estava conosco desde 1964. Ele e Chris Stamp eram amigos de infância, e ele trabalhara como diretor de iluminação teatral antes de ser responsável pelas luzes dos shows do The Who. Ele era um mod agitado, com um senso de humor muito afiado; um ótimo membro da equipe de produção. Mas, em 1965, quando estávamos nos tornando uma grande banda, ele dirigia a minivan que, depois de um show, entrou na traseira de um caminhão, bem ao sul de Stafford. Ele sobreviveu, mas fraturou o pescoço e passou o resto da vida em uma cadeira de rodas. Fizemos o melhor que pudemos por ele — Mike jamais reclamou, ainda que fosse muito difícil para ele. Também continuou a trabalhar para a Track e ainda ia para cima e para baixo com a gente, mas ele não podia fazer nada sem sua enfermeira. Expliquei tudo isso aos policiais naquela noite de dezembro em Montreal, mas eles não ouviram: só queriam acabar com a gente, com cadeira de rodas ou não. As autoridades sempre odiaram pessoas como nós, e aquelas foram as piores que já encontramos.

Fomos trancados em celas. Eu estava com Bill Curbishley e, como é de imaginar, ele ficou de boa, trancafiado. Assim que entramos, ele apenas se deitou no banco e ficou imóvel, quase como se meditasse. Que profissional. Eu andava de um lado para outro, como um animal enjaulado, o que não é a melhor maneira de se comportar na cadeia. Os outros estavam em celas próximas, parecendo infelizes. Só havia uma pessoa faltando. O escroto do Keith Moon. Muito, mas muito mais tarde, ouviu-se um grande tumulto, e Moon chegou, deslizando despreocupado pelo recinto, em seu casaco de pele de tigre e fazendo sua melhor imitação de Noël Coward.

Ele olha para o policial de cabelo bem curto, o mais cruel da sala, e, com um aceno de mão em dispensa, diz: "Poderia trazer o meu com duas pedrinhas de açúcar, meu querido?" Então volta-se para outro policial: "Acredito que você encontrará a reserva de uma suíte em meu nome." Tenho certeza de que isso não acelerou nossa liberação.

No fim, eles nos mantiveram ali por oito horas e só nos libertaram quando o produtor do show concordou em pagar US$ 6 mil em dinheiro para cobrir os reparos. A situação inteira foi ridícula. Foi só uma parede, uma janela e alguns itens de mobília. Como eu disse antes, os hotéis nos viam como uma oportunidade para redecorar o lugar.

Perdemos nosso voo logo depois do almoço; pegamos outro no fim de tarde e chegamos ao palco do Boston Garden dez minutos atrasados, o que, considerando tudo o que acontecera, foi um milagre. Lembro-me de que esse foi um dos melhores shows da turnê. É incrível o que ser solto depois de oito horas de detenção em uma delegacia faz com o seu nível de energia.

Infelizmente, ser preso antes de cada apresentação não era uma opção. Seguimos com dificuldade até o fim da turnê — passando pela Pensilvânia, por Maryland e, então, de volta a Londres para quatro noites no Sundown Theatre, em Edmonton. Quando finalmente cheguei a Sussex, na véspera de Natal de 1973, eu estava destruído, mas também, aliviado. Precisava de estabilidade e tinha minha família esperando por mim em casa.

Não era apenas Heather e Rosie. O clã Daltrey inteiro invadiu aquele Natal. Mandamos um ônibus até Shepherd's Bush para buscar todos os tios, sobrinhos, primos de segundo, terceiro e quarto graus — os mais distantes. Fizemos uma grande fogueira e dançamos muito, cantando todas as músicas *cockney* vulgares, como nos velhos tempos.

Alguns amigos meus do ramo acham difícil voltar de uma turnê. Tentar se readaptar à normalidade de uma vida familiar depois de três loucos meses na estrada era um desafio. Para mim? Problema nenhum. Eu era jovem. Vivia cada momento, e se ele consistia em ficar diante de milhares de pessoas com um baterista desmaiado por cima do bumbo atrás de mim, eu apenas lidava com aquilo. Se a ocasião era a de receber um monte de tios, sobrinhos, primos de terceiro grau e parentes mais distantes, sem problema. Alguns momentos eram melhores que outros, e aquele Natal foi um deles. Meus velhos estavam lá e, em algum momento durante a semana de comemorações, meu pai me olhou nos olhos e disse: "Não é maravilhoso?" Ele estava feliz, e aquilo era tudo para mim.

QUATORZE

E AÇÃO...

Estava escrito nas estrelas havia muito tempo. *Tommy: O filme*. Desde que tinha ido ao Amazonas com dois amigos e uma câmera em 1961 para fazer um documentário da expedição, Kit se imaginou um produtor cinematográfico. Chris tinha a mesma ambição. Mais do que o álbum, os shows ao vivo e as grandiosas produções em teatro, ele via *Tommy* como sua entrada no ramo cinematográfico propriamente dito, divulgando o próprio roteiro por todos os cantos, sem Pete. Havia algumas pessoas do cinema norte-americano interessadas e parecia que a coisa ia acontecer; então, parecia que não, depois que sim, depois que não outra vez. As coisas iam e vinham na indústria cinematográfica, mas, por se tratar de Kit e de um filme que não era como qualquer outro, sempre parecia mais não do que sim.

Em algum momento em 1973, Robert Sitgwood se tornou o produtor, Kit fazia incontáveis reuniões e os planos iam se delineando. Foi quando tudo começou a desandar nos bastidores. Havia muito talento, mas também muita droga e, com isso, muitas falhas na comunicação. Estávamos lutando com o *Quadrophenia*, tentando vivê-lo como fizemos com *Tommy*. Fazer um filme parecia uma tarefa lá no fim da lista de afazeres. E então, do nada, Ken Russell chegou, as coisas começaram a acontecer muito rápido, e fui escalado para ser Tommy.

Para ser sincero, fiquei chocado. Eu sabia que tinha cantado *Tommy* pelos últimos anos, mas isso não significava que tinha uma ideia de como atuar, em especial com Ken na direção. Qualquer um que teve contato com qualquer coisa dos anos 1970 era fã de Ken Russell. Ele era um ícone, um herói, e eu o idolatrava. E lá estava eu, não apenas em reuniões, como também almoçando com ele e a esposa, a figurinista Shirley Kingdon, na luxuosa casa deles em Holland Park. Ele amava música e entendeu totalmente *Tommy* — os dois afirmaram ser "a melhor ópera moderna desde *Wozzeck*, de Berg". Mas fui completamente sincero com ele. Disse que nunca havia atuado antes. Tentei participar de uma peça na escola, mas me expulsaram por eu ser muito inovador. Então, eu não tinha experiência. Não sabia se conseguiria.

Ken não aceitou meus argumentos. Ele disse que eu era Tommy, ponto final. Expliquei que eu conseguia lidar com uma multidão de cima de um palco, mas não fazia ideia de como me apresentar em um filme. No fim, encarei porque não havia diálogo. Era tudo cantado. Teria sido uma história bem diferente se eu tivesse que falar.

E foi isso. Eu seria um ator e, assim que me acalmasse e pensasse sobre o assunto, sabia que ia amar. Foi uma mudança total, e o momento foi perfeito. Tínhamos sobrevivido à turnê complicada do *Quadrophenia*. Vivíamos conflitos dentro da banda e com nossos empresários. Eu sabia que nunca íamos nos separar, mas, quatro anos depois de nosso maior álbum, não houve um único dia sem que alguém na imprensa musical previsse o nosso fim iminente. Eu precisava daquela virada radical.

Mudei meus hábitos noturnos: do sono de um músico (dormindo e acordando tarde) para o de um ator (acordando antes das galinhas, ainda dormindo tarde). Passei a maior parte do tempo saindo com a equipe e foi ótimo. Se uma banda é como uma pequena família que briga constantemente, estar em um set de filmagem é como ser parte de uma grande família que só briga de vez em quando. São cinquenta, sessenta pessoas juntas por quatro meses.

Tem os atores, a equipe, as maquiadoras. Ficamos todos no mesmo hotel em Hayling Island, ao sul de Portsmouth, e a vida era tão intensa em um set de Ken Russell que todos nós criamos vínculos rapidamente. E, quando digo que encarei o desafio é relativizar o que precisei fazer. A primeira coisa foi me acostumar a ser surdo, mudo e cego. Passei muito tempo com figurantes portadores de deficiência que apareciam no filme, e eles me ensinaram muito. Por causa de Mike Shaw, eu já sabia como a vida em uma cadeira de rodas podia ser dureza. Basta ter que empurrar alguém por um dia para entender como é difícil, e como os detalhes fazem tanta diferença. Coisas como se ajoelhar para ficar à altura do olhar da pessoa em uma cadeira de rodas. Ninguém é educado para isso, é? E por não ser, isso cria uma barreira. Seria tão complicado assim substituir uma aula, apenas uma, de trigonometria por uma palestra com um portador de deficiência explicando o que tornaria a vida deles mais fácil? Porque todo mundo participaria. Até a criança mais durona. E faria uma diferença gigantesca na sociedade.

Enfim, passei um tempo com esses caras no set e todos foram maravilhosos. Realmente maravilhosos. Eles me ensinaram tanto, não apenas para meu papel de Tommy, como também para o resto da minha vida — me ajudaram a sentir um pouco do que eles sentem.

Quando a filmagem começou, a privação completa dos sentidos de Tommy entrou em cena. Vivi um transe total. Não consigo me lembrar de metade das coisas que aconteceram porque eu estava em um estado pleno de deslumbramento. Às vezes, isso era bom. Outras, nem tanto.

Por exemplo, passei um dia inteiro deitado no chão entre as pernas de Tina Turner enquanto ela balançava e remexia suas coisas. Eu era fã dela havia anos, mas juro pela minha vida que não me lembro de nada. Nem sei dizer de que cor era a calcinha dela. Ou se ela estava usando uma. Não me lembro nem de falar com ela. Tina Turner. Um dia inteiro.

Nada. Devo ter desenvolvido o melhor método de atuação que já existiu.

Certo dia, no mesmo segmento de "Acid Queen", tive de ficar lá, enquanto Ken tentava descobrir com qual criatura tropical eu deveria dividir um sarcófago. Eu estava usando uma tanga e nada mais. Se não tivessem que se preocupar com a classificação do filme, teriam me deixado nu. Acho que percorri um longo caminho desde aquela banheira com feijões cozidos congelados em 1967.

Primeiro, Ken tentou cobras. Aprendi bem rápido que cobras não soltam apenas fezes e urina, como também, se você der muita sorte, um odor muito forte que sai da glândula odorífera na cloaca. Só para contextualizar em termos de potência, esse odor só fica atrás do cheiro de um gambá, mas dura muito mais tempo. As cobras o soltam para marcar território, mesmo que esse território seja um sarcófago. O fedor é inacreditável. Ken não deu a mínima. Ele só queria captar a cena certa e, depois de algumas horas com as cobras, ele concluiu que não tinha dado certo com elas, então tentou com insetos. E depois com borboletas.

Lembro de me sentir aliviado quando as borboletas adejaram ali, mas eu estava enganado. Não eram borboletas normais. Eram gigantes: tinham o tamanho de um prato e o corpo era grande como um punho. Dentro do sarcófago, elas voavam e resvalavam em mim, gentis e escuras, serenas e calmas. Então, depois de muita enrolação, alguém gritava "Ação!" e o sarcófago era aberto. Cada vez que isso acontecia, as borboletas voavam em pânico e esvaziavam seus intestinos. Ao fim da sessão, eu estava coberto por merda de cobra e de borboleta. Levou dias para o fedor sumir, mas enfrentei tudo e passei pelo processo graças ao meu genial método de atuação. Completamente desprendido da realidade. Mal notei o cheiro. Estava em algum lugar distante com as fadas, não com as borboletas. Ken, aliás, acabou não usando nada dessa filmagem. Ele seguiu com as papoulas no lugar. Papoulas não esguicham nada.

Outro grande teste era me convencer e convencer o público de que Ann-Margret, a estonteante e hollywoodiana atriz escandinava apenas três anos mais velha do que eu, era minha mãe. Fiz isso ficando longe dela no set. Porque você não pode curtir sua mãe, mesmo que ela seja uma mãe apenas na tela. Mas ela era muito querida. Sem frescuras, sempre sorrindo. Nem um quê de superioridade nela.

Duvido que ela sequer tenha reclamado quando estavam filmando seu grande final, onde ela joga uma garrafa na televisão e é pulverizada por espuma e feijões. Em uma dessas tomadas, enquanto ela se debatia, a equipe viu a espuma ficar rosa e depois vermelha. Ela havia cortado um dos pulsos em um caco de vidro. Havia sangue por todo lado. Eu não estava no set naquele dia, mas encontrei a equipe naquela noite e estavam ainda bem abalados. Ela precisou levar 21 pontos, mas ficou no personagem enquanto o sangue fluía.

Atores decentes têm a mesma mentalidade que músicos decentes. O show tem que continuar. Ann-Margret era uma profissional. Assim como Oliver Reed. Ken gostava de levar seu elenco ao limite. Não era puro sadismo. Ele estava sempre atrás de uma performance com total comprometimento. Mas ainda havia um quê de provocação nisso, e Ollie jamais demonstraria estar perto do limite. Vou dar um exemplo. Gravamos a última cena no acampamento de férias em um dia de verão excepcionalmente quente. Os cenógrafos tinham espalhado várias sinaleiras prateadas — eram como espelhos refletindo e ampliando a luz do sol. No momento em que Ken encerrou as gravações, estávamos todos queimados. Mas Ollie fez pior. Essa era a cena em que seu malvado tio Frank era assassinado pela multidão furiosa. Ken o colocou deitado em uma poça, se fazendo de morto.

Depois de várias tomadas, alguém falou:
— Ollie, hora do almoço.
E Ollie respondeu:
— Pode ir. Se aquele babaca acha que vai me destruir, ele está muito enganado. Vou ficar deitado aqui o dia todo.

E assim foi. Ele ficou deitado o dia inteiro naquela poça. A poça estava quase seca até o fim do dia. Mas ele não foi a lugar algum. Ollie e Ken se amavam, confiavam um no outro e chegavam a extremos para não se decepcionarem um com o outro. Todo mundo adorava Ken. Ele estava sempre aberto a ideias. Se empacasse na direção de uma cena, ele sempre perguntava: "Bem, o que você acha?" E, se gostasse da resposta, fazia uma tentativa. Ele filmava com câmeras enormes, sem estabilizadores e nada parecidas com essas minúsculas câmeras GoPros de hoje em dia. E, quando você vê o movimento da câmera, é pura genialidade. Aprendi muito com ele. Eu o amava e confiava plenamente nele, embora ele muitas vezes parecesse obstinado a me matar.

Tudo estava indo tranquilamente até Tommy recuperar os sentidos. Visualmente, se tornou uma história mais difícil de contar; ficou chato. Foi o mesmo problema que tivemos em *Lifehouse*. Como filmar um sentimento? Ken era o único diretor que podia se safar desse desafio. Seu jogo de câmera era fantástico. Ele amava assumir riscos, mas gostava mais quando seus atores assumiam riscos ainda maiores. Ele sempre me dizia: "Quero que faça isso; você vai estar seguro." E sempre acreditei nele.

Em julho, fomos a Keswick, em Lake District, para filmar a sequência de escalada em "See Me, Feel Me". Não me dou bem com altura. Seria um bom momento para trazer o dublê — mas não havia um dublê.

"Quero que você desça por aquele lado da rocha, espere até que eu diga 'Ação!' e então escale outra vez. E não se preocupe, você vai estar seguro", disse Ken.

Desci até ali, descalço e sem camisa, tentando não pensar na queda de seiscentos metros abaixo de mim e esperei. E esperei. E pensava: "Anda, Ken, anda, Ken."

Por fim, veio a voz dele: "Faremos dentro de cinco minutos, estamos esperando a luz." O céu estava preto, com nuvens sombrias. É assim no Lake District no fim de julho. Aguardei naquela saliência pelos 25 minutos mais longos da minha vida, ficando com mais e mais frio.

Finalmente, o sol raiou, Ken gritou "Vire-se, rápido, ação!" e subi a montanha como uma cabra assustada. Mas ainda me lembro da letra. Assistindo hoje, mal dá para dizer que eu não estava me divertindo. Que ator.

"Vamos fazer mais uma vez..."

Essas eram as palavras que você não queria ouvir, mas sempre ouvia. Keith cortava um dobrado para fazer as cenas de novo. Ele não tinha disciplina nenhuma para isso. Para editar um filme, é preciso fazer tudo várias vezes. Depois de terminar um plano geral, é necessário filmar os closes. Tudo tem de estar sincronizado, senão não dá para editar e juntar. E Keith simplesmente não conseguia lembrar o que tinha feito de uma tomada para outra.

Não ajudava nem um pouco o fato de que ele e Oliver Reed eram unha e carne marinadas no melhor álcool. Eles não se hospedaram com a gente naquele hotel barato durante as filmagens. Eles ficaram no Grand. Só me lembro disso porque tinha uma fonte de peixinhos dourados no átrio e Keith costumava se divertir muito, fingindo que pegava um deles, comia e cuspia os restos. É claro que eram apenas pedaços de cenoura bem fininhos (pelo menos, acho que eram), mas ainda assim fazia as senhorinhas de cabelo branco-azulado gritarem.

Não tinha certeza se era uma boa aqueles dois se tornarem tão amigos. Keith era a única pessoa que bebia mais que o Ollie. Eles fizeram uma aposta uma noite: quem botava para dentro mais conhaque. Depois que cada um tinha tomado duas garrafas, Ollie desmaiou, sentado onde estava.

Keith olhou para ele e disse: "Você é muito sem graça."

No meio da filmagem, quase perdemos os tios Frank e Ernie. Uma noite, depois de competir para ver quem bebia mais, Keith e Ollie requisitaram um barco de pesca e saíram para navegar no estreito de Solent. Algo aconteceu — é impossível definir exatamente o quê — e eles acabaram indo parar a alguns quilômetros do litoral de Hampshire sem o barco, tentando nadar de volta para casa. Keith, como vocês já sabem por conta de sua tentativa de surfar no Havaí, não era bom nadador. Lembro-me dos dois voltando, bem na hora em que tomávamos café da manhã, bem cedo. Keith sempre via o lado bom das coisas, não importava quão difíceis elas fossem. Dessa vez foi diferente. Deviam ter escapado por muito pouco.

Todos sobrevivemos àquele verão, e, no começo do outono, a filmagem épica estava quase no fim. A única coisa que restava era a parte do voo de asa-delta — presumi que tinha sido deixada para o fim se por acaso eu morresse durante as filmagens. Eles teriam um filme com a comovente cena de um planador, pela qual o ator tinha dado a vida em nome da arte e da chance de vender muito mais ingressos. Só mais tarde descobri que o motivo era por não terem conseguido fazer o seguro para rodar a cena.

"Não se preocupe", disse Ken. "Você vai estar totalmente seguro."

Se eu já tinha voado de asa-delta? Claro que não. Não é algo que a gente faz quando vive em Shepherd's Bush. Mas, em um dia frio e tempestuoso de outubro, me vi no meio do caminho subindo as Marlborough Downs enquanto um instrutor me ensinava como voar.

Primeira aula: quase trinta metros morro acima. "Certo, empurre a barra para a frente para subir e puxe de volta para descer", disse o sujeito. "E você tem que usar um capacete como medida de segurança. Coloque isso." Era desconcertante ver quanto um capacete bem velho do carteiro motociclista que entregava telegramas podia me proteger. Seu último conselho? "Aconteça o que acontecer, não fique paralisado. Você vai descer como uma pedra. É sempre melhor ir muito rápido do que muito devagar." Por mim, tudo bem. Sempre fui rápido demais. Corri morro abaixo, puxei a estrutura em forma de A como ele falou, subi e planei a quase dois metros do chão. Voei por uns bons quarenta metros antes de pousar com um baque, de bunda no chão.

Segunda aula: mais vinte metros morro acima. "Vamos fazer mais uma vez antes de tentarmos a partir do topo." Então corri outra vez, puxei a estrutura em A, senti aquela coisa sair do chão e seguir adiante. Subindo, subindo, subindo. Peguei uma corrente térmica e, antes que pudesse fazer algo, já estava a sessenta metros do chão.

Não pare, não pare. Só conseguia pensar nisso. E acabei conseguindo descer de novo, em velocidade, em um arbusto bem largo.

"Um pouso excelente", disse o instrutor. "Vamos tentar do topo do morro." Eu era agora um piloto de asa-delta treinado.

E "Ação!". Agora eu estava bem no topo do morro com minha roupa de Tommy: jeans, sem blusa, descalço, sem capacete. Havia outros caras lá em cima com suas asas-deltas e eles só olhavam para mim, boquiabertos. "Que idiota." Eu não liguei. Era uma aventura. Olhei morro abaixo, olhei para as nuvens, respirei fundo e fui. Assim que aquela coisa decolou, comecei a cantar. E corta. Fiz um pouso perfeito em um campo na base do morro. O campo era cheio de cardos, mas não me importei. Sobrevivi. Missão cumprida.

E, é claro, lá estava Ken, todo sorrisos.

"Vamos fazer mais uma vez."

• • •

Quando Ken me chamou para interpretar Franz Liszt em seu filme seguinte, *Lisztomania*, achei que ele estava de brincadeira. Quando percebi que não, respondi que sim na mesma hora. Foi a única vez em que pensei em mim e não no The Who. Não era só porque eu queria continuar a trabalhar com Ken. Ele estava extraindo de mim coisas que me ajudavam como cantor. E eu queria também aprender a atuar, desenvolver outro talento. Não faria mal algum atuar de vez em quando, como atividade extra. *Tommy* tinha sido meio como uma aula magna, mas eu ainda não sabia quase nada sobre essa arte. Precisava de mais experiência. Precisava aprender as artimanhas. Nos anos seguintes, aceitei qualquer papel, não importava quão pequeno fosse. Fiz um monte de coisas com a Film Foundation. E quem poderia esquecer que fui o segundo convidado a morrer durante uma traqueostomia malsucedida no filme de Richard Marquand, de 1978, *Convite à morte*?

Mas, em 1975, eu ainda era um novato, e gostava da ideia de ter uma segunda carreira — não que eu sonhasse em largar o microfone e me tornar um astro do cinema, mas porque eu não sabia se um dia o microfone me abandonaria.

Bandas se desfazem o tempo todo. O fato de ainda estarmos juntos era surpreendente para todo mundo, incluindo nós. A forma como Pete falava sobre nós diante da imprensa musical ou entre uma música e outra no palco sempre fez parecer que nos restava só um mês ou dois juntos, no máximo. E, caso nos separássemos, era tarde demais para voltar para a fábrica de chapas. Eu estivera em uma banda desde a adolescência. Chegara aos 30, o que para o rock é velhice. Eu precisava de um plano B. Além do mais, trabalhar em um filme era muito mais fácil do que se desgastar viajando pelo mundo para cantar. Sim, é preciso acordar cedo, e nunca fui bom nisso. Mas, contanto que se encontrasse um local fora das vistas de Ken, sempre dava para dormir entre as tomadas. Era o primeiro trabalho fácil que eu tinha na vida.

Falei na época que *Lisztomania* seria um grande fracasso ou um grande sucesso, e, no fim, não foi o último. Sem dúvida, foi Ken em seu melhor. O roteiro tinha apenas 57 páginas — o restante jazia em algum lugar no fundo da mente horripilante de Ken —, e o diálogo era pavoroso. Eu entendia o que ele queria visualmente, mas é como se eu o tivesse decepcionado. Sabendo o que sei agora, teria mudado cada palavra e feito o personagem dar certo. Mas, lá atrás, eu não sabia nem como entregar uma fala no diálogo. Acho que fui melhorando ao longo dos anos com a prática. Mas até hoje, se tiver que ler algo e interpretar ao mesmo tempo, não consigo. Tem de vir do coração ou não vem de lugar algum. Acho que cantar é muito mais natural. A vida não é uma peça, é uma ópera. Meu canto vem do coração. Falar as palavras de outras pessoas vem da cabeça.

Então, sim, meu segundo filme com Ken Russell não foi um grande sucesso. A Liszt Society escreveu para os críticos de cinema antes mesmo de eles assistirem ao filme, avisando que a história continha cenas de "estupro, consumo de sangue, exorcismo e castração".

"A Liszt Society não sabia da missa a metade", escreveu o crítico de cinema do *The Sunday Times*. "O filme é impudente, vulgar, quase pornográfico. Gostei." A maioria dos críticos detestara, mas eu achava que algumas partes, algumas das cenas curtas, eram absolutamente fenomenais. Aquela com Fiona Lewis no chalé suíço é extraordinária. E eu saí com duas coisas das quais poderia me orgulhar tremendamente: adquiri uma experiência inestimável no ramo da atuação e um pênis de 2,5 metros.

O gigante falo de isopor rosa que veio para casa comigo no fim das filmagens tinha sido usado como apoio em uma das cenas de fantasia. Parecia meio infeliz no armário da loja em Shepperton, mas não tão infeliz quanto o fim do segundo pênis, que fora guilhotinado em uma das mais perturbadoras cenas de fantasia. Concluí que ele seria mais bem aproveitado em casa.

Tommy tinha se tornado realmente conhecido, e o estrelato adquirido com o filme estava criando um monte de novos problemas com o meu vizinho xereta por conta da privacidade. Ele se opunha constantemente a qualquer coisa que eu quisesse fazer dentro dos meus quatorze hectares de terra. Mesmo com a nossa cerca viva de três metros de altura, sempre o flagrava espiando por ali. Então, pensei em dar a ele algo para olhar.

Em uma ótima noite, ergui a ereção no meio da entrada circular. Bem cedo na manhã seguinte, ouvi umas batidas fortes na porta da frente. Abri e me deparei com um sargento de polícia e seu colega, os dois tentando desesperadamente manter uma expressão séria.

— Recebi uma reclamação a respeito de uma ereção, senhor — disse o sargento o mais seriamente possível.

— Ah, você está falando do pau — retruquei.

O policial quase mordeu a língua.

— Quem deu queixa? — perguntei.

— Não temos permissão para falar.

— Mas por que alguém reclamaria, policial? Não dá para ver.

— Você de fato tem razão — respondeu o sargento, sorrindo.

Eles saíram andando pela entrada para fazer uma inspeção do falo mais de perto antes de voltarem para o carro e irem embora. Acho que todo carro de polícia de Sussex deve ter passado pela minha garagem nos quatro dias seguintes. Nunca tinha visto tantos policiais, homens e mulheres, sorridentes. No quinto dia, outra batida forte na porta. Fui agraciado com a visão do chefe de polícia de Sussex. A expressão dele era como a de alguém sofrendo com uma dor de dente muito forte, e ele foi direto ao ponto.

— Sr. Daltrey, o senhor acha que poderia remover sua ereção do jardim da frente?

— Mas ninguém pode ver, a menos que esteja invadindo ou seja um xereta.

— Tecnicamente, você está certo — retrucou ele —, mas o seu vizinho está fazendo da minha vida um inferno. Você pode tirar aquilo para manter a paz?

Ele deveria ter batido na porta vizinha, mas eu já tinha me divertido o suficiente e senti pena dele. Então retirei meu pênis de 2,5 metros e o substituí pelo guilhotinado de um metro.

• • •

Tommy estreou em março de 1975 e, enquanto Tina Turner, Elton John, Ann-Margret, The Stones, The Beatles, Dean Martin, Pete, Keith e John compareceram a várias festas de lançamento nos Estados Unidos, eu estava concluindo as filmagens de *Lisztomania*.

Heather estava no Pembury Hospital, aguardando a chegada de nossa segunda filha, Willow. Eu não fui um pai presente tanto quanto gostaria no primeiro ano de Willow. Encontramos uma babá. Ela veio por indicação de John Paul Jones — uma babá do Led Zeppelin, e ela era mais Mary Poppins do que a própria. Mas, naqueles breves períodos em que eu estava em casa, era um paraíso. Olhava para as montanhas de Sussex e sentia a tranquilidade retornar. Se eu não tivesse isso — a família, a calmaria, o lugar onde o resto da minha vida não causava nenhum impacto —, teria sido muito mais difícil. Porque aquele ano tinha sido difícil. A atenção que o filme chamou para mim foi enorme — um patamar diferente de qualquer coisa que eu tinha com o The Who. Lembro-me de estar em um shopping no Texas, promovendo meu segundo álbum solo, *Ride a Rock Horse*. Era só um evento de autógrafos, mas havia milhares e milhares de pessoas lá. Era uma multidão, e eles estavam ali por causa de *Tommy*. Quarenta e tantos anos depois, posso fazer uma observação ríspida sobre como a vida imita a arte. Naquela época, foi assustador, muito assustador. A histeria foi aterradora, e eu não consegui lidar com aquilo. Fiquei um pouco perdido.

Assim que *Tommy* foi lançado, Hollywood entrou em cena. Fui indicado para o Globo de Ouro. Novato mais Promissor, não sabia? Não ganhei — Brad Dourif (Billy Bibbit em *Um estranho no ninho*) era, obviamente, o novato mais promissor daquele ano. Ann-Margret levou o prêmio de melhor atriz e Pete foi indicado ao Oscar pela trilha sonora original.

Então, de repente, estava em programas de entrevista norte-americanos, e eu não estava pronto. Não conseguia lidar com aquele nível de escrutínio e interrogatório. Era um veterano em dar entrevistas havia anos, mas aquilo era mais pessoal e mais intenso. Sob um aspecto bem básico, meu sotaque não estava nem um pouco adaptado ao público norte-americano. Eu não conseguia entendê-los. Eles não conseguiam me entender. Tanto cultural quanto literalmente. Os apresentadores norte-americanos dominam uma arte, a de falar com o público — mostram um tipo totalmente diferente de conforto e desembaraço. Deixei o velho nervosismo voltar e, com ele, veio a g-g-g-gagueira.

Deveria ter sido como um conto de fadas. Um garoto de Shepherd's Bush consegue chegar até Tinseltown. Principalmente por ter sido uma época difícil para se morar na Grã-Bretanha. O ano era 1975 — o apogeu do socialismo britânico. Harold Wilson era mais uma vez o primeiro-ministro, as pessoas que ganhavam muito dinheiro pagavam noventa e oito por cento de impostos e todas as bandas estavam saindo de lá (fomos uma das poucas a ficar). O país inteiro estava paralisado. Se eu ia me mandar para Hollywood, aquela seria uma ótima hora para isso. Mas logo percebi que era tudo ilusão. Era uma fantasia. Por trás daqueles sorrisos brilhantes e elogios efusivos, havia uma total falta de sinceridade.

Quando o sucesso chega, as pessoas acham que você anda no meio desses círculos nobres. Seria eu amigo de qualquer ator ou músico? Primeiro, se uma pessoa chegasse a perguntar se eu conhecia alguém, logo de cara meu instinto era dizer que não. Apenas um velho hábito adquirido por causa dos meus dias nas ruas a oeste de Londres. "Não, chefe. Nunca o vi na vida", caso eu precisasse enquadrar o sujeito.

Segundo, eu não conhecia todo mundo no meu ramo. Encontrava com eles porque era um mundo pequeno, mas será que eu os *conhecia*? Crescemos ao nos apresentarmos com os Beatles, os Stones, os Kinks. Mas eu não era amigo de nenhum deles. Era um contato passageiro. Eles faziam o show deles, nós fazíamos o nosso. Se por acaso estivéssemos no mesmo cartaz, não fazia muita diferença. Robert Plant se tornou um amigo e, mais tarde, Eddie Vedder, do Pearl Jam, também. Apenas algumas pessoas do ramo, mas não são muitos. A banda era minha família e, para além disso, eu tinha meus amigos, meus camaradas de verdade. Conhecer alguém a fundo leva tempo, um luxo que não tínhamos. E jamais gostei de ir a eventos badalados com celebridades jogando beijinhos no ar. Sempre ficava nervoso. Ainda fico. Em qualquer encontro, não é fácil para mim. Sempre acabo em um canto, prensado contra a parede.

Isso de jogar conversa fora é muito difícil para mim. Talvez seja um dano colateral por ter sido puxado e empurrado, todos esses anos, por pessoas que jamais conheci e nunca pretendi conhecer. Hoje em dia, adoro ir a um jantar. No máximo com seis pessoas. Mais do que isso não consigo ouvir. Minha audição ficou muito ruim, e esse é o limite. E, com apenas seis pessoas, essa coisa de jogar conversa fora acaba rápido. De qualquer forma, Hollywood era — e ainda é — uma versão extrema de toda essa vida social sem sentido, e eu era um peixe fora d'água.

As mesmas pessoas que presumem que você passa todo o seu tempo em festas com os ricos e famosos também perguntam se você mudou. A resposta é não. Apesar do turbilhão frenético em que se vive, apesar da mudança drástica das circunstâncias, de adolescentes tocando skiffle a uma das maiores bandas de rock do mundo, você não mudou. É tudo a mesma coisa, só que maior. Mas as pessoas ao seu redor mudam, e acho que essa é a razão da insegurança. Você pensa: a pessoa que acabamos de conhecer é o que parece ser? Será que estão sendo sinceras? É a mesma coisa na vida, mas, quando se é famoso, é como se você visse tudo através de uma lente de aumento. Coisas pequenas se tornam enormes. As pessoas acham que você está diferente, e você não está. De que maneira algumas dessas celebridades vão lidar com isso quando ficarem mais velhas eu não tenho ideia, porque algumas não são nem talentosas para acreditar nisso. Depois de seus quinze minutos de fama, há apenas escuridão. Ou ir para o reality show *I'm a Celebrity*.

Através dessa lente de aumento, todos os holofotes e a fanfarra que vieram com o estrelato eram demais. Então voltei da Terra do Brilho Eterno para a Terra dos Impostos Eternos, respirei bem fundo e, agradecido pelo ar de Sussex, voltei à relativa sanidade da vida em uma banda de rock.

QUINZE

POR NÚMEROS

Pete vinha lutando contra a mesma percepção da fama quando compôs "How Many Friends". Ele disse que fez essa música "totalmente chapado em minha sala de estar, chorando copiosamente, desligado do meu próprio trabalho e de todo o projeto. Eu me sentia vazio". O que, em tese, não é o que um astro do rock prestes a ser indicado ao Oscar deveria sentir. Gravamos aquela faixa e o restante do álbum *The Who by Numbers* em Shepperton, na primavera de 1975, bem no meio de toda a loucura. A revista *NME* o descreveu como "uma carta de suicídio de Pete Townshend". Ele estava dando longas entrevistas cheia de autodesprezo — na verdade, desprezo por tudo e todos em geral. Disse que nosso público era um lixo e que, na última turnê, tínhamos sido uma porcaria.

Ele sempre nos contava como estava se sentindo por meio da imprensa. Por que nunca conversávamos cara a cara? Por que ele simplesmente não pegava o telefone? Não sei por quê. Eu realmente não entendia. Mas acho que não éramos assim.

Sou uma pessoa profundamente reservada (quem mais você acha que está demorando tanto para escrever a autobiografia?), então ver minha voz ser criticada por ele gritando nas manchetes dos jornais doeu de verdade. Gosto de pensar que hoje em dia teríamos conversado. Acho que estaríamos ao telefone. Tínhamos nos falado cara a cara, de homem para homem, em fases críticas de nossa vida. Fui vê-lo quando ele estava viciado em heroína e, para crédito de Pete, foi voluntariamente para a reabilitação. Obviamente, ele ouviu. Nesse aspecto, somos muito, muito próximos. Nos momentos difíceis, estamos lá um para o outro. Somos amigos. Não de ligar um para o outro e sair para comer algo. Decoro social não é o nosso forte. Mas temos um laço. É difícil explicar, mas acho que esse é o ponto.

Um bocado de gente tem muito medo de falar com ele — Pete vive em um plano diferente do restante de nós, não linear. Às vezes, do nada, sem motivo, ele magoa alguém profundamente. Pode se tornar cruel e, como já falei, até mesmo perverso, mas isso não é o que ele é, lá no fundo. Não é o tipo de pessoa que você quer magoar. Jamais quis machucá-lo, nem mesmo quando o nocauteei. Mas nunca tive medo de falar com ele e dizer como as coisas são (embora eu abrisse uma distância segura quando via os sinais de alerta).

Pete, por sua vez, só conseguia comunicar suas dificuldades musicais através da imprensa. Ele nunca vinha até nós quando estava incomodado. Jamais dividia seus problemas. Talvez pudéssemos ter conversado. Podíamos ter ajudado. As questões se resolvem mesmo dentro do estúdio, mas nós nunca, jamais, chegamos a esse ponto. Ele apenas dizia aos jornalistas para nos comunicar como éramos ruins.

Eu estivera nos mesmos shows dos quais ele reclamava. Uma noite, no Rainbow Theater, ouvi John e Keith tentando desesperadamente acompanhar Pete. Ele ficou mais e mais bêbado e mais e mais selvagem, até se tornar musicalmente incoerente. Uma semana depois (acho que ele tinha injetado uma dose de heroína ou de alguma outra coisa), ele saiu tocando em tons diferentes, em alguma viagem louca, sem aviso ou sinal. Foi um pesadelo. E então, meses depois, nós lemos que o problema éramos nós. John e Keith é que eram uma porcaria, não Pete.

Como ele podia se virar e dizer a eles, via *NME*, que eles eram uma merda? Eles não eram uma merda. Eram geniais. Eram anjos dançando em uma cabeça de alfinete.

Havia três de nós no palco ralando pra caralho. O The Who não foi uma merda naquela noite. Pete foi. Bom, ele nunca era uma merda, mas ele estava bêbado. Ou alucinando. Que assumisse a responsabilidade. Ele podia ter admitido que estava bêbado, sob pressão. Mas escolheu nos culpar, e eu defendi a banda. A imprensa, é claro, adorou a discussão. Astros do rock se enfrentando. Isso vende. Mas eu estava genuinamente irritado.

Do ponto de vista empresarial, nossa relação com Kit e Chris degringolara a ponto de processarmos os dois, e eles revidarem, nos processando.

Fechamos o ciclo desde aquela primeira reunião cheia de otimismo e promissora, na Railway Tavern, em 1964, de maneira horrível, como inimigos em lados opostos à mesa de uma sala de reuniões cercados por advogados vorazes.

Nossas bases estavam ruindo e, se tivéssemos nos separado por completo naquele verão, implodindo dentro de nosso sucesso, ninguém teria ficado surpreso. Era o que acontecia com bandas bem menos voláteis do que nós.

Mas então, em outubro, começamos a sair em turnê outra vez. Pete passara o verão com a família nos Estados Unidos, abrindo a alma para Murshida Ivy Duce, a confidente do guia espiritual indiano Meher Baba. A orientação que veio de Ivy Duce foi "continuar a tocar guitarra no The Who até segunda ordem". Sinceramente, eu não poderia ter concordado mais. Estava apenas pessimista em tocar com o The Who em um curto período dentro dos quase cinquenta anos de vida da banda — meio século que ainda levaria quatro anos para se completar.

Pete continuava a dizer que éramos um ato de nostalgia e odiava sair em turnê. Para ele, era diferente. Eu não podia sossegar a bunda e viver de *royalties*. Tinha uma família jovem, duas crianças para criar. Mas esse não era o único motivo que me fazia querer continuar. Você tem de sair em turnê. Se não sair, está morto. Já era. Todas aquelas pessoas que previam nosso fim iminente estariam certas se parássemos. Vi apenas algumas bandas se separarem por uma década e, ao voltarem, ainda manterem a magia. Eles continuaram de onde pararam. Mas o mais frequente é não voltarem. Ou, se voltarem, a antiga chama se apagou. Por sorte (ou por intervenção divina), Pete superou suas muitas objeções à continuidade de nossa existência e então caímos na estrada mais uma vez com nosso álbum novo, genial e sombrio.

Sob alguns aspectos, *The Who by Numbers* é meu álbum favorito. Era nosso sétimo trabalho em estúdio, e lembro que não tínhamos a menor ideia do que estávamos fazendo. Pete jogou algumas músicas para mim, escolhi as que gostei, e ele ficou surpreso com a minha seleção. Para mim, músicas como "Imagine a Man", "How Many Friends" e "However Much I Booze" expõem nossas vulnerabilidades, e o álbum é maravilhoso por isso. Trata de incapacidade em um nível muito maior. Vi as letras e pensei que aquilo tinha que ser cantado. Se isso chamar a atenção de qualquer um da nossa idade nesse período da nossa vida, vamos conseguir nos comunicar com eles. E era só com isso que eu me importava.

Começamos com onze datas na Grã-Bretanha; depois de um começo complicado, tudo começou a se ajustar. Parecia que todo mundo queria estar ali. Depois de Holanda, Alemanha e Áustria, chegamos aos Estados Unidos no fim de novembro para tocar pelo sul. Os locais estavam ficando tão grandes que precisávamos de mais som e luz. John Wolff, nosso diretor de produção, era como uma criança em uma bizarra loja de doces. Ele fazia experimentos com lasers e hologramas, tudo muito pioneiro, e lá para o fim de 1975 nossa equipe transportava uma quantidade sem precedentes de equipamentos de um show para outro. Contávamos com três lasers de argônio — um no fundo do palco e dois de cada lado — tão potentes que precisavam ser instalados perto do hidrante mais próximo para que fossem mantidos resfriados. Mas valeu a pena. As pessoas nunca tinham visto nada como aquilo na época. Foi alucinante. Era um jogo de iluminação genial.

Não sabíamos naquela época, mas estávamos no ápice de nossas forças. Quando nos reunimos de novo, no começo da primavera, Keith estava encrencado. Alguns anos depois de Kim ir embora, ele tinha se mudado para a Califórnia. Estava fora de alcance. Nunca tínhamos sido muito próximos — éramos amigos, mas nunca nos encontramos socialmente, não era parte do nosso acordo. Isso começou a mudar durante as gravações de *Tommy*, e então, quando tentamos fazê-lo ir para casa, ficamos muito mais próximos.

Fui lá uma vez conversar com ele e fiquei chocado. Era como rever a parede do quarto de Keith adolescente em Wembley. Tudo tinha se tornado realidade, mas ela não era igual ao sonho de um adolescente. Ele comprara a casa de praia vizinha à de Steve McQueen em Colony, a parte mais cara de Malibu. Annette, sua namorada sueca, era a cara de Kim, a imagem exata de uma surfista californiana. Cheguei pensando que ia ser ótimo, mas, quando entrei no salão que se abria para uma janela panorâmica de frente para o pôr do sol no Pacífico, ficou óbvio que nada estava bem. O cômodo estava vazio, a não ser por dois sofás e um tapete persa enorme. No tapete, havia vários montinhos de cocô de cachorro. E os dois não tinham percebido. Ou não se importavam.

O sonho de ser vizinho de seu ídolo do cinema também não tinha dado certo para Keith. O primeiro sinal era a divisão entre as duas propriedades, feita de árvores. Não sebes, mas grandes e altos espécimes tropicais.

McQueen erguera aquela cerca monumental de palmeiras gigantes para manter Keith afastado. A relação poderia ter sido bem melhor. Eles tinham coisas importantes em comum. Ambos vinham de uma família de trabalhadores, ambos estavam sob os holofotes, ambos tinham dificuldade com a fama. Eles poderiam ter se ajudado. Mas, quando Keith foi se apresentar, ele irritou o filho de 16 anos de McQueen e, quando o cão de guarda o mordeu, ele mordeu o cachorro de volta.

O resultado foi um acerto de contas com McQueen no escritório do promotor de justiça de Malibu, uma chance de recomeçar, mas Keith escolheu usar seu uniforme de Rommel, o general alemão, para ir à reunião e aquilo não pegou bem. Então, ele instalou refletores em frente à praia do ator na esperança de flagrar a atriz Ali McGraw, esposa de McQueen, nua. Daí as palmeiras.

Fui conversar com ele porque ficara óbvio para todo mundo que ele estava fora de controle na Califórnia. Ele não tinha grana e gastava tudo o que recebia. Quando recusamos dar a ele mais dinheiro, Keith pegou US$ 10 mil emprestados com nosso agente, Frank Barsalona. Uma semana depois, ele pediu mais. Frank, compreensivelmente chocado, apontou para o fato de que ninguém, nem mesmo Keith Moon, deveria ter dificuldade de viver uma semana com US$ 10 mil. Keith explicou, compreensivelmente também, que ele tivera de alugar um avião para pôr um banner no ar, no qual se lia "Feliz aniversário, Ringo".

Em 9 de março de 1976, tínhamos tocado duas músicas durante o show em Boston Garden quando Keith desmaiou. A explicação oficial era que ele estava gripado. O motivo real era o de sempre. Conhaque e barbitúricos, que culminaram em uma ida às pressas ao Massachusetts General. Dessa vez, não havia Scot Halpin, de Muscatine, Iowa, para salvar a noite. O show ainda não avançara; saímos ilesos. Apenas nos retiramos. A multidão ficou decepcionada e a banda, farta de Keith. Na noite seguinte, ficamos em Nova York. Keith estava no Navarro. Eu ficara no Plaza com Heather. Chegou a notícia de que ele havia cortado feio o pé. Lembro-me de dizer para Heather: "Ele está tentando se autodestruir." E decidi, no meio da noite, ir até lá para vê-lo.

Keith estava recostado na cama, parecendo cheio de autocomiseração. As paredes da suíte tinham sido decoradas com o que pareciam ser grandes pinceladas de tinta preta. Fora nisso que resultara o acidente de Keith. Ele perfurara uma artéria da perna e o sangue escuro arterial tinha esguichado nas paredes. Ele tinha sorte de ter sobrevivido. Bill Curbishley o encontrara, e suas mãos firmes tinham improvisado um torniquete antes que Keith sangrasse até morrer. A julgar pela arte abstrata em arco nas paredes do quarto, a ambulância chegara na hora certa.

— Desculpe, Rog. — Era só o que Keith podia dizer no momento.

— Não se preocupe com isso — disse. — Mas você precisa me dizer o que está acontecendo. Por que você apertou o botão da autodestruição? É Kim?

É claro que era Kim. Era óbvio. Ele vestia todas as garotas com quem ficava de Kim — até mesmo as prostitutas que ele costumava contratar. Sempre andava com uma peruca loura para completar o efeito. Quando fiz a pergunta para a qual eu já sabia a resposta, ele apenas assentiu e caiu em prantos.

— Eu nunca vou conseguir que ela volte — disse ele.

Por um bom tempo ficamos em silêncio, que só era quebrado pelos soluços de Keith. Eu não sabia o que dizer. Apenas fiquei ali, ao pé da cama.

— Sim — disse, por fim —, ela não deve voltar, mas, se você a ama e se mostrar isso a ela, então ela sempre vai estar lá. É assim que funciona com o seu amor verdadeiro. Pode não ser como era, mas você não precisa perder tudo.

Ele apenas me encarou com um olhar vazio e voltamos a ficar em silêncio. Então, perguntei:

— É Neil também?

E ele caiu em prantos outra vez.

— Eu sou um assassino. Eu sou um assassino.

— Não é, não, Keith. Foram as circunstâncias. Podia ter acontecido com qualquer um.

Disse que, na época, ele fez o que achou que fosse melhor. Que ele precisava deixar isso ir embora e procurar ajuda. Pouco depois, ele se sentou e, com o jeito de sempre, me deu um abraço. Eu é que deveria tê-lo abraçado.

Quando fui embora do quarto um tempo depois, ele parecia um pouco mais animado. Estava feliz, ou fingindo que estava. E nunca mais falamos sobre aquelas coisas de novo. Pelos dezoito meses seguintes, o resto de tempo de vida de Keith, ele me ligou. Acho que mais ninguém atendia às suas ligações. Ele telefonava às 4 horas da manhã, quando eu estava em casa e as crianças dormiam, e sempre sabíamos que era Keith. Heather, em especial, foi muito boa para ele naquele período sombrio, e fizemos o que pudemos. É claro que, nas últimas quatro décadas, passei muito tempo querendo ter feito mais.

Mas ele voltou para Londres. Abandonou o sonho partido na Califórnia, deixou Steve McQueen em paz e, pegando mais dinheiro emprestado com Pete, alugou um apartamento devidamente grande em Curzon Street, Mayfair.

Essa foi a primeira fase. A segunda era fazê-lo entrar em forma. Ele não conseguiria dar conta de nosso set exaustivo se não estivesse em forma. Eu o perturbei mais e mais, e um dia ele apareceu no estúdio usando uma calça e uma jaqueta de montaria.

Ele entrou na aula de equitação na Rotten Row, em Hyde Park. Para se exercitar. Seu traseiro devia estar bem dolorido naquela noite, mas era um bom sinal. Pelo menos ele estava tentando. Infelizmente, quando começamos a trabalhar em nosso oitavo álbum de estúdio, Who Are You, no outono de 1977, ficou claro que seu físico e sua destreza na bateria tinham sido muito prejudicados por conta dos últimos cinco anos de abusos. Era tudo ou nada. E naqueles últimos meses de vida, seu talento natural o estava abandonando. Sem ele, Keith se viu preso em uma espiral descendente.

No meu tempo livre, eu ia em outra direção. Enquanto Keith ficava com prostitutas e drogas, eu estava obcecado por coisas mais mundanas. A casa absorvia todo o meu excesso de energia. Comecei com o lago mais abaixo no terreno da nossa casa. Quando chegamos, não dava nem para chamar de lago. Longos anos de negligência o haviam transformado em uma poça de lama. Consegui que Herbert, o filho do taberneiro dono do bar local, o Kicking Donkey, me ajudasse. Seu passatempo favorito era brincar com escavadeiras gigantes. Ele tinha os brinquedos, eu tinha o playground, e juntos passamos semanas e semanas felizes cavando para tirar o lodo e erguendo o dique até que, finalmente, eu tinha um lago de fato. Há poucas coisas mais satisfatórias do que cavar um buraco imenso e depois vê-lo se encher de água, observar os contornos da terra formarem um lago novo, cobrir a bagunça enlameada que tínhamos feito e substituí-la por algo lindo. E é incrível como ele logo ganhou vida, ocupado por diferentes animais e plantas. Provavelmente é por isso que acabei ficando com quatro lagos interconectados na parte mais distante da fazenda. Quando você começa...

Por ter todos esses lagos, eu podia convidar meus velhos amigos da fábrica para vir pescar quase todo fim de semana em que eu não estava em turnê. Eles se sentavam, jogavam conversa fora e me diziam: "Rog, é um crime manter tudo isso para si mesmo. E as pessoas do nosso tipo vivendo em apartamentos, hein, Rog? Pessoas como nós adorariam vir para um lugar como este e pescar." E, é claro, eles tinham razão. Então, abri o local ao público. No começo dos anos 1980, a pesca de trutas era um esporte em ascensão entre os trabalhadores, e me deu a chance de conhecer muitas pessoas que estavam mais interessadas em pescar do que conhecer o astro de rock Roger Daltrey. E sinto orgulho do que fiz com aquela terra. Se tivesse permanecido abandonada, o vale inteiro teria sido perdido. Dá um trabalho imenso manter o campo com a aparência e o uso que ele deveria ter. Significa muito para mim o fato de eu ter cuidado da minha parte. É clichê, mas sou apenas um morador. Estou mantendo-a protegida para futuras gerações. Torço para tê-la deixado em boas condições.

Levei dez anos para decorar Holmshurst. Com a ajuda de outro amigo muito bom, muito legal e muito paciente, removemos cada centímetro de pintura da madeira. Em algum momento durante o período vitoriano, os proprietários decidiram pintar todas as vigas de preto; levou sete verões para fazê-las voltar à cor mel original, usando luvas de borracha e macacões e suando em bicas. Adorei quase todos os minutos disso. Era um trabalho direto e repetitivo, o oposto de qualquer coisa que tivesse a ver com o The Who. Quando eu não estava esfregando, estava cavando, e quando não estava cavando, estava construindo coisas.

Ou restaurando-as. Durante muitos anos, por exemplo, colecionei caravanas ciganas antigas e carrosséis vitorianos. Fiquei muito amigo de John Carter, ex-membro da Slade School of Fine Art, um homem grande e barbudo que colecionava carros, bicicletas, caça-níqueis e atrações de parques, todos antigos. Ele até conseguiu um conjunto de cavaleiros movidos a vapor (não se podia chamar de carrossel na frente de John... norte-americano demais).

John estava meio sem dinheiro naquela época. Meados dos anos 1970. A maioria das pessoas estava assim. Então comprei uma parte do equipamento e tive o prazer de restaurá-lo eu mesmo. O problema é que, assim que ficaram prontos, eles se tornaram apenas objetos a serem admirados (e a encherem os barracões). No fim, vendi dois para um museu e o restante para John... A um preço justo, é claro. E, em 1977, ele e a esposa, Anna, partiram com a sua Carters Steam Fair. Ainda está na família, explodindo e soltando fumaça pela Grã-Bretanha até hoje.

Em algum momento da década de 1970, entre lagos e caravanas e música, construí para as meninas uma casa de bonecas. Levei três meses — um lado é de Rosie, todo limpo e bem-organizado, o outro é de Willow, a vizinha porquinha. Está até hoje no quarto de Rosie. E olho para ela com o mesmo afeto com que olho para um dos nossos álbuns. Eu a construí usando compensado e uma serra, sem um projeto e com um pouquinho de poder mental. É puro deleite. E acho que esse é o segredo. Eu preciso trabalhar. E acredito de verdade que, em parte, é por isso que estou aqui até hoje. Pete, que possui uma ética de trabalho incrível, sobreviveu criando coisas em sua mente e em fitas. Eu sobrevivi trabalhando com as mãos. Se eu não tivesse um projeto durante nossos períodos de baixa, o que mais poderia ter feito com meu tempo?

O acaso também me manteve no caminho certo. Em 1975, na época em que eu atendia às ligações de Hollywood, dava as boas-vindas à nossa segunda filha, lançava meu segundo álbum solo e terminava as filmagens de *Lisztomania*, deixei cair uma bola de pedra enorme no meu dedão do pé. É um dos riscos de se comprar uma casa bem grande. Há vários pedestais e colunas, e alguns deles têm uma grande bola de pedra em cima. Eu estava tentando mover um deles e ele escorregou da minha mão. Dois anos depois, comecei a ter gota no dedão esmagado pela bola. A cura foi duplicada. Larguei a bebida e o trigo. Com pouco mais de 30 anos, eu era exatamente o oposto de um roqueiro hedonista. E não por eu ser obcecado por longevidade e sim porque, se eu não cuidasse da minha saúde, não poderia cantar.

Minhas cordas vocais definiram meu estilo de vida, e é por isso que ainda estou por aí mandando ver — mas com cuidado. Meu dedo ainda causa uns problemas.

DEZESSEIS

O FIM, UM COMEÇO E OUTRO FIM

Em 7 de setembro de 1978, Jackie Curbishley, esposa de Bill, ligou para Pete e Pete ligou para mim.

— Ele não conseguiu — disse ele.

— Quem conseguiu o quê?

— Moon.

Keith Moon morrera dormindo em algum momento depois do café da manhã. Ele e Annette haviam feito, na noite anterior, uma rápida aparição em Covent Garden, marcando presença em uma festa em homenagem a Buddy Holly, cujo anfitrião era Paul McCartney. Não tínhamos saído em turnê durante o ano todo porque ele não estava em condições de acompanhar. Tinha sido bem difícil gravar o *Who Are You* em Ramport. "Music Must Change", a quinta faixa do álbum, quase não saiu porque Keith teve muita dificuldade com o compasso 6/8. Ele jamais fora um conformista musical, mas aquilo era diferente. Depois de quatro gravações e incontáveis pedidos de desculpa, ele repentinamente dera um salto por trás de sua bateria e gritara: "Sou o melhor baterista do tipo Keith Moon do mundo!"

E ele foi, até o fim derradeiro. Morreu de uma overdose de 32 comprimidos de clometiazol, sedativos prescritos para ajudar com a abstinência do álcool. Ele vinha falando sobre se reorganizar. Voltou a morar em Londres. Frequentou aula de equitação. Ainda queria estar na banda. Mas era uma batalha perdida.

A morte dele era algo que esperávamos havia cinco anos, talvez um pouco mais. Podia ter acontecido em qualquer outro dia desse meio-tempo. Mas, quando a notícia inevitável chegou, ainda foi uma porrada. Quando você já estava esperando algo por tanto tempo, é esquisito e mais chocante do que se acontecesse inesperadamente. E a espera nos acostumou a ponto de pensarmos que aquilo jamais aconteceria. Isso me deixou, e tenho certeza de que também Pete e John, traumatizado.

No dia seguinte, divulgamos um comunicado dizendo que estávamos mais determinados do que nunca a seguir em frente e desejávamos que o espírito do grupo, com o qual Keith tanto contribuíra, continuasse. Estávamos atordoados, é lógico, mas aquelas palavras não eram um clichê. Falamos sério. Eu estava determinado a fazer a banda sobreviver por causa da música. E, é claro, havia um interesse próprio também. Era minha profissão e minha vida.

Mais tarde, Peter diria que a morte de Keith impediu que o The Who se consumisse. Que tinha nos dado mais alguns anos. Olhando com muita objetividade, de fato, aquilo nos deu mais liberdade. Nunca poderíamos substituir Keith, mas, agora que ele se fora, tínhamos uma oportunidade. Sempre fôramos quatro. Um quadrado. Um quarto com quatro paredes. Agora, uma das paredes havia desaparecido e o quarto estava aberto ao infinito. Possuíamos infinitas opções. Estávamos abertos a um mundo de infinitas possibilidades. E então, de alguma forma e de repente, fechamos o quarto outra vez.

Em janeiro de 1979, Pete chamou Kenney Jones para se tornar nosso baterista. Todos nós gostávamos muito de Kenney. Nossa amizade vinha de anos e ele era um cara muito legal. Durante as turnês que fizemos juntos, de todos na banda eu era o mais próximo. Kenney também era um ótimo baterista. Mas era o baterista completamente errado para nós. Ele era certo para o Faces.

Minha intenção não era soar como se eu o estivesse menosprezando. Naquela época, as pessoas acharam que eu considerava Kenney um péssimo baterista. Eu nunca, jamais, disse que Kenney era um péssimo baterista. Ele era um péssimo baterista para o The Who, assim como Keith teria sido para o Faces. Ele era errado, muito errado, para nós. Eles tinham o estilo deles, nós tínhamos o nosso. Eles eram uma banda unida, Chas e Dave com Rod Stewart — uma canção alegre e antiga entoada em um pub —, e eles precisavam de um baterista metronômico como Kenney. O The Who era completamente diferente. Éramos o rock do trabalho braçal, robusto. Se Keith fosse colocado no Faces, ele faria um barulho mais alto que todo o resto.

    Ainda assim, a decisão foi tomada, e Kenney veio. Nós o contratamos por um quarto de participação da banda, o que foi uma idiotice. Pete queria assim, então Pete fez assim, e eu cedi em nome da paz. Em 2 de maio de 1979, depois de muito ensaio em Sheppertone, chegamos ao Teatro Rainbow, em Finsbury Park, para dar início à nossa primeira turnê com Kenney, não Keith.

    A princípio, não foi ruim. Na verdade, foi bom estar se apresentando outra vez. Um tremendo alívio. Uma terapia. Nenhum de nós achou fácil seguir em frente. A ausência de Keith era palpável. Todos aqueles loucos anos juntos, noite após noite, se perderam, e então era algo comovente. Parecia que estávamos correndo uma maratona de quinze quilômetros cada noite, mas baixávamos a cabeça e mergulhávamos na música. Ficávamos em silêncio entre uma canção e outra, mas a música era verdadeira como qualquer coisa. E Kenney, para seu imenso crédito, foi genial. Ele tocou no nível de energia que o The Who demanda. Muito do que estávamos tocando naquela turnê era do novo álbum, o que tornou aquilo mais fácil. Isso funcionou e estávamos nos unindo. Era só quando voltávamos para as coisas antigas que batia o vazio.

    Saímos em turnê por Grã-Bretanha, França e Alemanha, e os shows ficaram cada vez maiores. Tocamos no estádio de Wembley, no estádio Zeppelinfeld, em Nuremberg, com capacidade para 65 mil pessoas, esgotamos os ingressos em cinco noites no Madison Square Garden. Aonde quer que fôssemos, a demanda era muito maior do que a capacidade do local. Produtores reservavam ingressos por sorteio, e todos os locais terminavam completamente lotados. E então, em dezembro, chegamos ao Riverfront Coliseum, em Cincinnati.

    Foi um bom show — um show fabuloso —, o que só tornou ainda mais doloroso ouvir o que tinha acontecido quando descemos do palco. Fazia um frio de congelar naquela noite. Era uma apresentação sem ingressos marcados — quem chegava primeiro pegava o lugar. O produtor decidiu abrir três das onze entradas do local, então as pessoas dispararam em uma corrida desesperada para fugir do frio e ficar nas fileiras da frente. Deve ter sido como despejar, de uma vez só, um litro em um copo de quinhentos mililitros. Onze fãs morreram na multidão na hora da entrada. Graças a Bill, os organizadores tomaram a sensível decisão de deixar o show prosseguir para evitar mais pânico, o que impediu as pessoas de passar por cima dos mortos e feridos. Isso significava que tínhamos feito o show inteiro sem tomar conhecimento da tragédia. Imagine como foi descer do palco, eufórico, agitado, cheio de alegria, só para descobrir que pessoas tinham morrido na tentativa de ver você tocar.

Não lembro nem se tive alguma reação. Tornou-se público instantaneamente, com repórteres enfiando microfones na nossa cara, perguntando: "Como você se sente?" Os jornalistas fazem umas perguntas idiotas antes de qualquer um ter tempo de processar qualquer coisa. Como você acha que eu me sinto? Maravilhoso? Foi horrível e eu estava chocado. Entorpecido. Atravessei a noite acordado e, então, já no dia seguinte, tivemos de ir para Buffalo, Nova York, para o show seguinte. Foi uma noite difícil. Não havia comunicação entre nós ou com o público. Mas tocamos com o mais puro amargor que vinha do pesar que todos sentíamos.

Podíamos ter parado, eu acho, mas isso nunca entrou em discussão. Com a morte de Keith e agora aquilo, aquela coisa ainda pior, sem sentido, podíamos ter empacotado o equipamento de vez e ido para casa. Mas, sinceramente, eu achava que parar não ajudaria em nada a situação. E, quase sem dúvida, aprofundaria ainda mais o sofrimento, pelo menos para mim. Talvez tenha sido um ato egoísta, não sei. Ou talvez concentrar a mente na música, imergir na performance, fosse a única terapia para superar aquilo. Com certeza, ajudou. Concluímos a turnê e tocamos bem. Aqueles dez shows que restavam depois de Cincinnati estão entre os mais intensos da minha vida. Musicalmente, foi uma ótima turnê. Emocionalmente, foi um pesadelo.

Mantivemos contato com os amigos das pessoas que morreram, mas não posso trazê-las de volta. Eu queria, queria mesmo poder. Se em algum momento me senti responsável? Posso ser responsabilizado pelo que aconteceu em Cincinnati? É claro que não. Não me sinto culpado; me sinto triste, absurdamente triste por aqueles que perderam um familiar. Foi muito difícil passar por isso.

A pior parte foi voltar para casa pouco antes do Natal e encontrar todos os meus amigos e a minha família. Ser reintroduzido à normalidade depois do que acontecera. Era como ser atingido por um bastão. Aquilo ocupara as manchetes do Reino Unido, mas ninguém sabia como fora estar lá. Não havia ninguém para conversar, para dividir o fardo. Saí para dar longas caminhadas em volta da minha fazenda e conversar comigo mesmo. Sou agnóstico, tendendo ao ateísmo. Para mim, essa coisa toda de Deus causou a maior parte dos problemas da humanidade. Mas naquele inverno desolador teria sido bom ter alguém com quem conversar, fingir que existia algum plano divino e o ocorrido em Cincinnati era parte dele.

• • •

Quando partimos outra vez, em 1980, tornou-se mais evidente que as coisas não estavam certas. Kenney baixou a energia da banda. Ele estava levando o The Who a uma performance objetiva e cadenciada, no estilo do Small Faces em um pub; eu comecei a achar impossível reproduzir o fraseado das letras. Tocávamos todas as músicas, mas como uma banda de pub tocando covers. Nada se conectava. O The Who se fora, e as nossas músicas, as músicas mágicas de Pete, agora eram apenas músicas. Pensei seriamente em comprar um par de baquetas vassourinhas para Kenney usar em "My Generation" do tanto que faltava energia. Já é bem difícil fazer um set de três horas noite após noite quando as coisas estão dando certo. Você se concentra na adrenalina e na energia da música para conseguir chegar até o final. Quando isso se vai, é debilitante.

Então sentei com Kenney e disse a ele: "Foi mal, amigo, mas não posso continuar com você na bateria." Ele não disse muita coisa. Quem vai culpá-lo? Deve ter sido difícil não levar para o lado pessoal. Mas, de verdade, não era pessoal. Não dá para ser nada menos do que implacável para fazer uma banda progredir. Não dá para ser medíocre. Uma banda só pode ser horrível ou genial. Não existe meio-termo. Você tem de tomar decisões difíceis. Fiz isso com Harry Wilson, meu melhor amigo, quando o substituímos por Doug Sandom. Eu queria fazer aquilo com Kenney.

Fizemos uma reunião de cúpula, um acerto de contas na casa de Bill Curbishley, em Chigwell. Pete e Kenney sentados em um sofá, John e eu de frente para eles e Bill no meio, como mediador. Não houve nada de agressivo da minha parte. Eu adorava Kenney, mas ele era a pessoa errada para nós. Eu sabia. Eu sabia que Pete sabia. Pete estava irritado consigo mesmo, mas não conseguia fazer o papel do vilão. Então disse o que precisava dizer. Se você encaixa a roda errada no carro, o carro anda em zigue-zague, e você precisa trocá-la. Por isso, o ultimato: eu ou Kenney.

    Kenney não disse nada. Nem Bill. John também ficou quieto. Mas Pete nem hesitou. Nem por um segundo. Ele disse que não havia escolha alguma. Kenney ficava. Eu deveria ter ido embora naquele momento. Eu odiava o fato de Pete ter se tornado aquela pessoa. Por que ele escolhera Kenney em vez de mim? Bom, você vai ter que ler o livro de Pete, mas eu esperava um pouco mais de apoio. Então Kenney ficou e, embora viesse a me arrepender, eu também. E partimos em mais uma turnê intensa.

    A recusa de Pete de tomar uma decisão difícil condenou a banda a uma morte lenta e dolorosa. Também acho que foi o gatilho para Pete se afundar mais ainda na heroína. Ele tinha diversas questões — o casamento, Cincinnati, a pressão de sempre para escrever material —, mas foi quando as coisas começaram a degringolar na nossa banda que ele ficou em frangalhos.

    Alguém me ligou, não lembro quem, pedindo que eu fosse vê-lo. Eu estava em Sussex, mas havia vários relatos de Pete por boates de Londres, drogado. Tive de ir vê-lo. Apesar de tudo, eu era a única pessoa que ele talvez fosse escutar. Naquele tempo, era muito difícil fazer Pete se abrir. Agora é diferente. Somos muito mais sinceros um com o outro. Naquela época, os muros subiam muito depressa.

    Mas eu fui vê-lo. Engoli o orgulho e fui até seu Eel Pie Studio em Twickenham, e lá estava ele, capotado de sono, cercado por parafernálias de drogas. Sentei e comecei a falar. Não sabia se ele podia me escutar. Pela primeira meia hora, mais ou menos, com certeza ele não estava ali. Mas continuei falando por mais três ou quatro horas. Falei que nada daquilo valia a pena. Ele era inteligente demais para acabar assim. Tinha sido contra todo aquele lixo por quase toda a vida. Por que mudar agora? Tentava fazê-lo conversar, se envolver, mas ele não conseguia falar; não respondeu a nenhuma das minhas perguntas, então apenas continuei e continuei falando com ele. Fui embora no fim da tarde sem ter a menor ideia se algo ficara na cabeça dele. No dia seguinte, ele deu entrada na reabilitação.

    Quando ele saiu, fizemos nosso décimo álbum, *It's hard* [É difícil]. E, meu Deus, era mesmo difícil. Pete estava arrancando os cabelos e tentando compor novas músicas. No fim, ele conseguiu, mas, naquela época, não achei que as músicas chegariam ao nível do nosso trabalho anterior. Tudo parecia errado. Se você ouvir a gravação, cada parada da bateria é ladeira abaixo. E outra vez, e outra vez, e outra vez. Aquilo me deixou maluco.

Tudo se tornou mais concreto para mim em setembro de 1982. Era o lançamento da turnê do álbum. Mais 42 shows. Mais três meses se arrastando pela América do Norte. Eu estava cuidando do lançamento sozinho, como sempre. Pete não queria ter nada a ver com a divulgação, dar entrevistas ou participar das sessões de foto. Nada. Eu estava sozinho no carro, tentando me empolgar, e simplesmente tomei a decisão. Era isso. Aquela seria nossa última turnê.

Fiz o comunicado na coletiva de imprensa, e sabia que era a decisão certa. Resolvia nossos problemas. Pete não ficaria mais sob pressão. O problema do baterista não existiria mais. A banda foi pega totalmente de surpresa, mas tinha certeza de que, se continuássemos, aquilo poderia levá-lo à morte.

Aquela foi a nossa turnê de despedida, e nos ativemos a isso. E, ainda assim, ainda não era o derradeiro fim. Estávamos presos a dois terços de um contrato para três álbuns.

Uns seis meses depois que voltamos da estrada, Pete veio até Holmshurst. Ele vinha tentando compor o álbum seguinte e estava ali para me dizer que não conseguia. Estava acabado. Era mesmo o fim.

— Não consigo mais escrever — disse ele. — Não posso continuar.

E acho que ele ficou chocado quando apenas respondi:

— Tudo bem.

Era difícil porque eu já tinha gastado o adiantamento, e John também, mas não importava. Demos um jeito e apoiei a decisão de Pete integralmente. Ele precisava de espaço para respirar. Precisava se recuperar. Então, foi isso. Com exceção do Live Aid em 1985 — o persuasivo Bob Geldof me convenceu —, tínhamos terminado. Por quase uma década, esse foi o fim do The Who.

DEZESSETE

VIDA ALÉM

Eu não estava feliz com a separação. Era apenas o destino. Mas não havia nada com que se preocupar. Se tivéssemos que voltar, bem, assim seria. E, se voltássemos, só faríamos isso se encontrássemos o baterista certo. Eu sabia que Pete não jogaria tudo fora. É um homem inteligente. Sempre estava atento. Reconhecemos o talento dele. E, embora houvesse momentos em que não admitisse, ele de fato reconhecia sua sorte de nos encontrar. Ele sabia que, de alguma forma, conseguira encontrar outros três músicos que podiam exibir o talento dele. Aquele número caiu de três para dois, mas nunca achei, nem por um minuto, que era mesmo o fim.

Nesse ínterim, eu precisava pagar as contas. Então os anos 1980 foram dedicados a atuação, álbuns solo e fazenda de pesca.

Em 1980, interpretei McVicar, um assaltante de bancos e condenado fugitivo no filme de mesmo nome. Foi diferente de todos os meus outros papéis. Eu quis fazer porque tantos amigos meus tinham sido ladrões. Eles falavam como se fosse uma coisa muito legal, como as gangues fazem hoje em dia. É ao que se aspira quando se está em uma rua decadente ou um estado violento. O crime parece uma saída fácil.

Eu sabia que não era. Por fim, eles acabavam sendo pegos. Pergunte a Bill Curbishley. Pergunte a George Davis. Ele ficou fora de cena por vinte anos por assalto à mão armada à London Electricity Board em 1974. O único problema é que ele não fez isso. Rose, sua esposa, organizou uma grande campanha em prol da libertação dele e fiquei muito feliz em ajudar. Subi ao palco usando uma camisa em que se lia "George Davis é inocente" e comemorei quando ele foi solto. E então, mais ou menos um ano depois, ele foi pego no assento de motorista de um veículo de fuga do lado de fora de um banco, e pronto. Passou os sete anos seguintes preso.

Fiquei feliz por ele escapar do que não tinha feito e feliz por ele ser pego pelo que tinha feito. E é assim que as coisas são. Não é glamoroso. Ele perdeu a liberdade. Perdeu a esposa, que era um amor. Todos esses caras eram bandidos e acabaram descobrindo isso. John McVicar era particularmente sincero em relação a isso. Ele escreveu o último relato glamoroso sobre a vida no crime. Mostrou que ser assaltante era uma maneira fácil de ganhar a vida, até que deixou de ser. Eu queria mostrar isso no filme; achava que qualquer coisa que impedisse as pessoas de se envolverem de cara com isso tinha que ser boa.

Não acredito nem um pouco que o personagem tenha sido glamorizado no filme. Era só a história dele. E, como acabou acontecendo, teve um final feliz. A vida dele deu uma guinada depois que ele saiu da prisão. Ele se tornou um escritor de muito sucesso e nunca mais se meteu em encrenca.

O processo de fazer esse filme foi uma experiência de imersão. Depois de muitas semanas, achei difícil parar de ser McVicar. Andava todo pomposo, com aquele ar arrogante de um gângster. Não sei o que Heather achou daquilo tudo. Mas aprendi muito. Fiz a maior parte das cenas na prisão com Adam Faith, que interpretava Wally "Rosto de Anjo" Probyn, o colega de cela de McVicar, e ele era genial: me ajudou a relaxar e a me soltar. Se você sente que está atuando, você está errando. Se acha que não está fazendo nada, está dando certo. É esquisito. As falas são o que menos importa.

Dá para dizer que eu ainda não tinha pegado o jeito quando interpretei Macheath na adaptação para a TV de *A ópera do malandro*, da BBC, em 1983. Eu não sabia como dizer as falas do diálogo, como usar as palavras. Eu projetava a voz de maneira errada. Estava fazendo como no cinema. Nos filmes, dá para ver bem micromovimentos, mas não é assim que funciona na TV, e eu ainda estava aprendendo.

Mas eu não ia desistir. Não era só porque eu precisava pagar as contas. Eu ainda queria esticar dois dedos em riste para aquele maldito professor de inglês. Jamais consegui o papel naquela peça na escola. Eu nunca seria nada. Todas essas coisas.

Acho que tive de fazer a saudação dos dois dedos quando participei da audição para *A comédia dos erros*, logo depois de concluir *A ópera do malandro*. Aquilo era Shakespeare. Era minha chance. Assim que me deram a relação dos trechos que leríamos na audição, passei um tempão decorando minhas falas porque leio mal em voz alta. Cheguei lá preparado. James Cellan Jones, renomado diretor, estava sentado com uma expressão vazia, e apenas comecei a recitar as falas do teste. Não demorou nada, talvez umas três ou quatro falas, para que ele começasse a rir. A partir daí, foi de mal a pior. Quando cheguei ao fim, ele estava se mijando de rir. Apenas concluí que tinha estragado tudo.

Para piorar ainda mais, ele pediu que eu lesse outro trecho, que eu não havia decorado. Simplesmente não consegui fazer. Foi uma zona. Mas, no fim, ele perguntou: "Você acha que pode interpretar os dois papéis?" Não acreditei. Fiquei chocado. Meia pena teria me derrubado. Fui escalado para fazer Drômio de Éfeso e Drômio de Siracusa.

E eu adorei. Lá estava eu, trabalhando com um texto de Shakespeare, compreendendo-o, entendendo as piadas. Ninguém estava me protegendo. Eu estava envolvido, e a experiência era extraordinária. Só no final, quando os dois Drômios foram postos lado a lado pela edição, foi possível ver como eu me envolvera. O Drômio cujo mestre o tratava com o maior respeito era bem uns cinco centímetros mais alto do que o outro. Subconscientemente, eu tinha me encolhido para interpretar o gêmeo menos afortunado.

• • •

Não acho que os gêmeos Kray tenham se aproximado de mim por causa da admiração que tinham pela minha representação hilariante dos gêmeos Drômio em *A comédia dos erros*. Suspeito que *McVicar* era mais o lance deles. Qualquer que fosse o motivo, um dia recebi um telefonema de Big Joey Pyle perguntando se eu queria comprar os direitos de filmagem da história dos gêmeos mafiosos. Gosto mesmo de Joey. Era um vilão respeitado. Honorável.

A polícia estava atrás dele havia anos. Ele fora julgado sem sucesso pelo assassinato de um segurança de uma casa de shows nos anos 1960. Foi pego no fim de 1992 por "encabeçar uma rede de tráfico de drogas", mas eu ainda o visitava em Belmarsh. Costumava ir vê-lo e animá-lo. Nunca conversávamos sobre vilania. Entendi de que lado ele estava, mas não queria saber.

    Joey não era muito conhecido pelo público em geral, mas era o mediador entre as grandes famílias criminosas. Era ele quem se sentava com elas e resolvia os ressentimentos. Enxergue isso como um emprego. Mas ele era bom naquilo. Quando morreu, em 2007, membros das famílias Kray e Richardson compareceram ao funeral. Fazer a mediação entre mim e os Kray deve ter sido moleza.

    Achei que seria ótimo fazer um filme definitivo sobre os gêmeos. Goste-se ou não, eles são parte da história social da Grã-Bretanha moderna. Sempre houve pessoas como eles nas ruas. Eles são tirados de circulação e logo aparece alguém para substituí-los. É assim que as coisas são e sempre vão ser. Mas eles tinham algo a mais, uma imagem, e sabiam como usá-la. Com a ajuda das fotos de David Bailey, eles se tornaram gângsteres glamorosos. Os anos 1960 giraram em torno da imagem. Olhe só para a Twiggy. Olhe para a gente. Olhe para os Kray.

    Eu não gostava deles nem do que eles defendiam, mas, quando alguém conhecia os dois, tinha de reconhecer que eram extraordinários. Se Ronnie não estivesse louco, o filme teria acontecido. Eram donos de casas noturnas e cassinos. Estavam ganhando uma fortuna. Mas Ronnie era um esquizofrênico paranoico com um gêmeo idêntico. Eu não queria fazer um filme sobre violência. Queria fazer um filme sobre as engrenagens extraordinárias dentro daqueles cérebros extraordinários.

    Eu nunca encontrara com os Kray, mas tinha negócios com eles. Em 1965, eu era dono de um lindo Austin Westminster. Assentos de couro luxuosos. Motor de três cilindros. Eu gostava daquele carro. Estava um dia dirigindo pela Planície de Salisbury — aquela estrada reta e comprida na qual, desde os anos 1960, só se passa a toda a velocidade — e, conforme voei pelo topo da colina, vi um trator virando à direita e outro carro aguardando atrás dele, bloqueando a estrada toda. Não havia nada que eu pudesse fazer, a não ser me preparar, xingar minha exuberância juvenil e torcer pelo melhor. Quando consegui sair de dentro do meu amado e agora amassado Austin, parecia que eu tinha atropelado um grupo de cadeirantes. Em meio aos destroços, havia aquelas armações de metal e rodas amassadas. Levou um tempo até eu descobrir que o carro que eu atingira por trás levava bicicletas na traseira. Que bagunça. Depois disso, tive mais sensibilidade para dirigir.

O acidente resultou em uma despesa enorme. O carro tinha custado 1.200 libras; o conserto, quatrocentas libras. Eu não tinha quatrocentas libras e nem como consegui-las. Os bancos não emprestariam. Os empresários, é claro, nunca tiveram o dinheiro. Então estava sem transporte, o que significava que eu não conseguia chegar aos shows. Contratei um carro por umas semanas, mas aquilo consumia mais dinheiro do que eu recebia. Por fim, um dos nossos roadies disse:

— Conheço alguém que emprestaria esse dinheiro.

— Ótimo, quem é? — perguntei.

— Não se preocupe com quem é. Você pode pegar o dinheiro por três meses com juros de dez por cento. Só tem uma coisa: se gosta das suas pernas, certifique-se de pagar o empréstimo no prazo.

Achei aquele conselho fanfarronice, mas no dia seguinte ele me entregou o cheque de quatrocentas libras. Fora assinado por Charlie Kray.

Paguei de volta a tempo e só pensei que eram caras maneiros. Eles me apoiaram. Salvaram o dia. E assim foi até Big Joey me ligar nos anos 1980.

A primeira vez que fui me encontrar com Ronnie em Broadmoor, ele estava sentado a uma mesa redonda. Ocupei a cadeira ao lado de Joey e Ronnie deu a volta e apertou minha mão.

"Olá, Roger, que bom ver você." Ele estava quase sussurrando. "Como está sua mãe? Será que ela gostaria de uma caixa de chocolate?"

Ele se sentou bem a meu lado, arrastou os pés, enfiou o joelho bem na minha coxa e empurrou bem forte. O que você deve fazer com a perna quando Ronnie Kray está com o joelho cravado na sua coxa? Vou dizer o que você faz. Nada. Aquela perna não se mexeu por duas horas. Ele estava me desafiando. Aquilo se resumia à postura. Quão corajoso você é?

Eu e minha coxa sobrevivemos ao encontro, e, nos dias que se seguiram, eu e Don Boyd, meu parceiro no projeto, fizemos o acordo. Um contrato propriamente dito. Ronnie cedeu todos os direitos diante de dois doutores de Broadmoor. O que nenhum de nós percebeu, inclusive Ronnie, era que os Kray viviam daqueles direitos havia anos. Eles os venderam, o negócio deu errado, eles os venderam outra vez. Mas o nosso contrato era rigoroso. Eles não podiam fazer nada sem a minha concordância.

Ronnie não gostou disso. Eu não gostei de Ronnie não ter gostado disso. Nunca iríamos impedi-lo de fazer o que ele quisesse. Mas, mesmo assim, era difícil. Ele queria que Ray Winstone o interpretasse, mas eu não queria fazer esse tipo de filme. Eu queria que fosse Hywel Bennett. Ele tinha a voz certa. Podia retratar a homossexualidade sem ser abertamente afeminado. Essa era a questão com Ronnie. Ele era muito reservado em relação a quem era. Ele não era gay, era homossexual.

Eu tinha tudo ao alcance — encontrei até mesmo um gêmeo idêntico para Hywel, um ator chamado Gerry Sundquist —, mas, no fim, simplesmente não conseguia lidar com Ronnie. Eu o vi começar a se transformar. Ele ficou furioso. Quando fui encontrá-lo de novo, o velho joelho veio com mais força ainda. Ele costumava falar mais e mais baixo. E, então, Ronnie teve uma discussão acalorada com Don. Ele disse: "Você vai fazer o meu filme ou está tudo acabado." Don voltou do embate parecendo muito preocupado. Disse que havia outra pessoa olhando por trás dos olhos. E estava assustado pra valer.

Depois disso, surgiu de repente outra equipe de produção, e fiquei feliz em passar a bola para eles. Eu não queria mais aquilo na minha vida. Parecia perigoso demais. Acabaram fazendo aquele filme com os irmãos atores Kemp (Gary e Martin). Não se saíram mal, mas o filme glorificava a violência e deixava de lado a intriga, a conexão com Bob Boothby, todos aqueles espiões. Foi por isso que os Kray pegaram trinta anos. Eles não pegaram por liquidar dois vilões. Duas pessoas julgadas no mesmo banco de réus ao mesmo tempo por dois assassinatos em lugares e datas diferentes? Parecia um *establishment* de condenação. Não estou defendendo os Kray, mas eles eram muito mais, eles faziam muito mais que apenas rosnar, e acho uma pena a história não ter sido devidamente contada. Poderia ter sido *O poderoso chefão* inglês.

• • •

Sem trabalho desde 1982, John Entwistle começou a ficar sem dinheiro no fim da década de 1980. Aliás, eu também. É dispendioso viver a vida de um astro do rock quando não se está ganhando como um astro do rock. Eu não pensava no The Who havia um bom tempo. Depois de muita persuasão por parte do agora Sir Bob Geldof, deixei meus sentimentos em relação a Kenney de lado e participamos do Live Aid, para depois voltarmos às respectivas vidas separadas. No fim, a necessidade financeira nos juntou outra vez.

A reunião aconteceu em 1989, com Simon Phillips na bateria. Partimos para nossa primeira turnê em estádios depois de sete longos anos. Foi uma grande produção — havia pessoas tocando instrumentos de sopro, backing vocals, um percussionista e teclados. Pete passou a maior parte da turnê tocando um violão acústico. Ele pôs outra pessoa para tocar guitarra, pensando até mesmo em se apresentar dentro de uma redoma de vidro para proteger sua audição. Quisera eu ter posto alguém para cantar minha parte. Eu ficaria bem feliz de fazer apenas harmonias ocasionais. Mas isso era o que Pete queria, e eu apenas cedi. Pelo lado bom, em relação ao ritmo, Simon Phillips foi uma ótima aquisição. Foi melhor que nossa última turnê, mas não bom o bastante para nos levar a fazer outra.

Pela primeira vez na vida eu não tinha nada muito planejado do ponto de vista profissional. Em vez disso, aproveitava a alegria de passar mais tempo com Heather e as crianças. Sempre participei um pouco das tarefas do dia a dia. Nunca tive problema em tirar o lixo ou lavar a louça, e sempre curti levar as crianças à escola e buscá-las, o que é inevitável quando se mora no campo, porque o transporte público praticamente não existe.

Foi em um desses momentos que, em 1992, algo que ficou de lado na minha vida por vinte anos voltou com força total. Futebol! Eu tinha ido buscar meu filho e alguns amigos dele da escola e notei que Jamie usava um cachecol vermelho e branco.

— O que é isso em volta do seu pescoço? — perguntei.

— O cachecol do meu time — respondeu ele.

Ah, que merda. Espero que ele não torça para o Manchester United, pensei.

— E qual é o time?

— Arsenal, pai.

Que alívio...

— Quando você vai me levar a um jogo, pai?

Quando seu filho de 10 anos faz essa pergunta todo dia durante algumas semanas, só há uma resposta.

Eu torcia para o Queens Park Rangers até o começo dos anos 1970, quando a violência, que era comum na época, piorou bastante. Um dia simplesmente me afastei. Fiquei sem ver um único jogo por vinte anos. Para minha sorte, Robert Rosenberg, braço direito de Bill, fora a vida toda fã do Arsenal. Então cedi e levei Jamie ao Highbury para assistir a um jogo. O ambiente era fantástico — amistoso e divertido, com uma cantoria maravilhosamente alta. Eu fora cativado pelo jogo mais uma vez, e esse sentimento não passara de pai para filho, mas de filho para pai. Tornei-me um torcedor do Arsenal e Robert virou um grande amigo.

DEZOITO

O REAGRUPAMENTO

Anos se passaram. Projetos vieram e se foram. Continuei a correr atrás da minha breve carreira como ator. Era julho do 1991. Quando o telefone tocou, atendi. Tive muita sorte de receber a ligação de Paddy Moloney, dos Chieftains. Será que eu topava fazer uma participação especial me apresentando com eles no London Palladium?

Respondi que sim. Sempre encarei um desafio. É uma das poucas regras que sigo. Era complicado porque não haveria ensaio, o que sempre é estressante. Eu só teria que subir ao palco e me ajustar àquela que, como já falei antes, quase sem dúvida é uma das bandas mais tranquilas do mundo.

Aprendi a letra de "Raglan Road" e, em três minutos, eles estavam tocando a introdução, e lá fomos nós. Pela primeira vez na minha vida, momento inédito depois de milhares de shows, eu estava em um palco com uma banda e conseguia me ouvir cantando. Já comentei que não gosto de ouvir minha voz, mas torna a vida muito mais fácil quando você está se apresentando. A canção foi executada com tranquilidade. Precisão. Então sugeri que fôssemos de "Behind Blue Eyes", minha música preferida do The Who.

"Vamos tentar", foi a resposta, e foi maravilhoso ouvir uma canção que tantas vezes cantei tocada de uma maneira tão diferente. Algumas semanas depois, voltei para mais e gravei um álbum ao vivo com os Chieftains e Nanci Griffith, uma cantora de folk norte-americana talentosa, no Grand

Opera House, em Belfast. Foi anunciado como uma noite irlandesa, e dessa vez haveria ensaios, mas, quando estávamos com mais ou menos meia hora da primeira sessão, alguém veio até o palco e, com calma, nos informou que haviam recebido uma ameaça de bomba crível. Será que nos importaríamos de sair do local?

Então nos arrastamos para o estacionamento atrás do teatro. Alguns minutos depois, a mesma pessoa perguntou se não gostaríamos de nos afastar um pouco mais. Acabamos chegando à porta dos fundos de outra construção, e nunca vou me esquecer da visão que se descortinava dali. Era um salão de bingo cheio, em toda a sua glória vespertina. Fileiras e mais fileiras de senhoras fumantes inveteradas, com seus cabelos branco-azulados, acumulando até seis cartelas de bingo cada uma, plenas de concentração e expectativa. A fumaça era tão espessa que mal dava para ver o outro lado do salão. Não seria uma ameaça de bomba que as faria desistir de seus números. Elas não sairiam dali.

Levaria três horas para examinarem o nosso prédio e ver se estava seguro, mas o show tem de continuar, então fugimos para um cômodo em cima de um pub na esquina e concluímos o ensaio. Naquela noite, o show continuou e foi um grande sucesso. Fui para casa no dia seguinte, pensando naquela bela atmosfera em vez da tarde perturbadora. Na verdade, não pensei muito naquela ameaça de bomba até que, alguns meses depois, o IRA detonou um carro-bomba de meia tonelada na Glengall Street e reduziu aquele belo teatro a escombros. Por milagre, ninguém ficou ferido; se interrompeu o bingo, aí é outra questão.

• • •

Em 1º de março de 1994, fiz cinquenta anos. Foi um dia memorável, não pela sensação de que meio século passara voando, mas por causa de uma carta. Eu estava na fazenda — construindo algo, não consigo lembrar o quê — e entrei para almoçar. Heather sempre abre a correspondência, e ela apenas me entregou uma carta. "Aqui está mais um presente", disse ela. "Feliz aniversário."

Era uma jovem judia chamada Kim. Ela anexara fotos dela e do filho e, na mesma hora, vi a semelhança. Kim tinha a aparência dos Daltrey. Eu via minha mãe e minha irmã nela. Era óbvio que ela era minha filha.

Apenas me sentei sentindo duas emoções arrebatadoras e contraditórias. Primeiro, a alegria. Ali estava aquela bela pessoa, crescida e feliz. O pai adotivo de Kim era um ortodontista renomado no Guy's Hospital e lhe proporcionara uma excelente educação. Tinha dado tudo certo para ela. Mas também havia uma ponta de tristeza. Não deve ter sido fácil crescer sabendo que seu pai não estava por perto e sua mãe tinha desistido de você. E deve ter sido horrível para a mãe dela também.

Olhando para trás, eu poderia ter feito as coisas de maneira diferente. Ter sido mais responsável, assim como com Jackie. Mas, como já disse, eu era jovem, arrogante e ignorante. E, sim, eu admito, estava curtindo a vida. Além disso, nunca soube da gravidez da mãe de Kim. Nem ao menos me lembro de conhecê-la. Lembro-me das mães da minha filha escocesa, do meu filho sueco e da minha filha que mora em Yorkshire.

Mas aquela ali nunca fiz ideia. E ainda não me arrependo do ato nem posso me arrepender das consequências. Fazer isso agora seria me arrepender de ter minha filha. O que posso fazer é lidar com isso.

Liguei para Kim naquele dia. Não muito depois, nos encontramos em um pequeno restaurante italiano em St. John's Wood e nós dois sentimos uma conexão imediata. Ela tentara encontrar os pais biológicos quando tinha 18 anos, mas a assistência social informou que sua certidão de nascimento fora danificada pela água. Quando tentou mais uma vez, aos 27 anos, descobriu que aquilo era balela e encontrou a resposta. Esse homem é seu pai. Ela descreveu o momento como "um tanto chocante" e não a culpo. Ela viu algumas fotos minhas e assistiu a alguns de meus filmes, e então soube que era verdade.

"Juro pela minha vida", admite ela hoje, "eu não era uma grande fã do The Who, mas assisti a *Tommy* e então descobri que Tommy era meu pai. Foi um momento bem esquisito." Ela esperou dois meses e escreveu aquela carta. Fico muito feliz por ela ter feito isso.

Alguns dias depois de encontrar minha filha Kim, de 27 anos, pela primeira vez, eu a levei para conhecer Heather e o restante da família. Tenho certeza de que não foi fácil para Kim e sei que não foi fácil para Heather também. Mas ela recebeu bem Kim e deu tudo certo. Com todos os meus filhos que apareceram inesperadamente, deu certo. Somos bons amigos e amo todos eles, mas vou ser muito sincero: em relação a eles, não me sinto da mesma maneira que me sinto com os filhos que tive com Heather. Perdi a infância deles. Eles têm outros pais, então é um tipo diferente de laço.

Mas é legal. Vejo todos os meus filhos sempre que possível. Todo ano, saio em pequenas turnês. Tudo isso poderia ter tomado outro rumo. Podia não ter dado tão certo para meus filhos ou para mim. Em algum momento, cada um deles me agradeceu por lhes dar a vida. E eu sou grato por isso. Sou um cara de sorte.

Nem tudo na minha vida estava em um rumo tranquilo. Nos dois anos anteriores, minha carreira como cantor sofreu uma queda. A chegada do rap e do hip hop significou mais ou menos o desaparecimento do rock nas rádios. Era tudo Eminem e Ice Cube. Lancei meu oitavo álbum solo, *Rocks in The Head*, no fim de 1992, e ele afundou quase sem deixar vestígios. Eu achava que era um bom álbum, mas era quase impossível conseguir um espaço para tocá-lo. Naquele tempo, o rádio era a única maneira de divulgar um álbum, então ele estava fadado ao fracasso desde o início.

A música continua — tem de continuar; porém, a menos que começasse a cantar rap (o que, não se preocupe, eu não ia fazer), eu estava no marasmo. Tinha me desiludido com meu empresário. Bill decidira ir morar na Espanha com sua bela esposa argentina e seus dois filhos jovens, e, embora isso fosse ótimo para ele, fiquei me sentindo isolado e sem representante. Estava prestes a completar 50 anos. Isso não me incomodava. Era só mais um dia. Mas ainda parecia que era hora de mudar.

Então tomei duas decisões. A primeira: comemoraria meu aniversário de 50 anos com um show. Pegaria uma banda de rock e uma orquestra completa, e tocaríamos no Carnegie Hall, em Nova York. Daltrey canta Townshend. Era algo que eu queria fazer com a música de Pete havia um bom tempo. Explorar uma nova maneira de apresentá-la. Por que não?

A segunda: deixaria Bill em sua espreguiçadeira na Espanha e começaria vida nova com aquele que parecia ser um empresário mais proativo. Richard Flanzer fora recomendado por várias pessoas em Nova York. Ele estava se destacando no ramo como, diziam, um cara ativo e agitador. Se tinha algo que minha carreira precisava era de ação e agitação.

Encontrar o componente orquestral foi simples. Decidi usar uma orquestra estudantil da Juilliard School. Era composta de jovens talentosos, ávidos músicos, todos os ingredientes essenciais para dar vida à música de Pete. Michael Kamen, o prolífico compositor de cinema, cuidaria da trilha sonora e da regência. Também convoquei uma seleção fabulosa de artistas convidados, incluindo Eddie Vedder, Sinead O'Connor, Lou Reed, Alice Cooper, o Spin Doctors e, mais uma vez, os Chieftains (finalmente, como mencionei antes, eu realizaria meu plano maquiavélico de colocar o Sr. Entwistle no mesmo palco que meus amigos tranquilos).

Como era de esperar, a parte da banda de rock não foi tão simples. Flanzer já começara a agir e a agitar, arranjando um acordo para a gravação de um DVD com o propósito de cobrir os custos de produção. A única ressalva desse contrato era que Pete tinha de aparecer no show. A única ressalva de Pete era que eu concordaria em usar os músicos que ele planejara para sair em turnê solo depois do Carnegie Hall. Então eu concordei, ele concordou, e meu concerto de aniversário estava todo preparado.

Depois de duas semanas de ensaios, o som todo parecia fantástico. Tinha sido um sonho tocar com todos os convidados, menos um. Pete era a pedra no sapato. Não sei por quê. Um dia era o cachorro doente. No seguinte, ele não queria tocar com uma orquestra. No outro, ele não queria tocar e ponto. Eu só precisava que ele tocasse uma música para cumprir o contrato que pagaria os custos de produção, que aumentavam rapidamente. Mas, dois dias antes do show, eu ainda não sabia se ele ia aparecer.

No fim, ele apareceu e é claro que foi genial. Mas meu estômago dava voltas e mais voltas. Fizemos o show no dia 23 de fevereiro de 1994 e repetimos na noite seguinte, mas não foi bom. Não percebi na época, mas Kamen, nosso estimado homem com a batuta, usava pó colombiano. Um regente viciado em cocaína significava uma coisa: tudo acelerado. A banda também tocou duas vezes mais alto do que tocara nos ensaios. O dobro de velocidade, o dobro de volume. Foi uma tremenda vergonha. No ensaio, a orquestra e a banda tocaram em sinergia, dois sons trabalhando em harmonia, mostrando a luz e a sombra da música de Pete. Agora, trabalhavam em lados opostos. Além da cacofonia resultante, eu não conseguia me ouvir com clareza e cantava atravessado. As críticas ao show não foram boas e estavam corretas. Não cantei bem. Não tinha como.

Ainda assim, não demorou muito para Flanzer me ligar para contar sobre algumas ofertas incríveis que estava recebendo para rodar com meu show orquestral pelos Estados Unidos. Os produtores não estavam nem aí para as críticas e sim, mais interessados na notícia de que o especial *Daltrey Sings Townshend* tinha batido o recorde de bilheteria do Carnegie Hall nos dois dias. Foi a mais rápida venda com lotação esgotada em 103 anos de história. Eles só se importavam com o resultado final, e aqui, claramente, havia uma oportunidade de fazer dinheiro. Eu também já estava cansado do marasmo, então concordei em fazer uma turnê de verão.

Nas grandes cidades como Detroit, Las Vegas e Los Angeles, as orquestras eram do mais alto nível e os shows foram muito bem recebidos. Nas cidades menores, os músicos eram um pouco mais irregulares e a música, menos bem-feita, mas, no geral, achei que ainda estava bom. O problema era que o talentoso Sr. Flanzer faltara à aula sobre o aspecto financeiro de uma turnê. Ele agendara apenas três shows por semana. Precisávamos de cinco ou seis para cumprir com o orçamento da banda, que era bem cara, e as despesas gerais. A habilidade que ele dominou foi a de criar despesas em meu nome. No fim da turnê, eu estava mais ou menos um milhão mais pobre e entrara em uma disputa jurídica com Flanzer pelos direitos do show. Minha experiência com empresários estava encerrada. A questão com Flanzer me fez enxergar como Bill era bom, mesmo estando naquela espreguiçadeira na Espanha. Para minha sorte, ele ficou contente em me receber de volta.

Bem poderia ter sido um verão perdido, exceto por uma descoberta aparentemente pequena que acabaria se tornando um fator muito mais importante nas décadas seguintes. No início da turnê, fui forçado a fazer uns ajustes na banda de rock por conta das despesas. Um desses ajustes foi achar um novo baterista. Quinze anos depois da morte de Keith, e ainda não tínhamos encontrado ninguém que chegasse perto de substituí-lo. Então fiz uma audição com sete ou oito caras, e o último foi Zak Starkey. Foi como encontrar um diamante em um barril cheio de serragem. Ele era um cara que conseguia fazer aqueles cálculos rítmicos insanos que perdemos quando Moon morreu.

Dá para dizer que Zak tem isso no sangue. É filho de Ringo e afilhado de Keith. Na verdade, Keith colocara Zak sob sua asa quando o garoto ainda era adolescente. E que asa para se ficar embaixo. Ele fizera um trabalho solo para

John e, em 1985, eu o usei em um dos solos de bateria em *Under a Raging Moon*. Mantive olhos e ouvidos atentos a ele desde então. O problema era que ele tinha a reputação de ser um tanto imprevisível. Aquilo estava no sangue também, e era motivo de preocupação porque eu não sei se sobreviveria a outro Moon. Ainda assim, você segue o ritmo da música e, depois de uma conversa franca e um acordo de cavalheiros, dei o trabalho para Zak. Ele estava com a gente naquele verão e pelo menos essa parte parecia certa.

• • •

Em maio de 1996, Pete me ligou perguntando se eu faria um especial exclusivo para a instituição de caridade Prince's Trust, no Hyde Park, no mês seguinte. Perguntei sem rodeios se isso significava que ele finalmente queria voltar com o The Who. A resposta foi um tanto quanto cautelosa. Ele nunca disse que sim, mas também não disse que não. Apenas explicou que tinha escrito uma versão de *Quadrophenia* para o teatro que teria um narrador no palco como protagonista, Jimmy, e vários cantores interpretariam outros personagens.

— Quem eu devo fazer? — perguntei. — O cérebro de Jimmy?
— Algo assim — respondeu ele.
— Como se interpreta um cérebro?

Batalhei por ajustes na encenação e por uma grande edição em todos os diálogos, mas, quando chegamos à passagem de som no dia anterior à apresentação, o projeto todo parecia uma *ego trip* cheia de arrogância. Ade Edmondson foi escalado para interpretar Ace Face. Gary Glitter era o Padrinho. Stephen Fry, o gerente do hotel, Trevor McDonald foi o repórter do noticiário e a Phil Daniels coube a narração. Havia uma seção completa de metais, backing vocals, percussão, entre outras coisas. Quando chegou a hora de decidir quem estaria na banda, insisti para que Zak assumisse a bateria e, graças a Deus, Pete aceitou. Ainda tínhamos que levar outro guitarrista para tocar os solos, pois Pete ainda tinha problemas com a audição e só tocaria o acústico.

Devido ao nosso numeroso elenco, essa passagem de som em especial era crucial. Uma passagem de som não é um ensaio. É uma oportunidade para os artistas terem certeza de que conseguem ouvir o que está acontecendo. Mas

Glitter nunca entendeu esse conceito. Enquanto a banda tocava a música de introdução e eu andava pelo palco ouvindo, ele decidiu que estava na hora do show e começou a balançar o pedestal do microfone em volta da cabeça. Então, tudo ficou escuro.

Só me lembro de ouvir uma voz perguntando se eu sabia meu nome. Não havia rosto ou corpo atrelado à voz, que continuava fazendo a mesma pergunta.

— Qual o seu nome? Qual o seu nome? Qual o seu nome?

Acabei ficando de saco cheio da voz insistente e respondi:

— Bem, não sou a porra do Mick Jagger, não é?

Eu ficara inconsciente por quinze minutos. Um dos pés do pedestal me acertara bem na órbita do olho esquerdo. Alguém segurava uma compressa gelada em cima do meu olho e o sangue jorrava do meu nariz. Era vermelho-escuro, quase preto.

Heather viu tudo de frente e, enquanto me carregaram devagar para o camarim, ela tentava encontrar alguém para chamar uma ambulância. Uma hora depois, ainda não havia chegado nenhuma. Àquela altura, eu estava sentado, me sentindo bem fraco. Quando tentava assoar o nariz, parecia que meu olho estava saindo pela órbita.

"Foda-se", disse Bill Curbishley pegando a chave do carro. "Estamos indo." Jamais atravessei Londres na hora do rush tão rapidamente.

Os médicos tinham boas e más notícias. O olho estava bem, mas a órbita havia sido fraturada. Eu tinha um encefalograma às 9 horas da manhã do dia do show; com a confirmação de que não havia nenhum sangramento interno, deixei o hospital com uma bolsa de analgésicos e um espetáculo para fazer. Para solucionar o problema do globo ocular tentando escapar da órbita — uma visão que poderia ter deixado as pessoas na primeira fila transtornadas —, providenciei um curativo tapa-olho. Paul, irmão de Pete, fez o desenho de um alvo nele — e, no fim, o público achou que aquilo era parte da encenação.

Fiz o show tremendo mais que um chocalho, chapado pelo coquetel de analgésicos, e, quando voltei para o camarim, encontrei um bilhete datilografado de Pete. Nele se lia: "Você participou do show *Quadrophenia*, de Pete Townshend." Não tive tempo para assimilar aquilo. Eu ia encontrar a realeza. Pelo menos o príncipe Charles perguntou como estava meu olho.

Em poucos dias, os produtores estavam ligando outra vez, e Bill perguntou se eu faria o "*Quadrophenia,* de Pete Townshend" no Madison Square

Garden. Mais uma vez, perguntei em que momento o The Who entrava em cena. Bill apenas respondeu que era o The Who quem vendia os ingressos e que eu faria uma grana.

Depois de dois anos de um trabalho irregular de atuação, concordei. Em 1974, tocamos quatro noites no Garden. Em 1979, foram cinco. Em 16 de julho de 1996, começamos uma apresentação de seis shows em sete noites.

Os produtores de toda a América do Norte ofereciam turnês, mas, dessa vez, disse que só toparia se algumas mudanças acontecessem. Toda essa coisa do cérebro de Jimmy demandava um tremendo esforço, e a narração interminável entre as canções acabavam com a energia. Era como um carro de corrida nas mãos de um motorista iniciante. Toda vez que embalávamos, havia uma parada. Isso precisava ser resolvido. Pete concordou com algumas das mudanças, como fazer a narração gravada, o que poupou dinheiro e tornou mais provável que as pessoas no fundo do show conseguissem ouvir o que estava acontecendo. Ele também concordou em reduzi-la e, para minha surpresa, até mesmo deixou que eu a reescrevesse.

Depois de duas semanas tentando vender ingressos para o "*Quadrophenia*, de Pete Townshend", o nome também mudou. Passou a ser "*Quadrophenia*, do The Who", e no fim das contas os ingressos se esgotaram. Fizemos 25 shows pela América do Norte naquele outono, e partimos para a nossa primeira turnê europeia desde 1975 na primavera seguinte. A parte financeira ainda estava toda errada. Fizemos algumas libras com os shows nos Estados Unidos, mas, mesmo com as mudanças, voltamos da Europa com a vultosa quantia de dezesseis mil libras. Foi só quando a turnê chegou ao fim que toda a expedição fez sentido. Aquele bilhete no camarim depois do show no Hyde Park foi a maneira que Pete encontrou para deixar registrado seus direitos sobre o espetáculo. Foi difícil não concluir que eu e o restante da banda tínhamos sido usados, mas ainda era um progresso. E, mesmo que eu ainda não tivesse feito o *Quadrophenia* da maneira que eu achava que poderia ser feito, mesmo que eu precisasse esperar mais dezesseis anos para isso, foi um renascimento apropriado. Pete começou a tocar mais a guitarra principal e, aos poucos, ia parecendo que tínhamos voltado. Muitas bandas nunca se recuperam de uma longa pausa, mas eu sempre soube que nós conseguiríamos. Nosso retorno não seria simples, mas as coisas nunca são simples com o The Who.

No fim das contas, a banda voltou para a estrada por causa de um trapaceiro e de uma grande bolsa de dinheiro. Na época não sabíamos que ele era um trapaceiro. Só sabíamos que um agente ligara para o escritório e dissera que Michael Fenne, o CEO da empresa pontocom Pixelon, queria que fizéssemos um show em Las Vegas em outubro de 1999. Era um grande fã do The Who. Ficaria honrado. E nos pagaria dois milhões de libras.

O acordo veio com uma grande condição. Um de nós teria de ir a Cannes para divulgar a Pixelon em algum evento de tecnologia. E, é claro, o um de nós teria que ser eu. Então voei com Harvey Goldsmith e um arquivo inteiro de informações para fazer uma apresentação convincente. Você vai ficar surpreso ao saber que não sou um especialista em TI. Sei muito pouco sobre computadores ou internet. Não sei absolutamente nada sobre como eles funcionam. Mas que inferno. Eu sou um ator. Sei decorar falas.

Minha apresentação na conferência durou uns 25 minutos. Expliquei como o software da Pixelon iria permitir que os usuários assistissem a filmes pela internet por *streaming*. É claro que hoje em dia, com fibra óptica, isso é normal. Mas em 1999 você ainda acessava a internet com uma conexão discada. A ideia de fazer o download de algo além de alguns poucos e-mails era revolucionária — ou, pelo menos, era o que dizia o resumo que me foi dado.

Acho que passei a imagem de alguém que sabia do que estava falando. Ninguém vaiou. Mas então houve uma sessão de perguntas e respostas. Seria um bom momento de fingir um derrame, mas passei as horas seguintes ouvindo o pessoal de vendas tagarelando e, sinceramente, parecia que eles também estavam improvisando. Esse foi o auge da bolha pontocom, uma época em que se vendia qualquer coisa relacionada a tecnologia, não importava quão ridícula fosse, contanto que fosse convincente.

Em algum lugar da apresentação, havia uma parte sobre "largura de banda". Eu sabia o que falar sobre qualquer coisa que tivesse a ver com bandas — ainda que fosse a largura delas. Então dei uma de esperto e me safei. Até uma salva de palmas recebi (talvez só estivessem sendo educados). Então voamos para Las Vegas para ganhar uma grana fácil.

Algumas semanas depois do trabalho em Las Vegas, a verdade foi revelada. Era tudo uma fraude. Não havia uma tecnologia daquelas. Pior ainda, Fenne não era Fenne. Era David Kim Stanley, um vigarista condenado e foragido desde 1996. Ele levantara mais de US$ 28 milhões para seu empreendimento e gastara US$ 16 milhões na festa de lançamento. Não éramos só nós. O lineup contava com Tony Bennett, a Brian Setzer Orchestra, The Chicks (então Dixie Chicks), Natalie Cole e o Kiss. E todos nós fomos pagos. Parece que Stanley só queria dar a maior festa boca-livre para fãs de rock e seus amigos. O mais esquisito de tudo é que Stanley, conhecido como Fenne, o maior fã do The Who, nunca deu as caras em nosso show. Talvez estivesse disfarçado. Talvez não fosse o maior fã do The Who, no fim das contas.

Ainda assim, aquele show e os dois que concordamos em fazer logo depois para a Bridge School Benefit, de Neil Young, na Califórnia, nos reuniu novamente. Era a primeira vez desde 1983 que tocávamos como uma banda com cinco pessoas. Contávamos com Zak na bateria e John "Rabbit" Bundrick no teclado. E tocávamos os sucessos. Pela primeira vez desde 1966, abrimos o show com "Anyway, Anyhow, Anywhere". Apresentamos "Pinball Wizard", "Baba O'Riley", "Won't Get Fooled Again", "The Kids Are Alright" e "My Generation". Estávamos a um passo de onde tínhamos estado muitas décadas antes.

• • •

No fim de 1999, recebi uma ligação de Bobby Pridden. "Cyd", disse ele. Bobby me chamava assim desde que ele e os roadies tinham quebrado a quase cem quilômetros de um show em Newcastle, em 1969. Eu os encontrara e fizera sinal para que parasse um caminhão-plataforma da Cyd Transport e levasse o equipamento pelo resto do caminho. "Cyd, John está com problemas outra vez."

John era o Touro no palco, estoico e inexpressivo. Longe das luzes, era um cara extravagante. Mesmo um show de US$ 2 milhões em Las Vegas não garantiria seu sustento por muito tempo. Ele vivia como Elvis e nunca pareceu se importar com o fato de que não tinha a mesma renda que Presley.

Sua Graceland era Quarwood, uma construção gótica da era vitoriana de 55 quartos, espalhada por dezesseis hectares nas profundezas de Gloucestershire. Chegava-se a ela, como diria uma corretora imobiliária, por uma entrada para carros e um acesso com leões de pedra sobre pedestais. A primeira coisa em que se reparava era que havia dois chalés na propriedade, um pouco distantes da casa principal, e a mãe, Queenie, morava em um deles com Gordon, padrasto de John, que o odiava desde que o sujeito fora morar com a mulher. A janela dos fundos da cozinha dava para um galinheiro com cerca. De todos os possíveis lugares para se colocar galinhas naqueles dezesseis hectares de terra, aquele parecia um lugar bem esquisito para isso.

— Não é um pouquinho fedido e barulhento para ficar à janela da sua mãe, hein, John? — perguntei durante uma visita. — Por que você não coloca as galinhas em um lugar onde não incomodem ninguém?

— Elas adoram esse local, e Gordon odeia galinhas — retrucou ele com um sorriso.

Como já disse, um lado perverso. Ele adorava se vingar.

A segunda coisa era Quarwood em si. No amplo saguão, você era recebido por um regimento de armaduras. Acima dos degraus de ferro de sua escada flutuante, John tinha pendurado um Quasímodo em tamanho real. Se sobrevivesse à entrada, você chegava a uma cozinha/sala de jantar enorme, feita no espaço em que havia cinco quartos. As paredes eram cheias de cômodas de nogueira feitas sob medida e em cada canto ele pendurara pratos de edição limitada cafonas, com cenas da Revolução Americana, romances de Jane Austen e o reinado da rainha Vitória. Ele devia ter uns cinco mil pratos na coleção. Ao fim disso tudo, você acabava precisando de um drinque, e, felizmente, ele possuía um bar em uma área enorme cheia de marlins empalhados e peixes-espadas que ele pegava sempre que fazia sua imitação de Hemingway. John se deu até mesmo ao trabalho de colocar na boca de um tubarão aquelas mãos movidas a bateria que se mexem. Ele deixava esqueletos em alguns quartos, para o caso de alguém se sentir relaxado demais ao ficar para passar a noite. Era uma cruza da série britânica Hammer House of Horror e o saguão de um cassino em Las Vegas.

As armaduras eram reproduções da famosa loja de departamentos Harrods. Os pratos eram da Harrods. Na verdade, quase todas as coisas eram da Harrods, da qual eu estava determinado a me manter longe por toda a vida. Gostaria que isso estivesse na minha lápide. "Aqui jaz Roger Daltrey. Morreu sem nunca ter pisado na Harrods." John tinha outro sentimento. Ele gostava que todos os moradores da vila vissem a van da Harrods passando pelos seus portões. Mesmo quando acabou o dinheiro, mesmo quando antigos colegas da Receita Federal foram visitá-lo levando no bolso uma multa exorbitante, ele não parou de comprar lá. Esse era um dos muitos péssimos hábitos que ele desenvolvera bancando o astro do rock extravagante.

Ele era alcoólatra e tinha um bom faro para traçar tudo que tinha sobrado da festa. E, lá para o fim dos anos 1990, isso tudo cobrou um preço. Então fui ver Pete em sua casa em Richmond e pedi a ele que ajudasse. Deveríamos reunir a banda. Direito.

Pete estava indeciso. Ele mesmo era um viciado. Sabia dos riscos. Se ajudássemos John, corríamos o risco de nos tornarmos seus facilitadores. Talvez tratá-lo com amor, mas fazendo a linha dura, funcionasse melhor. Nesse caso, eu tinha certeza que não daria certo. John nunca mudaria. Mas, depois de uma conversa de duas horas, Pete ainda não estava muito certo, então o deixei ruminar sobre o assunto.

A ruminação deu certo. Ele voltou e falou que queria fazer uma turnê imensa. Trinta datas. Quarenta. Maior do que qualquer coisa que já tínhamos feito até então. Fiquei feliz não só porque precisava da grana e John também, como porque é isso que eu faço. Todas as outras coisas, todas as variações de performances, nunca tinham chegado aos pés da felicidade plena de estar no The Who.

Então lá fomos nós rumo a um novo milênio em uma devida turnê "Oi, voltamos". Acho que não a chamamos assim de verdade, mas era o que de fato era. Começamos em Tinley Park, Illinois, e quatro meses e 37 shows depois, encerramos no Albert Hall, em novembro, com dois shows de caridade em prol da Teenage Cancer Trust. Pete e eu éramos patronos dessa instituição desde sua criação, em 1990. Estávamos de volta, como sempre achei que estaríamos, desde que decidi acabar com tudo em 1983. Depois de todas as experiências, acabou que o formato original — uma banda de rock tocando rock — deu certo. Quem diria...

DEZENOVE

IRMÃOS

Nos dias que se seguiram à queda das Torres Gêmeas, em 11 de setembro de 2001, a Robin Hood Foundation ligou para dizer que estavam organizando um show no Madison Square Garden para todos os socorristas e suas famílias. Dessa vez, não haveria longas discussões. É claro que estaríamos lá. Sem a menor dúvida.

— Ótimo — disseram. — Enviaremos um jatinho.

— Mandem uma passagem da United Airlines — pedi. Porque fodam-se aqueles caras. Eu não ia recuar nem um milímetro. Eu estaria lá e voaria em uma companhia aérea que os terroristas tinham atacado.

A questão era o que tocar. A emoção predominante, na época, era puro e total choque. Como é que se elabora um setlist para isso?

Ao menos uma vez na vida, Pete tinha uma solução objetiva. Ele disse para fazermos o que fazemos. Vamos tocar rock. E ele estava certo. Era a única maneira. Então fomos lá e tocamos "Who Are You", "Baba O'Riley", "Behind Blue Eyes" e "Won't Get Fooled Again".

Tivemos muita sorte de tocar em vários lugares especiais. Fomos o headline de todos os grandes festivais e tocamos nos maiores palcos. Em 2010, nos apresentamos no show do intervalo do Super Bowl XLIV para um público de cem milhões de telespectadores. Em 2012, bilhões nos viram nas Olimpíadas de Londres. Sempre disse que cada evento, não importa quão grandioso seja, deve ser tratado como qualquer show. Mas aquela noite no Madison Square Garden era diferente. Era especial.

Tocamos para um mar de uniformes — a maioria de bombeiros, mas milhares de policiais e paramédicos também. Eles entravam apresentando o ingresso e, se não tivessem um, o uniforme era o ingresso (e também passe livre no bar). O local estava lotado, a cerveja rolava solta, e era puro pesar e pura rebeldia em uma explosão de emoção extraordinariamente intensa. E foi difícil passar por isso, foi difícil não se deixar levar completamente pela emoção porque, entre os bombeiros nas fileiras da frente, estavam alguns dos filhos dos sujeitos que não tinham conseguido escapar. As crianças usavam o capacete dos pais.

Como resultado dessa noite, decidimos sair em turnê outra vez em 2002. Parecia a coisa certa a se fazer pela banda, só isso. Fizemos alguns shows na Inglaterra no começo do ano e lembro-me de me sentir otimista em relação a mais uma grande viagem pelos Estados Unidos. Por que perder tempo? O mundo mudara. Tornara-se mais sombrio. Precisava da música para se curar. Precisávamos cair na estrada outra vez.

Depois de ensaiar em Londres, voamos para a Califórnia no fim de junho, preparados para nosso primeiro show em Las Vegas. Na noite anterior ao espetáculo, eu estava em Los Angeles, almoçando com minhas filhas em um restaurante coreano minúsculo em Valley. Não podia estar mais feliz. Minha família estava comigo. Eu tinha a banda. Mas então o telefone tocou, e era Pete perguntando onde eu estava. Contei, e então ele quis saber se eu estava sentado. Perguntei o que estava acontecendo e ele apenas disse:

— John morreu.

— Ah.

John tinha problemas cardíacos, e nos últimos anos isso começava a aparecer. Havia uma palidez nele, do tipo que se tem quando se começa o dia tomando um conhaque no café da manhã. Mas nem os sinais visuais óbvios de que não estava tudo bem o fizeram pegar leve. Ele era categórico em relação a como viver sua vida, e foda-se se você não gostava.

Então John teria gostado de como ele partiu. Ele foi se deitar com uma boa garota e qualquer pó mágico que tivesse à mão, e nunca mais acordou. Morreu de ataque cardíaco no quarto 658 do Hard Rock Hotel and Casino, em Las Vegas. Se tivesse colocado uma redoma de vidro ao redor da cama e com ele ainda ali, John teria adorado. Teria pensado: "É exatamente onde eu mereço estar." Rock'n'roll.

Mas o *timing* dele foi terrível. Ao bater as botas um dia antes de uma turnê gigante, ele nos deixara verdadeiramente na merda. Não havia tempo para o luto. Não havia tempo para pensar se poderíamos ter feito algo diferente, se é que isso existia. Fui até lá, vi Pete e soube que precisávamos ser um pouco espertos. Não sabíamos o que tinha acontecido, mas tínhamos bastante certeza de que encontrariam drogas em John. E estávamos diante de 27 shows pelos Estados Unidos e pelo Canadá. É claro que contávamos com um seguro, mas ele seria anulado e invalidado se cancelássemos. Isso está bem no topo da lista de exceções. Não havia pagamento caso drogas de Classe A, que são as drogas mais pesadas e que levam a uma penalidade maior, estivessem envolvidas. Heroína, cocaína e LSD.

Muito em breve, Pete e eu teríamos de ter aquela conversa. Sobrevivêramos à perda de Keith. Será que conseguiríamos sobreviver a mais essa? Precisávamos! Mais uma vez, não seria a mesma coisa, mas a música era muito boa. Juntos, poderíamos fazer aquilo. Nós dois. Só tínhamos que nos empenhar e realizar aqueles shows. Todos os 27. Não havia escolha. É preciso entender como é o dia anterior ao início de uma turnê. Você está no vermelho. Pagou os ensaios, o seguro, os aluguéis, a equipe, tudo, e você está em um buraco no valor de um milhão de libras. Endividado como nunca. Essa dívida vai sendo paga ao longo da turnê, a coisa se tornando mais leve, a opressiva sensação da ameaça iminente de uma calamidade financeira desaparece e é só nos últimos shows de uma série de trinta ou quarenta que você consegue mesmo sair do vermelho. Se tiver sorte. É assim que funcionam as finanças de uma turnê. Tudo depende de nós — de nós três. Ou, agora, só nós dois. Então tínhamos que seguir em frente. Colocamos os dois shows de abertura para o fim da turnê, e apenas três dias depois subimos ao palco e nos apresentamos.

No mesmo dia que descobrimos que John se fora, conseguimos falar com Pino Palladino. Não era o mesmo que tentar encontrar um substituto para Keith. Por enquanto, o problema de sua morte havia sido resolvido. John mudara o jeito de se tocar baixo. Ele estabelecera uma forma própria de arte neoclássica. Colocara o baixo sob os holofotes. Pino era um mestre. Ele podia canalizar John e a energia do The Who. Tínhamos três dias para ensaiar e, em 1º de junho de 2002, subimos ao palco do Hollywood Bowl.

Foi muito emocionante. Exigiu muito de nós. Essa noção de que não há escolha senão se apresentar, de que você precisa encontrar a energia, é complicada. Estávamos chateados. Tínhamos perdido John. Foi necessário dar tudo de nós só para entrar em cena. A cada performance, oscilávamos à beira do abismo, e Pete e eu precisávamos lutar cada noite para manter tudo sob controle. E, é claro, nos agarrávamos àquelas apresentações. Íamos de uma para outra com a intensidade de uma banda que luta contra a escuridão. O público sentiu isso. Sentiu a intensidade e a raiva e a emoção, e foi uma boa turnê. Podia até ter sido a nossa melhor turnê. Apesar de tudo, estávamos de volta ao topo, tocando para vinte mil, trinta mil pessoas por noite. Quando eu me concentrava nisso, a sensação era ótima.

Então, de repente, no começo de outubro, eu estava em casa e tinha um tempo para respirar. Foi quando a ficha caiu. Ao fim da crise, de volta a Sussex, olhando as colinas e pensando no que tinha acabado de acontecer, foi aí que senti dificuldade de lidar. John bateu as botas bem como o astro de rock que foi. Para todo mundo, ele era uma história. Para mim, era real. Não tinha sido real durante quatro meses e agora era. Ninguém ao meu redor podia entender isso. Eles não estiveram lá. Não sabiam como tinha sido. Em dias de mais otimismo, eu encontrava consolo no fato de que, pelo menos, estávamos bem. Eu, Pete, a música. Isso bastava. E então, algumas semanas depois, perdemos isso também.

• • •

Em 13 de janeiro de 2003, abri o jornal e descobri que Pete tinha sido preso por acessar pornografia infantil. Ele fornecera os detalhes de seu cartão de crédito para acessar um site que, no fim, era parte de um esquema do FBI.

A primeira coisa que fiz foi ligar para os irmãos dele. Eu sabia o que as notícias estavam causando a mim e a Heather, então liguei para Paul e Simon, que tinha se tornado um irmão para mim. Perguntei se estavam bem, e é claro que não estavam. Aquilo era um pesadelo total.

Não liguei para Pete por uns três dias, e então vi uma foto dele saindo da parte de trás de um carro de polícia. Não estava com a cabeça coberta.

Não estava tentando se esconder. Na verdade, ele olhava diretamente para as câmeras. Eu conhecia aquele olhar. Quando ele tem algo difícil de dizer, ele olha para baixo, mas lá estava ele, encarando o mundo. Bem nesse momento, eu soube que ele não tinha feito nada. Ele era inocente.

Liguei para ele e perguntei o que ele estava fazendo. E então o testei. Não poderia ter sido outra pessoa a usar seu cartão de crédito? E ele respondeu: "Não, você não entende. Eu fiz aquilo. Eu coloquei os números do cartão. Eu queria descobrir para onde ia o dinheiro."

Falei que ele era um imbecil estúpido e arrogante, mas sabia que ele estava dizendo a verdade. Ele integrara o governo por muitos anos. Estava furioso por seu filho mais novo conseguir acessar pornografia infantil com tanta facilidade. E as respostas eram sempre as mesmas. Não havia nada que pudéssemos fazer. Um site é derrubado, outro aparece. Então ele bolou esse plano para rastrear o dinheiro. Acho que poderia provar que as empresas de cartão de crédito estavam obtendo dinheiro com pornógrafos infantis. Eu não entendia muito de computador para saber se isso era um bom plano. Só sei que foi uma época tenebrosa. Pete foi enforcado, estripado e esquartejado pela imprensa. Eles não sabiam a história dele. Não sabem todo o trabalho que ele faz para instituições de caridade em prol de pessoas que sofreram abuso. Não sabem quanto sua vida ficou atrelada ao abuso sofrido na infância. Está em *Tommy*, mas todo mundo tirou as próprias conclusões.

A investigação durou meses. Pete tinha uns trinta computadores, e eles vasculharam cada um deles, passando um pente-fino em todos. E, durante aquele período todo, era como se um caminhão com a caçamba cheia de merda tivesse sido derramada em tudo. Nas respectivas vidas, incluídas nossas famílias. Tudo que tínhamos realizado. Tudo que tínhamos conquistado.

E, no meio disso tudo, havia a família de John, pedindo a parte deles sobre os lucros da turnê. E tinha também a questão referente à posse do nome da banda. Teria sido impossível para nós seguir rumo a um futuro qualquer com a obrigação de pagar aos herdeiros de John os direitos de uso do nome The Who, o nome pelo qual sempre tínhamos nos chamado.

Coube a mim encontrar a mãe de John, Queenie, e seu único filho, Christopher, para resolver essa bagunça. Nós nos encontramos em campo neutro, na casa de Nobby, o Garoto Fibra de Vidro, em Chiswick, mas isso não tornou mais fácil o momento em que me sentei diante deles e lhes disse que não haveria dinheiro algum da turnê. Eles, no mínimo, deveriam se sentir agradecidos por Pete e eu cumprirmos com o contrato. Se não tivéssemos feito isso, eles perderiam até as calças em processos por todos os lados.

No que dizia respeito ao nome, mostrei calmamente que, a menos que Pete e eu tivéssemos a total posse dele, isso acabaria com qualquer possibilidade de futuro para a banda.

Também lhes dei minha palavra dizendo que, se dessem o nome para nós por uma pequena quantia, eu faria tudo que estivesse a meu alcance para garantir que voltaríamos ao topo. Isso queria dizer que os *royalties* de nossa compilação de músicas continuariam entrando e proporcionando uma renda saudável para eles no futuro.

Felizmente, eles pareceram entender que, com aquele acordo, tinham mais a ganhar ao deixar o The Who seguir em frente.

Esse foi o momento mais obscuro da história da banda, e fiquei bastante deprimido por tudo aquilo. Quando chegou a semana dos shows em prol do Teenage Cancer Trust no Albert Hall, eu estava desmoronando. Não conseguira nenhuma atração, até que, no último instante, liguei para Eric Clapton.

— Do que você precisa, Rog? (...) Certo, estarei lá.

— Muito obrigado, Eric. Você é um bom homem.

Quando se está em depressão, você fica ao ar livre e pode até estar fazendo um dia ameno de verão com o céu mais azul, mas é como se você não conseguisse encontrar o interruptor para acender a luz. E isso se estende por dias, e dias, e dias. O pior é que você vai ao médico, ele dá a receita de um remédio. Essa é a resposta, sempre. Tomei aqueles comprimidos por uns dias, andando por todo lado como um zumbi. Era evidente que aquilo não estava ajudando. Só piorou tudo. Então pensei: "Dane-se." Isso vai me transformar em um pudim.

Então me livrei do remédio e me joguei em projetos. Fiz coisas que nunca pensei que fosse fazer na vida. Tudo para fugir da Grã-Bretanha. Filmei a série *Extreme History* para o History Channel, atravessando os Estados Unidos. Fiz *Minha bela dama* no Hollywood Bowl, com John Lithgow. Interpretei um astro do rock doido, mistura de David Bowie e Alice Cooper, na série de comédia *Rude Awakening*, com Lynn Redgrave. Todas essas coisas ajudaram a desanuviar minha mente daquele caos em casa, mas não ajudaram na questão da depressão. Apenas a postergaram. Toda vez que voltava, a escuridão descia.

VALEU, PROFESSOR KIBBLEWHITE

No fim das contas, segui o conselho de um amigo e contratei o hipnotizador e guia de autoajuda Paul McKenna. Paul construíra uma carreira muito lucrativa fazendo declarações fortes. Ele pode fazer você emagrecer. Pode fazer você parar de fumar. Pode fazer você se tornar confiante. Mas será que ele podia fazer minhas luzes acenderem outra vez? Eu não tinha ideia, não sou um cético em relação a essas coisas. Usei muitos remédios e terapias alternativas na vida e suponho que o mundo ocidental poderia aprender algumas coisinhas com a medicina oriental. Lançar mão de remédios para resolver os problemas nem sempre é a solução. Então fui até ele, que me ouviu.

Ele pegou o cerne da questão muito depressa. Não tivemos a chance de chorar após a morte de John. Fomos em frente com aquela turnê intensa, e então, apenas umas semanas depois de voltar para casa, antes que eu pudesse processar tudo que acontecera, Pete fora preso, e nossa vida virou de cabeça para baixo. No caso de uma crise duradoura, seu cérebro para de funcionar. De acordo com Paul, ele se desliga para proteger seu coração.

Houve momentos em que meu cérebro me dizia que não dava para ir em frente. A depressão era muito intensa. Eu não via saída para isso. Fui me tornando cada vez mais infeliz. Então, não estou exagerando quando digo que Paul McKenna me salvou. Ele me ajudou a atravessar aquele ano terrível, e ainda uso as fitas dele antes de subir ao palco. Sabemos quem são os amigos quando estamos no fundo do poço. Paul estava ali para me ajudar. E Eric Clapton, Noel Gallagher, Paul Weller e Kelly Jones. Assim como Richard Desmond, dono de jornal, que, na hora do aperto, fez tudo que podia para manter o dinheiro destinado à caridade entrando.

Isto é uma autobiografia, não o *Esta é a sua vida*, mas mesmo assim vou usar este espaço para agradecer a todas essas pessoas. A indústria musical pode ser implacável. Pode mastigar e cuspir você, mas aqueles amigos me ajudaram a seguir em frente e ao Teenage Cancer Trust a se manter. Todo mês de março, tenho que ocupar seis ou sete noites seguidas no Albert Hall. Tenho que encontrar músicos e comediantes que estejam dispostos a largar tudo e vir tocar sem receber nada em troca. Isso é complicado quando se está tendo problemas de alguma maneira. A base é a boa vontade, e serei eternamente grato a todos aqueles caras que vieram quando pedi ajuda.

Pete teve de esperar um longo período para encontrar o caminho que o tirasse da escuridão. Em maio de 2003, o processo sobre o download de fotografias foi encerrado. Não acharam nem uma única imagem. Ele não olhara o site. Não tinha visto imagem alguma. Tenho certeza de que, se ele tivesse visto algo, teriam acabado com ele. Como ele contou anos depois, quando enfim sentiu que conseguiria falar com a imprensa sobre isso: "Um investigador forense descobriu que eu não tinha entrado no site, mas, ainda assim, quando as queixas foram apresentadas,, eu já estava exausto." Ele admitiu desde o início ter fornecido os detalhes de seu cartão de crédito, e isso já bastava para infringir a lei, então ele aceitou o que lhe coube sem reclamar.

E, no fim, fizemos o que sempre fazíamos. Voltamos ao palco. Estávamos escalados como o headline do Festival da Ilha de Wight em junho de 2004 e, embora eu não estivesse nervoso, era óbvio que, para Pete, aquilo era muito importante. Ele mudara. Tornara-se mais humilde e muito mais acessível. Embora fosse inocente, ele ficara chocado por causa da humilhação. E ele precisava estar lá e encarar o mundo. E ele fez isso.

O público daquela noite foi incrível. É maravilhoso se exibir outra vez e perceber que o pesadelo acabou, que nosso público está com a gente, que a música vai perdurar por mais algum tempo pelo menos. É fácil distorcer a perspectiva das coisas quando você está no olho do furacão criado pelos tabloides. A sensação é de que o mundo está desmoronando, mas, para o restante das pessoas, é só uma página no jornal que logo é virada e depois usada para enrolar seu peixe com fritas. Naquela noite, não houve zombaria ou vaias. Foi nosso primeiro show em um festival desde que Pete fora preso, nosso primeiro na Grã-Bretanha desde que John morrera e a primeira vez que voltávamos à ilha de Wight desde 1970. E foi ótimo.

Pete fez um agradecimento em forma de música em *Endless Wire*. Ele me entregou uma demo de "You Stand By Me" e falou: "Compus isso para você."

"When I'm in trouble
You stand by me
When I see double
You stand by me
You take my side

Against those who lied
You take my side
Gimme back my pride."

["Quando estou com problemas / você me dá apoio / quando não enxergo direito / você me dá apoio / você fica do meu lado / contra aqueles que mentiram / você fica do meu lado / e devolve meu orgulho", em tradução livre.] Foi muito significativo para ele escrever e dizer aquilo. É claro que depois ele disse que tinha escrito para Rachel, sua então namorada e agora esposa, e tudo bem também. Ela estava ao lado dele e era muito boa para Pete. Para nós, era simples. Irmãos brigam. Lutam. Discordam. Fizemos muito disso tudo ao longo dos anos. Mas, quando a merda é jogada mesmo no ventilador, você percebe que seu irmão é seu maior aliado. Eu sempre soube disso, e acho que Pete acabou entendendo também. Fosse lá o que viesse, eu o apoiaria.

E tive de fazer isso bem mais cedo do que qualquer um de nós gostaria. Em 2006, estávamos prestes a lançar o novo álbum e sair com a nova turnê. A ideia de fazer a divulgação era complicada mesmo em tempos tranquilos, mas, depois dos últimos anos, não dava para culpar Pete por querer evitar os jornalistas de modo geral. Concordamos em dar uma entrevista no programa de rádio de Howard Stern. Concordamos porque ele prometeu não tocar no assunto sobre a prisão de Pete. Ele nos deu sua palavra.

É claro que Howard nem terminara de nos apresentar e já tinha levantado a questão. Pete saiu num rompante. Corri atrás dele e falei: "Qual é, Pete, você tem que voltar. Você tem que se defender. A polícia diz que você é inocente. Fala isso." Mas ele não podia. Ele estava consternado. Estava agitado. Então voltei lá e joguei tudo em Howard. Dei-lhe uma bronca daquelas. Fico muito feliz por ter brigado por Pete. E, em 2012, Howard se desculpou publicamente comigo e com Pete por ter sido um completo babaca.

Obrigado, Howard. Desculpas aceitas — podemos todos ser uns babacas. Só que alguns de nós são babacas com mais frequência que outros.

VINTE

ACHEI QUE FOSSE MORRER

A turnê de Endless Wire começou no palco do Leeds Refectory em junho de 2006. A universidade decidiu colocar uma placa azul em comemoração ao nosso show de 1970, *Live at Leeds* — aquele em que eu esganicei —, e Andy Kershaw, ex-secretário de assuntos sociais da Leeds, perguntou a Bill se faríamos uma aparição na inauguração da placa. E, enquanto estávamos por lá, se faríamos um show. Dá para rir da placa — estamos aí há tanto tempo, agora somos um monumento histórico —, mas me senti bem orgulhoso. É bom ter um legado e é bom pensar que construímos a nossa marca. O show em si foi alto demais e, por ter sido filmado, brilhante demais, mas não dá para se ter tudo, não é?

Partimos com alegria em mais uma longa turnê cruzando Grã-Bretanha, Irlanda, Alemanha, Suíça, Mônaco, França, Suíça outra vez por algum motivo, Áustria, Espanha, Canadá, trinta cidades dos Estados Unidos, de volta à Europa, de volta aos Estados Unidos de novo e, então, no fim de 2007, um show único no Ellis Park, em Joanesburgo. Do começo ao fim, foi uma jornada de treze meses (com umas poucas semanas de folga aqui e ali), e, com exceção daquela noite desastrosa, em Tampa, Flórida, de que falei no Capítulo Um, tudo correu sem problemas.

Olhando para trás agora, é bem significativo que tenhamos encerrado cada noite daquela turnê com "Tea & Theatre", uma musiquinha simples do álbum

Endless Wire. Para mim, resume exatamente o nosso sentimento. Onde nós dois estávamos em nós mesmos e onde estávamos com o público.

"A thousand songs
Still smoulder now,
We play them as one,
We're older now,
All of us sad,
All of us free,
Before we walk from this stage..."

["Mil canções / ainda queimando agora, / nós a tocamos como um / estamos mais velhos agora, / todos nós tristes / todos nós livres / antes de deixar-mos este palco...", em tradução livre.] Era exatamente isso. Era reflexivo, quase melancólico. Passáramos por alguns anos traumáticos, mas nossa música ainda estava lá... queimando. Estávamos começando a nos reconstruir. Hoje, estamos em um lugar melhor. Encerrávamos com "Pinball Wizard", "See Me, Feel Me", "Baba O'Riley" e "Won't Get Fooled Again". Terminávamos com um estrondo. Mas, naquela época, parecia certo encerrar o show em um tom mais íntimo.

E, apesar da mínima divulgação, encerramos quites. Sim, essa foi uma turnê em que não perdemos dinheiro. Foi também a primeira vez que fizemos uma transmissão do show na internet por *streaming*. Que inovadores nós fomos, embora, olhando para trás, esse provavelmente foi o começo do fim de uma indústria musical financeiramente viável. A internet podia ser a chance de fazer música, em particular música nova, mais acessível, mas na esteira vieram os sites de compartilhamento de músicas, os maiores ladrões da história. Tudo o que a internet faz para a maioria dos músicos é roubar seu rendimento. Não me importo que você dê todas as nossas músicas de graça, contanto que minhas contas estejam pagas. Mas não é assim que funciona. Talvez um dia, mas ainda não. Da forma como as coisas são hoje, é muito difícil para qualquer um que esteja começando no ramo. Achávamos que tínhamos passado por maus bocados lá nos anos 1960, mas pelo menos éramos pagos... de vez em quando.

Enfim, a turnê foi ótima. Tão ótima que voltamos para mais no ano seguinte e saímos pela América do Norte outra vez. Em 2007, ganhamos aquela placa azul em Leeds. Em 2008, recebemos o Prêmio Kennedy, tradicionalmente concedido por "uma vida inteira de contribuições para a cultura norte-americana através da arte das performances". Fomos a primeira banda de rock a conquistar essa categoria, e somos britânicos. Mas estava tudo bem. Parecia o encerramento de um ciclo. Crescemos na austeridade do pós-guerra. Nossa inspiração vinha de bandas norte-americanas, do *rhythm and blues*. Nossa revolta saiu da rebelião do movimento negro norte-americano. Agora, estávamos na Casa Branca, saindo com o *establishment*. Éramos dignitários. VIPs. Nós. Ser reconhecido na América do Norte era especial. Podíamos ter parado por aí e ficarmos bem satisfeitos conosco, mas só continuamos tocando.

• • •

As pessoas me perguntam, com frequência, como foi um show em particular. Como foi em Woodstock? Wembley? O Railway Hotel em 1965? E, como já disse antes, costumo achar muito difícil responder a isso. Se a multidão se estende até a parede no fundo do pub ou até a linha do horizonte, não faz mesmo muita diferença para mim. Não dispenso um tratamento diferente, mesmo que a vista seja diferente. Mas o show do intervalo do Super Bowl em fevereiro de 2010 ficou na memória. Você tem alguns minutos para criar um palco no meio do campo. Então, você tem doze minutos para arrebentar. Você depois tem um minuto ou dois para desaparecer dali. É uma loucura completa. Em qualquer outro show, a equipe tem um ou dois dias para montar tudo, fazer a passagem de som, garantir que tudo está plugado no lugar certo. No Super Bowl, se um cabo está na entrada errada, você está ferrado na frente de 74 mil fãs de futebol americano no estádio e mais cem milhões no sofá. (Gravaram uma versão só para garantir — até hoje, não sei se você viu a versão ao vivo ou a pré-gravada, porque eu nunca a ouvi.)

Então, é claro que é ensaiado à exaustão. Quando nos convidaram, gostei um bocado da ideia de ir a Miami em fevereiro. Bom para pegar um sol. É claro que foi o pior inverno que eles viram em anos. Choveu e fez frio a maldita semana toda. Ensaiamos, ensaiamos e ensaiamos em um hangar gigante com uma equipe de centenas de voluntários, até eles montarem o quebra-cabeça que era o palco circular, uma bela arte.

O dia em si começou com glamour, já com a polícia nos escoltando até o então Sun Life Stadium. Fomos despejados em um camarim que cheirava a suporte atlético do New Orleans Saints para aguardar o fim do primeiro tempo.

Cinco minutos antes de entrar, você fica aguardando no túnel. Os jogadores saem correndo, os voluntários entram correndo, e é nesse momento que tento desacelerar um pouco. John McVicar me contou que, antes de entrar para roubar um banco, ele ficava sentado no carro falando para si mesmo, sem parar, "se controle, se controle". Porque senão você perde a coragem. Eu não ia roubar um banco, mas andar até o palco do Super Bowl também é de acelerar o coração. Eu não estava nervoso. Era só um processo. Você desacelera tudo. As pessoas não percebem — ou espero que não percebam — quanto de comunicação acontece, em especial no começo de set. Entre você e os outros integrantes da banda e com o cara do som, o cara do monitor falando em um fone de ouvido — é um momento tenso. Mesmo em um show normal, são umas sessenta pessoas trabalhando para fazer aquela noite acontecer. Se você diminui o ritmo, isso ajuda a fazer os ajustes finos darem certo.

Em nenhum momento pensei: "Merda, tem milhões de pessoas assistindo." Não dá tempo de refletir. Cantei aquilo tudo, e então já estava fora, o palco estava sendo desmontado e os Saints ganharam o jogo.

• • •

A turnê *Quadrophenia* em 2012/13 quase não aconteceu. O que significaria que a turnê do nosso aniversário de cinquenta anos não teria acontecido. O que significaria que tudo estaria acabado antes mesmo de recuperarmos a alegria de estarmos em uma banda, agora em plena atividade. Os últimos cinco anos têm sido pura satisfação. A banda está ótima. A vida em casa está ótima. Tenho tempo para ficar com meus netos — mais tempo, talvez, do que passei com minhas filhas. Mas podia ter sido diferente.

Em 2011, cantei *Tommy* no Albert Hall com a minha banda. Como já disse, a cada ano, tenho que organizar seis ou sete shows em uma semana da primavera para o Teenage Cancer Trust. Todo ano é um desafio e tanto. Quem está por perto? Quem está em turnê? Quem consegue uma brecha na agenda para tocar no Albert Hall? Naquele ano, depois de muito esforço, eu ainda tinha uma lacuna para preencher, então decidi me colocar ali. Para minha surpresa de verdade, os ingressos esgotaram. Não vou dar uma de modesto aqui. Não era o The Who. Éramos eu e minha banda. Sem Pete. Sem Zak. Mas as pessoas vieram mesmo assim, e a noite foi fantástica.

Nesse embalo, minha pequena banda saiu em turnê e, pela primeira vez em muito tempo, tudo correu com precisão. As pessoas apareciam na hora certa. Faziam o que diziam que iam fazer. Encantador.

As coisas não funcionavam assim com o The Who. Embora estivéssemos curtindo a música outra vez, a labuta de estar em turnê era complicada porque as pessoas ficavam de sacanagem. Se uma pessoa está atrasada para uma transferência de hotel, então todos ficavam esperando. E, se isso acontecer em cada momento do dia, você passa a porra do tempo todo esperando. E não é que eu seja impaciente, mas odeio atraso. Odeio perder tempo. Se marcamos de nos encontrar em determinado horário e você chega meia hora atrasado, então isso representa meia hora da minha vida que eu não vou recuperar. Se você tem uma desculpa decente — ficou preso no elevador, caiu em um buraco —, tudo bem. Mas, se não conseguiu levantar a bunda da cama, então não está tudo bem. Eu gosto da minha vida. Não me resta muito dela. Em turnê, já temos que lidar com muitos deslocamentos sem o incômodo a mais de ficar parados em saguões de hotel ou salas de embarque porque um sujeito não consegue se organizar.

Então, quando Pete disse que íamos tocar o *Quadrophenia* como sempre fizemos, como uma banda que não consegue se levantar da cama na hora marcada, eu falei que não. Nós nos encontramos para discutir isso com Robert e Bill. Pete foi inflexível, eu fui inflexível, e foi isso. Mais uma turnê que não aconteceria porque nenhum de nós ia ceder.

Lembro-me de sair daquela reunião me sentindo um bocado feliz. Achei de verdade que era por ter sido diferente de todas as outras vezes em que demos um tempo. Eu estava gostando dos meus projetos solo. Eu não precisava continuar. Por que me colocar nessa situação de meses e meses de sofrimento? Tínhamos saído com o *Quadrophenia* em 1996, e para mim não foi tão bom quanto podia ter sido. Por que repetir?

A primeiríssima vez em que Pete começou a explicar sobre as muitas camadas complexas do *Quadrophenia* em 1972, me agarrei a uma ideia elementar. Havia quatro caras na banda que representavam quatro facetas do personagem. *Quadrophenia*. Simples. Quando uma banda está funcionando a pleno vapor, essa é a sensação. Vocês estão tocando, não sabem para onde vão, mas, quando vão, vão por instinto, juntos, como um bando de estorninhos.

A versão de 1996 não foi nada parecida com isso. Não havia estorninhos. Havia um carro que voltava para a primeira marcha toda vez que tentava engatar a quinta. Havia um monte de coisas extras que obscureciam o simples conceito que tinha se incrustado em meu cérebro tantos anos antes.

"Se confiar em mim, sei que podemos fazer isso de maneira diferente." Foi o que disse a Pete, mas ele disse que não. "Faremos com o mesmo pessoal e no mesmo formato de antes." E foi embora.

Três horas depois, Bill ligou com uma novidade surpreendente. "Pete falou que vai fazer do seu jeito." Eu tinha carta branca. Incrível.

Ao longo dos meses seguintes, trabalhei com Rob Lee, um amigo genial que montou nosso site. Trouxemos Colin Payne para editar as gravações de palco em vídeo de *Tommy* com um bando de estudantes da Universidade de Middlesex. Em *Quadrophenia*, eles se ativeram à minha visão simples, e o show inteiro se desenrolou ao redor de nós quatro cantando em vídeo para nós mesmos, mais velhos, no palco. Colin e Robin me ajudaram a chegar ao cerne do que realmente era aquilo. Acabamos elaborando um show que parecia moderno e relevante. Essa sempre foi a habilidade de Pete: compor músicas que nunca envelhecem. Mas, às vezes, ele precisa de uma ajuda para contar a história de maneira que todos consigam compreender.

A abertura foi em Sunrise, Miami, em 1º de novembro de 2012, e o show foi uma completa explosão. Antes, na parte instrumental, contávamos apenas com a filmagem de ondas batendo nas rochas. Agora, tínhamos todo um arquivo com filmagens que abrangiam os últimos cinquenta anos de revoltas sociais e culturais, intercaladas com apresentações nossas ao longo das décadas. Eu achei a sequência bem impressionante. E o público também. Eles se levantaram nessa parte e foram à loucura. E, o mais importante, Pete entendeu. Ele entendeu que encontramos nosso caminho de volta àquela primeira ideia. Ao longo de nove meses, tocamos para mais de meio milhão de pessoas pela América do Norte e pela Europa. A classicista Mary Beard veio ao último show da turnê em Wembley, em julho de 2013, e me encontrou depois para conversar sobre aquela montagem. Ela disse que tínhamos resumido o período final do século XX com perfeição. Um 10 com louvor vindo de uma acadêmica de fato. Aquilo me deixou feliz de verdade.

• • •

Em 2015, comemorei o aniversário de cinquenta anos do The Who contraindo uma meningite viral. Trinta datas da parte da turnê *The Who Hits 50!* em solo norte-americano foram adiadas. Em vez de entrar no palco, eu estava deitado em uma cama de hospital totalmente convicto de que ia morrer. Ligava para as pessoas com o propósito de me despedir.

Aquele era o fim e era uma pena, porque, depois de tanto esforço, finalmente tínhamos chegado a uma era de ouro. Estávamos gostando de nós mesmos e um do outro.

Olhando para trás, é possível que as coisas tenham começado a dar errado bem antes daquele verão pavoroso. Em 2014, fiz um show em Cardiff que eu deveria ter cancelado. Eu estava muito gripado, mas a multidão já estava no local, então fui em frente e destruí minha voz. Tive de me empenhar tanto para chegar até o fim que algo aconteceu com os nervos do meu pescoço. Mudamos a data dos dois concertos seguintes no O2 Arena, em Londres, para março, e os médicos disseram que eu ficaria calado por dois meses. Em fevereiro, comecei a cantar de novo, mas não conseguia ir além da nota mais alta que Johnny Cash alcançava. Sports Phil, um homem acostumado a massagear os músculos de Kobe Bryant, fazia de tudo para relaxar as coisas, mas, conforme os shows iam se aproximando, ainda não estava tudo bem. Phil é o massagista mais forte do planeta. Tem punhos e dedos de aço. É disso que meu corpo velho e arruinado precisa para subir ao palco hoje em dia. Mas até ele estava tendo dificuldade.

Então, ele me recomendou Jan-Jan, um médico na Holanda, que decidi trazer imediatamente à Londres para o primeiro show na O2. A gente faz de tudo a conseguir consertar as coisas. Jan-Jan chegou ao meu camarim três horas antes do show. Como a maioria dos holandeses, tinha mais de 1,80 metro, parecia em boa forma e saudável e ostentava um sorriso confiante. Diferentemente da maioria dos holandeses, ele não ia a lugar algum sem uma bolsa cheia de martelos e cinzéis.

"Onde é o problema?", perguntou ele. Apontei para meu pescoço. Ele pediu que eu tirasse a camisa e me sentasse de costas para ele em sua mesa portátil. Pelos minutos seguintes, parecia que ele estava desenhando em minhas costas com uma caneta marca-texto, como se fosse um engenheiro. Até então, muito relaxante.

Então ele perguntou: "Está pronto?" E começou. Parecia que um ferreiro estava correndo para realizar os trabalhos do dia atrasados. Clinc, clinc, crack. Clinc, clinc, crack. Eu sentia e ouvia os ossos se movendo. Eu já tinha sido martelado antes, mas nunca daquele jeito. Jan-Jan, porém, sabia o que estava fazendo. Ele me ajudou a passar por esses shows e, no verão, eu já começava a cantar bem outra vez.

• • •

Em 30 de junho de 2015, tocamos na Zénith, em Paris. Tínhamos sido a atração principal em Hyde Park e Glastonbury e, pela primeira vez naquele ano, eu me sentia o mesmo de novo. Aquela noite em Paris foi formidável, mas estava mais quente que o inferno. Devia estar fazendo 40 graus do lado de fora, mas dentro da Zénith havia seis mil pessoas. O que é igual a seis mil barrinhas de aquecedor elétrico. O show foi ótimo, fluiu superbem, mas, quando desci do palco, estava totalmente esgotado.

Lembro-me de Liam Gallagher vir até o backstage depois para dar um alô. Eu adoro Liam. É um dos últimos bastiões do rock da velha guarda. Ele seria o último nas trincheiras com você e o carregaria dali. Naquela noite, naquele calor infernal, mesmo assim ele usava sua parca. Ridículo — mas foi ótimo vê-lo.

Já era madrugada quando cheguei ao hotel e tomei um banho delicioso. Hoje em dia ficamos em hotéis luxuosos e os banheiros sempre são de mármore. Quando saí do banho, o chão parecia um rinque de gelo, e foi o fim, caí e desmaiei. Às vezes, sinto falta daqueles hotéis péssimos em que costumávamos ficar. O linóleo mofado descascando pode não ter uma estética agradável como a do mármore, mas pelo menos é bem menos escorregadio.

Fiquei sem conseguir falar por uns minutos, e um médico foi chamado. Ele disse que estava tudo bem, então botei para dentro uns comprimidos e fui para a cama sem pensar muito nisso. Um ponto de concussão nunca matou ninguém.

No dia seguinte, a banda toda e a equipe embarcaram no trem de Paris para Amsterdã. Era um daqueles maravilhoso trens europeus de alta velocidade de que tanto se fala, mas o ar-condicionado estava quebrado. Então, mais quatro horas no calor de 40 graus. Sentamos de cuecas, suando em bicas, enquanto a paisagem do campo do norte da França passava voando.

Um show, e dois dias depois eu estava em casa, prestes a partir rumo a um ensaio em Acton para um show que eu faria com a minha banda no CarFest de Chris Evans. E precisei cancelar. Fui derrubado por uma espécie de gripe. Eu não sabia se a batida na cabeça tinha algo a ver com aquilo — hoje, suspeito que tenha sido o estopim para a coisa toda —, mas nos dias seguintes fui piorando cada vez mais. Fui levado para o hospital e me submeti a todos os testes: aids, tuberculose, leucemia. Passei por quatro punções lombares e duas tomografias no cérebro, e cada uma delas me rendeu uma surdez completa por alguns dias, o que foi muito preocupante.

Em meio a isso tudo, comecei a ficar levemente doido. Experimentei apagões, perda de memória, alucinações. Tinha dificuldade em descobrir onde eu me encontrava e o que estava acontecendo. Em determinado momento, apenas me levantei e deixei o hospital para ir ao dentista. Depois disso, puseram uma enfermeira à porta, mas ainda assim consegui fugir. Não sei dizer por que eu tentava escapar. Olhando agora, não faz sentido algum. Uma manhã, apareci em Holmshurst e me recusei categoricamente a voltar para Londres.

Depois de três dias me escondendo, eu não estava melhorando, continuava confuso e com muita dor. Heather insistiu muito, então voltei para mais cutucadas. Àquela altura, antes de descobrirem o que era e me darem os remédios certos, a agonia era insuportável. Eu chorava. A dor era insuportável.

E então, quando eu não estava mais aguentando, a dor sumiu. Foi repentino e maravilhoso, como raios de sol depois de uma tempestade em New Orleans ou em White Lake, Nova York. Cheguei a um estado de absoluta paz e tranquilidade, uma incrível sensação de flutuar, não só porque a dor sumira, mas porque havia alegria.

Por algum motivo, eu estava de costas, olhando para a minha vida como se eu fosse outra pessoa. Primeiro, meu tempo na Boys' Brigade. Então, a banda de skiffle, que me deu um alívio em relação ao horror da escola. Nossa estreia como Detours em Shepherd's Bush. Reggie no baixo. Harry na bateria. Eu na guitarra. Então o The Who. Pensei em Woodstock e naquele momento em que eu soube que finalmente tínhamos arrebentado na América do Norte. A certeza do sucesso conquistado a duras penas e todo o caminho até a nomeação como Comandante do Império Britânico em 2005. Isso significou muito para mim, não por mudar alguma coisa, mas porque era o reconhecimento derradeiro de que o diretor da escola estava errado quando disse que eu nunca faria nada da minha vida.

Todos somos singulares. Temos nossa vida, única. Mas, ao ver minha vida dessa forma, me senti incrivelmente sortudo. No meio dessa experiência extracorpórea esquisita, disse a mim mesmo: "Você alguma vez imaginou tudo que realizou?" E então eu só conseguia pensar na minha família. Eu não deixaria nenhum deles em apuros. Não havia dívidas a serem pagas. Heather ficaria bem. As crianças estavam encaminhadas. Vi que eu tinha feito o suficiente. Então me deixei ficar lá, deitado, me sentindo em paz. Não foi uma experiência religiosa. Não havia luz no fim do túnel. Nenhuma voz vindo de cima. Talvez eu fosse lá para baixo. Mas a sensação de tranquilidade era maravilhosa. Era espiritual. Acredito que, quando morremos, não é o fim. É só uma transferência de energia desse corpo para outro lugar ou outra coisa no Universo. Hoje, ao escrever isto, não tenho medo da morte. Se e quando eu começar a partir, não quero ser ressuscitado. Quando minha hora chegar, é isso aí, e estou tranquilo.

É claro que minha hora não tinha chegado naquele verão. Aqui estou eu, anos depois, e ainda na estrada. Cumprimos toda a agenda de shows adiada. Tocamos em mais datas no ano seguinte. E mais ainda nesse ano de 2018. A sensação é maravilhosa. Conto uma piadinha quando converso com entrevistadores. Nos velhos tempos, o The Who era empolgante porque nunca se sabia o que ia acontecer. Agora, somos empolgantes porque não se sabe se vamos durar até o fim do show. É uma piada com um quê de verdade, mas os últimos anos foram bons. Eu me senti bem. Talvez porque não esteja me esforçando tanto. Talvez porque, enfim, eu esteja começando a relaxar.

Ainda tenho de ser cauteloso. Levou um bom tempo para a dor desaparecer — e a meningite ainda pode voltar. Preciso evitar assumir coisas demais. Mas amo o que faço e o que ainda posso realizar. Estou em nossa última turnê. Não sei quanto tempo ela vai durar. Quando a lançamos, em 2015, comentei que era o começo de uma longa despedida. Acho que agora estamos em algum lugar no meio do caminho. Vai continuar enquanto pudermos fazê-la. Estou conformado com o fato de que um dia, possivelmente em breve, vou abrir a boca e minha voz não estará mais lá. E esse será o dia no qual vou dizer: "Foi mal, gente, acabou."

O que eu odeio nas turnês é o deslocamento. Uma vida inteira em aviões, trens, carros e hotéis, e você se torna alérgico a ir de um lugar para outro. Agora saímos em turnê com o máximo de luxo. Hotéis chiques, aviões particulares, torneiras de ouro e mármore — o maldito mármore. Há milhões de quilômetros de distância de como eram as coisas quando começamos. Entre Gordon, meu assistente malandro maravilhoso, e Rex, nosso empresário de turnê implacável, fizemos um belo ajuste na nossa vida na estrada para torná-la o mais suave possível. É como uma operação militar. Não há check-in no hotel. Vamos direto para o quarto. Também não há check-in no aeroporto. E você tinha que ver a velocidade com que passamos pela segurança e pelo controle de passaporte. É tudo organizado até os mínimos detalhes para evitar perda de tempo, em comparação com cinco décadas de atraso de voos, engarrafamentos e hotéis lotados. Isso sem falar nas muitas semanas ou meses ou anos presos no camarim porque "o show vai atrasar". Sem falar em Keith Moon e no jeitinho único que ele tinha de destruir nossos planos. É, acho que eu fiz minha parte.

O que eu amo nas turnês é a parte entre os deslocamentos. No palco, apresentando a música de Pete da forma que eu acho que ela deve ser interpretada. E é isso que estamos fazendo, e é por isso que estamos tão felizes agora. A banda está se divertindo, damos risadas de nós mesmos. Ainda temos planos. Ainda temos coisas a fazer.

Você não se aposenta nesse ramo. Esse ramo aposenta você. Você pode tocar e cantar as notas musicais, mas não dá para trapacear na intenção da música. E acho que é por isso que ainda fazemos sucesso. Ainda não trapaceamos. A química entre mim e Pete ainda é especial. Recebemos esse presente, e agora o The Who somos nós dois. Ele diz que eu sou "uma porra de um romântico", mas sei o que vejo com meus próprios olhos. Empatia, essa é a chave de tudo.

Se consigo entender onde ele estava quando estava compondo, chego à raiz daquela canção. A maior parte dessas músicas foi escrita de um lugar de dor, assim como de espírito. A princípio, eu me esforço para encontrar esse lugar, e dá para ouvir esse esforço. Mas depois eu o habito. Não preciso me tornar Pete. Eu só precisava encontrar minha própria vulnerabilidade. Precisava baixar todas as minhas defesas — aquelas que ergui para sobreviver. E tenho sorte. Tudo aconteceu de forma a tornar isso possível. Os nervos à flor da pele. As brigas. As críticas constantes. As batalhas pessoais. A relação com Heather, que sobreviveu a tudo. Meu Deus, fico feliz por ela ter ficado comigo e por chegarmos à parte valiosa do nosso relacionamento. As pessoas se separam com muita facilidade hoje em dia. Você precisa ir trabalhando nisso, porque só vai melhorando.

Todos esses elementos, essa combinação exata e esquisita, me transformaram no que eu precisava ser. Podia ter tomado milhões de outros rumos, mas foi do jeito que foi. Eu podia estar contando uma história totalmente diferente ou não contar história nenhuma. Quando canto essas músicas, é um equilíbrio entre vulnerabilidade e força. Quando estou no palco, os muros caem e canto para você.

No fim, quando a gente para e pensa, quando todos nós partirmos e virarmos pó, a música vai perdurar. E espero que as pessoas falem sobre nós e digam que fomos até o fim com ela. E isso vai ser o bastante para mim. Sou sortudo. Tive uma vida de sorte. Valeu, professor Kibblewhite. De coração.

AGRADECIMENTOS

Meu agradecimento vai para as pessoas que me ajudaram a escrever este livro.

Para minha esposa, Heather, que tem sido uma companheira não tão silenciosa. Ela me aconselhou, me incentivou e me apresentou perspectivas por toda a vida.

Para Bill Curbishley, Robert Rosenberg e Jools Broom, da Trinifold Management, e para Calixte Stamp e Keith Altham, pela ajuda e pelo apoio.

Para Jane Howard, Nigel Hinton, Matt Kent e Jack Lyons, por conferir todos os rascunhos.

Para Richard Evans, por ler os rascunhos e pelo inestimável auxílio com o trabalho de arte e design.

Para Chris Rule, pelo layout da foto.

E, é claro, meu muito obrigado a Matt Rudd.

Para Jonny Geller, da Curtis Brown, e para as equipes da Blink Publishing e da Henry Holt & Co.

E, nem preciso dizer, obrigado a Pete, John e Keith... Sem eles, essa história teria sido muito mais curta.

CRÉDITO DAS IMAGENS

Todas as imagens neste livro são cortesia do autor e sua coleção particular, com exceção das seguintes:

Primeiro balanço de microfone no Golf-Drouot Club, Paris, 2 de junho, 1965 © HBK-Rancurel Photothèque. Foto de Jean-Louis Rancurel.

No Goldhawk Social Club, Sheperds Bush, março, 1965 © Wedgbury Archive. Foto de David Wedgbury.

A famosa van que foi furtada, 1965 © Roger Kasparian.

Minha ex-namorada Anna no meu apartamento na Ivor Court © Colin Jones/Topham/Topfoto.

No filme The Rolling Stones Rock and Roll Circus, 1968 © Alec Byrne/Uber Archives/Eyevine.

Emmaretta Marks depois de tocar no New York Metropolitan Opera House, 1970 © Granger/REX/Shutterstock.

The Who ao vivo em Copenhague, 1970. Foto de Jan Persson/Redferns/Getty Images.

The Who ao vivo no festival Isle of Wight, 1970 © David Goodale.

"My Generation", Surrey Docks, 1965 © Wedgbury Archive. Foto de David Wedgbury.

Chegando à Finlândia © Motocinema, Inc.

Pete, Kit e eu na IBC Recording Studios © Chris Morphet/Redferns/Getty Images.

O barco viking de Chris © Calixte Stamp.
Velhos adeptos da cultura mod na porta do Goldhawk Club, 1977 © Robert Ellis.
Bill Curbishley e eu, 1975 © Terry O'Neill/Trinifold Archive.
"Direto da garagem" – camisa de camurça © Waring Abbott/Getty Images.
Heather e eu no Elder Cottage, 1969. Cortesia da foto por Barrie Wentzell.
Ela gosta de mim, 1989. Foto de Tony Monte.
Voando baixo © Alamy Stock Photo.
No set de Tommy's Holiday Camp, com Ken Russell, 1974 © Mondadori Portfolio via Getty Images.
Tommy © Rbt Stigwood Prods/Hemdale/Kobal/REX/Shutterstock.
Interpretando com Franz Liszt no filme Lisztomania © Michel Ochs Archives/ Getty Images.
Eu e Keith com Peter Sellers na versão teatral de Tommy no teatro Rainbow, Londres, 1972 © Michael Putland/Getty Images.
No filme McVicar © Everett Collection Inc./Alamy Stock Photo.
A comédia dos erros, para a BBC. Cortesia BBC.
Discutindo táticas de futebol Arsène Wenger © The Arsenal Football Club plc.
Bruce Springsteen e eu, Madison Square Garden, 1980 © Michael Putland.
Ensaiando na Inglaterra para a turnê do Quadrophenia © Ethan Russell.
Noite dos garotos, 1985 © Alan Davidson/REX/Shutterstock.
The Who com Keith Richards e Mick Jagger © KMazur/WireImage/Getty Images.
Na recepção da Casa Branca para o Kennedy Center Honors. Cortesia da foto pelo Escritório de George W. Bush.
No Royal Albert Hall para o Teenage Cancer Trust, 2005 © Camera Press/Rota.
Neil Young Bridge School Benefit, 1999 © John "Nunu" Zomot.
Capas dos álbuns Daltrey, Ride a Rock Horse e Under a Raging Moon. Fotografia e design de capa por Graham Hughes.
Madison Square Garden, Nova York, 1974. Waring Abbott/Getty Images.
Eu e Pete gravando © Colin Jones/Topfoto.
Quadrophenia no Hyde Park, 1996 © Stefan Rousseau/PA Archive/PA Images.
Dois velhotes, 2005. Foto de Rob Monk.
Pete e eu no encerramento das Olimpíadas, 2012 © Jeff J. Mitchell/Getty Images.

Este livro foi composto na tipografia Minion Pro,
em corpo 10/16, e impresso em papel
off-white no Sistema Cameron da
Divisão Gráfica da Distribuidora Record.